ÉTUDES — SOUVENIRS — TÉMOIGNAGES

PIERRE BUCHER

1869-1921

Ouvrage orné de gravures

PARIS

LIBRAIRIE PLON

PLON-NOURRIT et Cie, IMPRIMEURS-ÉDITEURS

8, RUE GARANCIÈRE - 6^e

Tous droits réservés

2e édition

PIERRE BUCHER

1869-1921

Il a été tiré de cet ouvrage
50 exemplaires sur papier pur fil des papeteries Priou
numérotés de 1 à 50.

Ce volume a été déposé au ministère de l'intérieur en 1922

PIERRE BUCHER

PIERRE BUCHER

1869-1921

Ouvrage orné de gravures

PARIS

LIBRAIRIE PLON

PLON-NOURRIT ET Cie, IMPRIMEURS-ÉDITEURS

8, RUE GARANCIÈRE - 6^e

INTRODUCTION

Les amis du docteur Pierre Bucher ont désiré réunir ici la plus grande partie des articles parus en 1921, au moment cruel où ils le perdirent.

Ces articles, à eux seuls, sont un éloquent témoignage : ils émanent de personnalités bien différentes, de journaux variés, qui tous disent la vie d'apôtre de Bucher.

Elle fut, en effet, un apostolat.

Que ceux qui l'ont connu retrouvent en ce recueil l'image même de leur ami. Et qu'un jour l'un d'eux consacre à Bucher les pages que lui doit l'histoire de l'Alsace pendant vingt ans.

Que ceux qui l'ont ignorée apprennent à connaître, à travers ces articles, la noble figure du grand patriote alsacien.

C'est le vœu de ceux qui ont désiré rendre ici ce premier hommage à une mémoire vénérée!

GRAND QUARTIER GÉNÉRAL
ARMÉES DE L'EST
—
ÉTAT-MAJOR
—
Bureau du Personnel.

EXTRAIT
DU « JOURNAL OFFICIEL »
DE LA RÉPUBLIQUE FRANÇAISE
du 18 février 1915 (page 828).

Le ministre de la Guerre, vu le décret du 13 août 1914,

ARRÊTE

ARTICLE UNIQUE. — Sont inscrits au tableau spécial de la Légion d'honneur (réserve et armée territoriale) à compter du 23 janvier 1915, les militaires dont les noms suivent...............................

pour OFFICIER :

MM. . . . .

M. BUCHER, médecin aide-major de deuxième classe, attaché au gouvernement militaire de Belfort.

Engagé pour la durée de la guerre. S'est dévoué avant la guerre pour le maintien et le développement de l'idée française. A rendu depuis le début de la guerre des services inappréciables par son tact et sa grande connaissance des choses alsaciennes. Vient, par mesure de répression, d'être condamné deux fois à Strasbourg et d'avoir, par ordre des autorités allemandes, sa fortune saisie et sa maison pillée.

Pour extrait conforme,
au G. Q. G., le 19 février 1915,

Le lieutenant-colonel
Chef du bureau du personnel,
Signé :

A remettre à l'intéressé.

TÉLÉGRAMME

DU PRÉSIDENT DE LA RÉPUBLIQUE
A LA FAMILLE DU DOCTEUR BUCHER

J'apprends l'affreuse nouvelle et de tout cœur je vous envoie à vous et aux chers vôtres l'expression de notre douleur et de notre infinie sympathie. Le nom du docteur Bucher demeurera inséparable de l'histoire de l'Alsace pendant ces vingt dernières années. Il a été la conscience vivante des chères provinces obstinées à demeurer françaises sous le joug étranger. La guerre déclarée par l'Allemagne, il a apporté à nos chefs militaires le concours le plus intelligent et le plus précieux; après la victoire, il fut pour l'administration française un collaborateur incomparable. L'Alsace et la Lorraine, la France entière honoreront pieusement sa mémoire.

Alexandre MILLERAND.

PIERRE BUCHER

I

L'ALSACE FRANÇAISE.
19 *février* 1921.

Une douloureuse épreuve atteint *l'Alsace française.*
Notre directeur, le docteur Pierre Bucher, a succombé
mardi après-midi à une affection qui avait nécessité
plusieurs interventions chirurgicales. Pendant un mois,
il avait résisté vaillamment aux progrès du mal, con-
servant, malgré des souffrances infinies, un calme et
une sérénité, une maîtrise de lui-même qui ont fait
l'admiration de ceux qui l'ont soigné et que connaissaient bien tous ceux qui l'ont vu à l'œuvre dans les
multiples aspects de son activité. Les formations
infectieuses qui s'étaient développées dans son organisme, après la petite opération initiale, — l'excision
d'une ancienne cicatrice de guerre, — ont eu raison
de son énergie morale et de ses forces physiques. Il
s'est doucement éteint, après une courte agonie. Ses
dernières pensées sont allées à l'œuvre qu'il avait
entreprise, — à toutes les œuvres françaises qu'il avait

I

soutenues de sa foi patriotique, de son activité, de son influence, et pour lesquelles il vivait.

Ce départ — cet arrachement — nous cause une émotion et une douleur qui ne se disent point. Tous ceux qui l'ont connu savent que c'était un « chef » ! Perdre un semblable appui, aujourd'hui, quand nous avions tout à attendre de l'œuvre qu'il pouvait espérer accomplir pendant de longues années, lui, si robuste, si persévérant et si méthodique dans son labeur, c'est un coup dont nous ressentons tout l'accablement.

La carrière française de cet Alsacien à la volonté et la conscience fermes, est une des plus belles dont notre province puisse s'honorer. Partout à la tâche, le docteur Bucher est de ceux qui ont suivi leur ligne droite sans s'en écarter jamais. Fidèle à la France aux heures de l'occupation allemande, il l'est demeuré, silencieusement mais efficacement dans la guerre et dans la paix. Rentré en Alsace, avec nos troupes victorieuses, il s'est donné tout entier à l'œuvre de la réadaptation française des provinces délivrées. Pendant des mois entiers, il a soutenu une tâche immense, qui prenait chaque instant de ses journées, et une grande partie de ses nuits.

Depuis des années il avait renoncé aux vacances : le repos, quand il en prenait, consistait en une journée de promenade dans les Vosges, en compagnie d'amis ou de collaborateurs avec lesquels il aimait à examiner sous tous leurs aspects les grands problèmes de la France contemporaine.

Ces excès de travail ont eu leur part, hélas ! dans

son affaiblissement. Peut-être, moins fatigué, eût-il pu opposer une plus grande résistance au mal qui le minait... Mais ses parents et ses amis les plus proches savaient bien qu'il était inutile de chercher à ralentir son effort : il était de ceux qui voient toute l'ampleur de la tâche qui les attend, et qui préfèrent tomber dans le combat, plutôt que d'aller chercher dans des sentiers tranquilles des semaines de repos réparateur.

On nous permettra, puisqu'il nous faut dire ici la perte qui nous frappe, de retracer simplement les grandes étapes de cette vie.

Le docteur Pierre Bucher appartient doublement à l'Alsace : il est né à Guebwiller, dans le Haut-Rhin, le 10 août 1869, et c'est dans le Bas-Rhin, à Strasbourg, qu'il s'est fixé, ses études une fois terminées, pour y exercer sa carrière de médecin, établir son foyer, et poursuivre l'action à laquelle il s'était donné tout entier. Son ami Édouard Schuré a conté dans des pages émouvantes d'un beau livre, qui porte le même titre que notre publication, les souvenirs d'enfance de notre directeur, à Mulhouse, et au collège de Guebwiller. Ces premières années ont fixé toute sa vie, qui devait être un combat pour *l'Alsace française*, celle d'autrefois, faite des souvenirs d'avant 1870, celle d'aujourd'hui, faite de la grande réparation que les soldats de la France ont permise.

Après ses études secondaires à Guebwiller, et ses premières années de médecine à Strasbourg, il se rendit à Paris pour y suivre les cliniques. En 1897, il vint s'établir dans la capitale alsacienne, y fonder un foyer, et commencer une clientèle. Par son mariage avec Mlle Amélie Hæhl, de la Robertsau, il devenait le neveu du docteur Sieffermann, de Benfeld, le vaillant protestataire, qui est mort peu après l'armistice après avoir vu l'Alsace délivrée...

Tout en pratiquant, il s'intéressa au mouvement artistique de la jeune Alsace, dont l'essor remonte. à cette époque. En 1901, il prit la direction de la *Revue alsacienne illustrée* qui avait été fondée par Spindler en 1899. La plupart de nos lecteurs ont certainement conservé le souvenir de cette belle publication, grâce à laquelle l'idée française rayonna en Alsace, et bien au delà. Dans de nombreuses bibliothèques, on conserve la collection de ses fascicules et des *Cahiers alsaciens*, organe périodique annexe, fondé en 1912 avec le concours de son ami le docteur Ferdinand Dollinger et plus activement mêlé à la lutte politique. Dans ces deux publications, les amis de l'Alsace fidèle à la France trouvaient un souffle d'ardent patriotisme, qui pour beaucoup fut un réconfort. C'était l'époque où se dessinaient les premiers symptômes d'une réaction énergique contre le pangermanisme et d'où devait sortir en 1911 le mouvement d'union nationale.

La *Revue alsacienne illustrée* a été le point de départ de l'œuvre des conférences françaises qui permirent aux Strasbourgeois d'entendre, sous l'œil des Allemands, les représentants les plus qualifiés de la littérature, des arts, et parfois même de la grande politique française.

Ce fut encore notre directeur qui, pour une large part, travailla à la réussite du *Musée alsacien*, qui devait être et a été la véritable maison alsacienne et française. Sous son impulsion se constituèrent aussi, dans plusieurs villes alsaciennes, des *Cercles des Annales*, placés sous le patronage de « Cousine Yvonne », Mme Adolphe Brisson, et qui apportèrent en Alsace, malgré l'occupation allemande, de l'air, des nouvelles de France.

Il fut également un des membres les plus dévoués de la *Société des Amis des arts*, qui organisa diverses manifestations artistiques et entre autres l'exposition française de 1907 qui mit sous les yeux de l'Alsace les œuvres de Rodin, Besnard, Cottet, etc.

Les Allemands, ayant limité le nombre des représentations théâtrales françaises, le docteur Bucher tourna la difficulté en provoquant la création de la *Société dramatique* dont M. Frédéric Eccard, aujourd'hui sénateur du Bas-Rhin, a été le dévoué président.

On sait que, d'autre part, notre fondateur a toujours suivi avec une sollicitude et une sympathie particulières les éléments de notre jeunesse universitaire qui ne voulaient pas se conformer aux coutumes des étudiants d'outre-Rhin et cultivaient parmi eux l'idée française.

C'est sous ses auspices que s'est fondé le *Cercle des Etudiants*, et lorsque cette association a été dissoute en 1911 par les autorités universitaires allemandes, il donna son appui et le prestige de son autorité au *Cercle d'anciens étudiants* qui assura la protection des jeunes étudiants frappés.

Plusieurs années avant la guerre, il soutint de toute son énergie l'œuvre des *Cours populaires de langue française* entreprise en dépit de l'occupation allemande et qui embrassait dans son champ d'action la ville de Strasbourg et ses faubourgs. Grâce à cette œuvre, et au constant dévouement qui lui fut apporté par de dévouées collaboratrices, notamment Mlles Riehl, Friedolsheim et Musculus, de nombreux Strasbourgeois qui n'avaient pas l'occasion d'apprendre le français à l'école ou à leur foyer ont pu conserver un lien intellectuel avec la patrie d'autrefois. Cette œuvre élargit et compléta la mission que Mlle Wust avait assumée.

Constamment préoccupé de donner à l'opinion publique française le témoignage de la fidélité alsacienne à la Patrie perdue, le docteur Pierre Bucher entretint des relations cordiales et étroites avec les littérateurs français qui s'intéressaient aux choses d'Alsace. C'est lui qui initia, il y a une vingtaine d'années, M. Maurice Barrès à l'état d'âme des jeunes Alsaciens de sa génération et qui a servi de modèle au héros du beau livre *Au service de l'Allemagne*. Grâce à lui encore, d'autres écrivains français ont bien vu l'Alsace et ont pu en tracer à leurs lecteurs un tableau fidèle : René Bazin, André Hallays, Georges Delahache, Paul Acker, Pierre de Quirielle, pour ne citer que ceux-là ! Et combien d'autres Français, — hommes politiques, littérateurs, journalistes, — ont senti et compris le sentiment foncièrement français de nos provinces, sous la conduite de celui qui, selon une belle expression de M. André Lichtenberger, « a été le conservateur volontaire, passionné et sagace de l'âme française en Alsace captive ».

En 1909, le docteur Bucher prit une part active aux efforts du Comité du monument français de 1870 à Wissembourg dont le promoteur fut M. Auguste Spinner.

Mais l'heure de la guerre libératrice approchait. Le 30 juillet 1914, le docteur Bucher quitta l'Alsace, et se rendit en France pour y contracter un engagement au jour de la déclaration des hostilités. Cette résolution, conforme à toute sa carrière, devait lui coûter cher : les Allemands placèrent son mobilier sous séquestre, pour le vendre ensuite au premier acquéreur, sans tenir aucun compte de la valeur des collections patiemment réunies par un homme de goût, amateur passionné des choses de la France et de l'Alsace d'autrefois.

La carrière militaire du docteur Bucher a été limitée à la durée même de la guerre, mais elle a été bien remplie. Après avoir été détaché à l'état-major du général Pau, alors commandant de l'armée d'Alsace, qui atteignit Mulhouse, Rouffach, la région même de Guebwiller, son pays natal, il fut chargé d'une mission de haute importance dépendant du service des renseignements de Belfort, spécialement chargé des informations politiques et militaires sur l'Allemagne, à Réchésy, aux confins du pays alsacien libéré, de la

Suisse et du Territoire de Belfort. Le général Mangin, traduisant le sentiment de nombreux milieux militaires, a dit la valeur de ce service dans un récent ouvrage. C'est à l'occasion de sa collaboration si appréciée à l'œuvre du grand quartier général que le docteur Bucher reçut la rosette d'officier de la Légion d'honneur.

Lorsque M. Clemenceau fut appelé à la présidence du Conseil et au ministère de la Guerre, il tint à déléguer notre directeur, dont il connaissait la haute expérience des choses allemandes, auprès de M. Dutasta, ambassadeur de France à Berne. Pendant l'année que le docteur Bucher passa en Suisse, aux côtés de notre représentant diplomatique, il n'a fait que continuer l'œuvre commencée à Réchésy, suivant de plus près les phases de la vie allemande, et analysant les symptômes de la débâcle qui venait.

Il rentra dans Strasbourg libéré le 21 novembre et fut aussitôt attaché au commissariat général de la République. Collaborateur, d'abord de M. Maringer, puis de M. Millerand, il mit au service des administrateurs français sa profonde connaissance des problèmes alsaciens.

Il quitta l'administration sans avoir pris aucune part à la vie politique proprement dite, — si ce n'est par sa collaboration aux travaux édilitaires en qualité de conseiller municipal, et dès lors il se consacra entièrement aux œuvres qu'il aimait : la *Société des Amis de l'Université*, présidée par M. Raymond Poincaré et dont il était secrétaire général, l'œuvre du

Livre français, l'œuvre des *Cours populaires*, dont il avait remis la direction pratique voici peu de temps à la direction générale de l'instruction publique, le *Bulletin de la Presse allemande*, et enfin la publication de *l'Alsace française*, sans oublier les groupements qu'il soutenait de toute sa sympathie agissante : la *Conférence au village*, le *Cercle des étudiants*, la *Marseillaise* et tant d'autres associations consacrées au bien public dans l'Alsace libérée.

***

Jour après jour, il a suivi le progrès de son mal, sans s'illusionner sur la gravité de son état, et en faisant aux siens des recommandations dernières. Parmi celles-ci, il en est une qui dépasse le cadre de la famille, et devient commune à tous ceux qui ont connu son activité et admiré le haut idéalisme et la foi ardente de son œuvre : c'est que l'action qu'il avait entreprise se *prolonge* après lui.

Ce mot revenait constamment dans ses conversations des derniers jours où il envisageait, avec sérénité, la possibilité de sa mort, et les conséquences qui en découleraient. Sans doute, s'appliquait-il à toutes ses œuvres, et notre directeur comptait-il sur le dévouement de ceux qui ont collaboré avec lui dans chacune d'elles, pour que se poursuive sans lui le joyeux labeur de ceux qui vivent dans ce pays libéré. Mais ses préoccupations allaient surtout à *l'Alsace française* parce que, depuis deux ans, il songeait à la nécessité nationale et régionale d'une telle publication, et qu'il l'avait vue naître avec joie. Il insistait de toutes ses dernières forces, pour que *l'Alsace française* continuât de paraître, inspirée par son souvenir, fidèle aux traditions de son fondateur.

A cette suprême recommandation, les collaborateurs et les amis de notre publication ont déjà répondu. Comment pourraient-ils mieux marquer leur attachement au disparu, qu'en continuant son œuvre? Le vide que laissera derrière lui le docteur Bucher sera douloureusement ressenti par quiconque vécut aux côtés de ce véritable inspirateur de la renaissance française dans les pays désannexés.

Mais, dociles au mot d'ordre qui leur a été laissé, ils travailleront : une grande moisson les attend ; elle a besoin d'ouvriers.

II

Le comité central des étudiants
de l'Université de Strasbourg.

Les Dernières Nouvelles, 18 février 1921.

APPEL AUX ÉTUDIANTS DE L'UNIVERSITÉ DE STRASBOURG

Chers camarades,

Nous avons le triste devoir de vous convier aux obsèques du

Docteur Pierre Bucher,

Président d'honneur du Cercle des étudiants de Strasbourg ; secrétaire général de la Société des Amis de l'Université de Strasbourg.

Ceux d'entre vous qui furent présents à la cérémonie d'inauguration de notre Université, le 22 novembre 1919, n'ont pas oublié l'hommage rendu par M. Millerand au patriote alsacien :

« Me sera-t-il permis, en cette fête universitaire, de saluer un homme que nos étudiants s'honorent de tenir pour un de leurs amis et de leurs guides ; qui fut, sous le régime allemand, l'âme de la résistance à l'invasion étrangère pour son obstinée persistance à rap-

peler sous toutes les formes l'influence et l'esprit
français ; l'incarnation vivante de l'Alsace pour les
Français, et de la France pour les Alsaciens : le docteur Pierre Bucher. »

Avant la guerre de 1914, il fut, à Strasbourg, l'ami
des Étudiants alsaciens-lorrains et dirigea le Cercle
des Étudiants alsaciens-lorrains, foyer d'amour pour
la France, dont les membres furent pendant l'occupation allemande, suivant les propres paroles du docteur
Bucher, les plus fidèles gardiens de la tradition française dans les provinces annexées.

L'Alsace et la Lorraine redevenues françaises, ce
fut à tous les étudiants de la grande Université française de Strasbourg qu'alla la sollicitude du docteur
Bucher ; il créa en 1919 la Société des Amis de l'Université, qui inscrivait à son programme, non seulement
la création de chaires et laboratoires, mais aussi la
fondation de prix, de bourses d'études, de voyage, etc.

Grâce à son inlassable activité, le docteur Bucher a
assuré la prospérité de la Société, amie de notre Université et de ses étudiants.

C'est au nom de tous les étudiants que nous invi-
tons tous nos camarades (appartenant ou non à des
groupements) à se joindre à nous, pour offrir à celui
que nous avons perdu le cortège digne de lui.

Reconnaissons d'une manière exceptionnelle l'affection exceptionnelle qu'il avait pour nous, et rendons
le plus bel hommage au grand Français que fut le
docteur Bucher.

III

L'ALSACE FRANÇAISE.
26 février 1921.

Les journaux ont dit comment les derniers honneurs ont été rendus, le vendredi 18 février 1921, au docteur Pierre Bucher. Dans cette revue, qui demeure la sienne, on ne peut que marquer avec une douloureuse émotion cette date funèbre où Strasbourg, l'Alsace et la France, ont fait à son directeur-fondateur de solennelles funérailles. Leur caractère grave et sobre créa, sur tout le parcours du cortège, un recueillement général dans la foule.

En hommage au soldat que fut le docteur Bucher, un bataillon du 401ᵉ régiment d'infanterie participait à la cérémonie, commandé par le colonel Zopf et magnifié par son drapeau et sa musique. Les soldats encadraient le cortège, une compagnie en tête, deux sections fermant la marche et le reste de la troupe bordant de chaque côté le cortège. Derrière les soldats, les délégations des sociétés d'étudiants de l'Université de Strasbourg, précédées des trois bannières des associations alsaciennes et de cinq couronnes offertes par les différents groupements universitaires. Le *Cercle des étudiants de Strasbourg,* dont le docteur

Bucher était président d'honneur, était représenté par son président M. le docteur Quirin, son ancien président, le docteur Zillhardt, le Comité et presque tous ses membres. Puis, les délégations de l'*Association des étudiants de la Faculté de pharmacie*, du *Club anglais*, du *Club italien*, de l'*Association universitaire franco-luxembourgeoise*, de l'*Association des étudiants yougoslaves*, des *étudiants hindous*, de l'*Association des élèves de l'École nationale technique*, de l'*Association chrétienne des étudiants*, du *Cercle Ozanam*, de l'*Association des étudiants sionistes*, du *Cercle Wilhelmitana*. Enfin, le *Comité central des étudiants de l'Université de Strasbourg* avait groupé les représentants des différentes associations et des étudiants indépendants de toute société. Il y avait également des étudiants et des étudiantes étrangers travaillant à notre Université. Derrière un char couvert de nombreuses couronnes et gerbes, venaient, portées à bras par des soldats, celles offertes par M. le président de la République, par Mme Millerand, par M. Alapetite, commissaire général de la République, par la Ligue des patriotes.

Immédiatement derrière le corbillard, qu'encadrait un piquet, un adjudant tenant le coussin où étaient agrafées les décorations du docteur Bucher : la cravate de commandeur de la Légion d'honneur, la Croix de guerre, et deux ordres serbes : la plaque de grand-officier de l'Aigle blanc et l'insigne de commandeur de Saint-Sava. Six officiers commandeurs de la Légion d'honneur représentaient cet ordre national. Puis le gendre du défunt, M. Jules-Albert Jæger, et les autres membres de la famille, accompagnés de représentants du clergé et plus spécialement de l'archiprêtre de la cathédrale.

Se succédaient ensuite, M. le commandant Ménard, de la maison militaire du président de la République ; M. Alapetite, commissaire général, et ses chefs de cabinet ; M. le général Humbert, gouverneur militaire de Strasbourg ; M. Aliez, préfet du Bas-Rhin, et M. Fonlupt, secrétaire général de la préfecture ; MM. Jean et Jacques Millerand ; M. Rault, représentant le gouvernement de la Sarre et le représentant de M. Tirard, haut commissaire des pays rhénans ; les directeurs de service du commissariat général ; M. le sénateur Eccard ; MM. les députés Frey, Seltz et Barrès ; M. Charléty, recteur d'Académie ; le conseil et les professeurs de l'Université ; M. Peirotes, maire de Strasbourg, et le Conseil municipal de la ville ; M. Herrenschmidt, président de la Chambre de commerce de Strasbourg, un immense concours d'amis, de collaborateurs, de citoyens, sur qui pesait le poids d'un deuil inconsolable.

A dix heures et demie, le cortège pénétrait dans la cathédrale, où une messe fut dite dans la chapelle Saint-Laurent, en présence de Mgr Jost, qui remplaçait Mgr Ruch, évêque de Strasbourg.

Après la cérémonie religieuse, ce fut le trajet jusqu'au cimetière-nord de la Robertsau, dont l'aspect de jardin se résigne mal à être une terre tumulaire. Massée à l'entrée, la musique militaire jouait une marche funèbre tandis que les quatre cents personnes présentes se groupaient autour de la tombe où repose désormais le docteur Pierre Bucher.

Plusieurs discours ont été prononcés, dont on donne ici le texte :

DISCOURS DE M. ALAPETITE
COMMISSAIRE GÉNÉRAL DE LA RÉPUBLIQUE

Je suis chargé de vous donner lecture du télégramme suivant que M. Millerand, président de la République, a adressé à la famille du docteur Bucher :

J'apprends l'affreuse nouvelle et de tout cœur je vous envoie à vous et aux chers vôtres l'expression de notre douleur et de notre infinie sympathie. Le nom du docteur Bucher demeurera inséparable de l'histoire de l'Alsace pendant ces vingt dernières années. Il a été la conscience vivante des chères provinces obstinées à demeurer françaises sous le joug étranger. La guerre déclarée par l'Allemagne, il a apporté à nos chefs militaires le concours le plus intelligent et le plus précieux. Après la victoire, il fut pour l'administration française un collaborateur incomparable. L'Alsace et la Lorraine, la France entière honoreront pieusement sa mémoire.

Alexandre MILLERAND.

Que pourrais-je ajouter à cet hommage dont la concision laisse déborder une émotion si éloquente?

En voyant couché dans l'immobilité et dans la sérénité de la mort ce lutteur qui avait remué tant d'idées, qui avait donné un si admirable exemple de persévérance, de souplesse et d'énergie dans le combat, il m'est revenu à la mémoire cette parole fameuse : « Heureux les morts parce qu'ils reposent! » parole cruelle et contre laquelle nous protestons, si elle s'applique au soldat tombé sans avoir gagné la bataille, dans le découragement du sacrifice inutile, parole apaisante, au contraire, s'il s'agit de l'homme qui a réalisé son idéal et qui lègue à ceux qui lui succéderont la citadelle dont la reprise avait été le rêve de sa vie.

La puissante machine allemande avait trouvé dans le docteur Bucher un adversaire capable d'en mesurer la force, mais aussi d'en découvrir les faiblesses, de discerner les entreprises contre l'âme alsacienne et d'organiser la résistance à laquelle elle devait se briser et, une fois commencée la lutte de géants qui devait apporter à l'Alsace la délivrance, après tant de sang généreusement et héroïquement répandu, capable d'interpréter à coup sûr les symptômes d'épuisement matériel et moral du colosse dévoyé par son orgueil.

Le docteur Bucher a vu rentrer en Alsace les soldats et les drapeaux de la France. Il ne s'est pas croisé les bras après la victoire. Il a voulu être la vigie qui ne perd pas de vue l'ennemi vaincu, qui observe toutes ses manœuvres et qui, derrière les remparts, entretient le feu sacré. Il a donné la vie à des œuvres qui devaient faire connaître et aimer davantage la France de ses enfants si longtemps séparés d'elle. Il a eu la joie d'entendre la *Marseillaise* revenir à l'Alsace comme à son berceau. Il a applaudi à ce magnifique élan de la jeunesse d'Alsace vers la France, vers la langue française et vers la pensée française. Qui dira tout ce que les étudiants de Strasbourg doivent à son action et à ses conseils et ce qu'il a groupé de concours autour de notre Université pour qu'elle soit le grand foyer de lumière française tourné vers l'Europe centrale? L'impulsion qu'il a donnée ne se ralentira pas. Ses amis, en veillant sur son œuvre, honoreront son souvenir C'est la consolation que nous offrons, dans leur immense douleur, à sa veuve et à ses enfants, au fils qu'il s'était choisi, comme s'il avait eu le pressentiment de sa fin prochaine et s'il avait voulu revivre dans un autre lui-même auprès de tout ce qu'il avait aimé.

DISCOURS DE M. ECCARD
SÉNATEUR DU BAS-RHIN

La France et l'Alsace viennent de perdre dans la personne du docteur Pierre Bucher un de leurs meilleurs citoyens et l'Allemagne voit disparaître un adversaire redoutable et redouté.

Pendant les longues années de luttes âpres et continues

que nous avons menées ensemble contre la domination allemande, le docteur Bucher, entouré d'un groupe de fidèles amis, a tenu haut et droit le drapeau de la France. Les Alsaciens qui, restés sur le sol natal et tenant tête à l'envahisseur, ont réussi, grâce à leur ténacité et à leur vaillance, à maintenir intact le patrimoine intellectuel de la mère patrie, rendent par ma voix un hommage ému aux rares qualités de notre cher ami, à la fertilité de son esprit, à l'énergie de son caractère, à la souplesse de son activité et à la constance de ses desseins.

Dans cette Alsace, dont le ciel était obscurci par les lourdes brumes germaniques, il avait réussi à créer un courant intense d'air français, qui a empêché ces nuées malfaisantes de s'appesantir sur la plaine jusqu'à ce que le souffle puissant de la victoire les ait définitivement chassées de l'horizon.

Je crois être l'interprète de mes collègues des départements recouvrés au Parlement pour dire l'admiration que suscitait sa forte personnalité qui, à la fois, comme officier, comme publiciste et comme organisateur, a su servir sa patrie.

Mais c'est surtout de l'ami que je voudrais parler. Il était un ami sûr et dévoué, sachant donner des conseils aux moments difficiles, susciter des résolutions rapides et consoler dans les heures douloureuses. Le lien qui nous unissait depuis notre jeunesse était fait de sympathie et d'affection réciproques ; il s'était fortifié et resserré dans la joie et dans l'épreuve.

Le docteur Bucher a été un grand semeur d'idées et avec son don profond de pénétration psychologique, il en répandait les germes sur les terrains propices à leur éclosion.

Ce sera une consolation, pour tous ceux qui l'ont aimé, de savoir que son esprit continuera à agir au milieu de nous, et que l'œuvre si vaste qu'il a accomplie portera ses fruits et sera toujours vivante.

Repose en paix, mon cher ami, nous garderons tous de toi un impérissable souvenir.

DISCOURS DE M. MAURICE BARRÈS

DE L'ACADÉMIE FRANÇAISE,
DÉPUTÉ DE PARIS
PRÉSIDENT DE LA LIGUE DES PATRIOTES

Pierre Bucher a été utile à la France et à l'Alsace. On ne peut rien dire de plus beau sur une tombe.

Les services qu'il a rendus à la Patrie se divisent en trois chapitres qui embrassent toute sa vie : avant la guerre, il fut la tête de la plus ardente conspiration spirituelle des Alsaciens-Lorrains pour la France ; pendant la guerre, il organisa le centre de Réchésy, qui fournit à nos armées leurs informations les plus importantes et les plus sûres ; après la guerre, il fut le conseiller de l'État français en Alsace-Lorraine.

Que chacun lui rende témoignage ! Je dirai un jour comment de nos entretiens acharnés, pleins d'une foi profonde, sortirent mes livres alsaciens et lorrains et ses œuvres alsaciennes, son musée et sa revue. On dira comment les renseignements précis qu'il apporta sur les intentions de Ludendorff eurent, à la mi-juillet 1918, une influence décisive sur la victoire française. MM. Poincaré, Clemenceau et Millerand peuvent justifier des incomparables ressources d'intelligence et d'activité que Bucher mit toujours à leur disposition, en vue du bien public.

Tout cela, vrai, solide, inattaquable, paraîtra d'une efficacité plus profonde à mesure que l'histoire en fera son étude.

Bucher était-il seul dans ces préparations de la délivrance? Tous, vous pouvez nommer ses émules dans d'autres domaines de la politique et du journalisme. Et dans l'apostolat même qu'il s'était choisi, son esprit merveilleusement clair et tenace, qui jamais ne sommeillait, qui jamais ne cessait d'inventer de meilleurs moyens pour atteindre toujours le même but, recrutait partout, à toutes les minutes, des collaborateurs. Avec lui travaillait toute une jeunesse alsacienne et lorraine, qui partageait sa foi et ses dangers ; avec lui se continuaient son oncle Sieffermann et la grande génération des protestataires. Il possédait, poussé jusqu'au génie, l'art de tirer des hommes ce que chacun d'eux pouvait donner à la cause de l'Alsace française. C'était un prodigieux organisateur d'équipes. Saluons sur cette tombe de leur inspirateur, l'équipe du *Musée alsacien*, l'équipe de la *Revue* et des *Cahiers*, l'équipe des Conférences françaises, l'équipe du Cercle des étudiants, l'équipe des *Cours populaires de langue française*, l'équipe de Réchésy, l'équipe du *Bulletin de la presse allemande*, l'équipe des *Amis de l'Université*, l'équipe de *l'Alsace française*... bataillons sacrés de la patrie sur la frontière.

La vie de Pierre Bucher est, dans sa plénitude, d'une émouvante unité. Depuis ce jour de juin 1899 où j'ai rencontré pour la première fois ce jeune homme inconnu au milieu des monuments de la défaite du champ de bataille de Reichshoffen, jusqu'à cette heure funeste où nous le perdons en pleine victoire, je l'ai vu déployer infatigablement une volonté de fer pour créer des instruments d'action à la France dans l'Est. Il n'a rien voulu que son apostolat. Il est mort en plein travail, comme les favoris du ciel, mort dans sa mission qu'il élargissait encore, mort en constituant, avec son jeune disciple Jæger, l'équipe qui devait favoriser le développement de l'esprit français dans les provinces rhénanes.

Ainsi puissions-nous, tous, consumer nos jours dans l'accomplissement d'une vocation sans reproches !

On ne peut pas imaginer d'existence plus noble et plus mâle, plus religieuse au sens large et profond du mot, que le demi-siècle vécu par cet enfant de la défaite qui, sujet allemand de par le traité de Francfort, déploya toute son énergie, jour par jour, dans un constant enthousiasme secret, pour reconquérir à sa terre, à son peuple et à lui-même la natiolité française : la plus glorieuse qu'il imaginât, et la seule où il pût reposer en paix.

Repose, Pierre Bucher, dans la terre française de Strasbourg. Tes amis accompagnant ton corps ont salué au parvis de la Cathédrale le drapeau de la France. Ta vie et ton rêve sont accomplis. Ton âme continuera de vivre au milieu de nous et de nous inspirer pour l'accomplissement de ton œuvre, qui est d'attacher les cœurs à la France, sur ces limites du monde latin, si fortement que la Germanie n'y puisse plus trouver de brèche où nous envahir. Adieu, grand volontaire de la civilisation française sur le Rhin ! Ta mémoire ne périra pas (1).

DISCOURS DE M. PEIROTES
MAIRE DE STRASBOURG

Au nom de la ville de Strasbourg, laissez-moi déposer sur le seuil de cette tombe prématurément ouverte un dernier hommage au dévoué collaborateur du Conseil municipal que fut le docteur Pierre Bucher.

Appelé dès le mois de janvier 1919 par la confiance du gouvernement à siéger dans notre Commission municipale, il fut ensuite désigné par le suffrage universel à faire partie du premier Conseil municipal de Strasbourg libéré.

Son passage dans notre milieu devait être, hélas ! de courte durée, mais il n'en laissera pas moins un souvenir impérissable.

Tous ceux qui l'ont vu à l'œuvre, notamment au sein des commissions, ont pu apprécier l'esprit clairvoyant, la remarquable intelligence et l'inlassable dévouement qu'il mit à toute heure au service de notre ville à laquelle il tenait par toutes les fibres de son âme.

C'est spécialement dans le domaine de l'art et des sciences que sa collaboration nous a été précieuse.

Il a largement contribué au nouvel essor de notre Univer-

(1) Quand cet adieu fut publié, les personnes les mieux placées pour connaître la vérité dans ses détails me demandèrent de revenir sur ce que j'avais dit du centre de Réchésy et sur les renseignements obtenus par nos armées à la mi-juillet 1918. Ces personnes désirent justement que je mette au premier plan l'ensemble des organisations auxquelles présidait le commandant Andlauer, chef des services de renseignements de Belfort et de Réchésy, « à qui revient, me disent-elles, l'honneur d'avoir dévoilé les plans de Ludendorff en 1918, aidé dans son énorme labeur par une poignée de collaborateurs civils et militaires et par une foule d'Alsaciens patriotes ».

J'ajouterai simplement que Pierre Bucher, qui, dès la première minute de mon premier voyage à Réchésy, avait tenu à me présenter à son chef, le commandant Andlauer, aurait voulu, lui aussi, que celui-ci fût maintenu à la place d'honneur et dans son rôle de directeur. (Note de M. Barrès en juin 1922.)

sité qui, bien qu'elle ne soit pas une institution municipale, constitue un des facteurs les plus importants de la vie intellectuelle et économique de Strasbourg.

C'est au docteur Bucher que nous devons la création du Musée alsacien récemment acquis par la ville.

Il ne s'est pas moins intéressé à nos autres musées, à notre Conservatoire de musique, à notre Théâtre municipal dont l'avenir lui tenait tant à cœur.

Et si la ville peut procéder en ce moment à un nouvel agrandissement dans des conditions avantageuses, c'est encore au concours du docteur Bucher qu'elle en est redevable dans une large mesure.

C'est donc une perte bien sensible que nous éprouvons aujourd'hui.

La mort inexorable qui l'enlève à l'affection des siens — auxquels je voudrais en ce jour de deuil réitérer toutes nos condoléances et nos sympathies — nous a ravi un excellent collègue dont nous ne cesserons d'honorer la mémoire.

Que la terre lui soit légère !

DISCOURS DE M. ANDRÉ HALLAYS
VICE-PRÉSIDENT DE LA SOCIÉTÉ DES AMIS
DE L'UNIVERSITÉ DE STRASBOURG

M. Raymond Poincaré, président de la Société des Amis de l'Université de Strasbourg, retenu à Paris par la présidence de la Commission sénatoriale des Affaires extérieures, a bien voulu me charger d'exprimer ici la douleur que cause à notre Société la mort de son secrétaire général, notre cher ami Pierre Bucher.

De toutes les entreprises qu'a suggérées à Pierre Bucher son brûlant patriotisme, il n'en est aucune, je crois, à laquelle il se soit attaché avec plus d'ardeur qu'à la fondation et au développement de notre Société.

Il en a conçu l'idée, il y a bien longtemps. Le jour où il a eu la certitude que l'Alsace redeviendrait française, — et cette certitude, qui datait du jour de la déclaration de guerre, n'a jamais fléchi, durant quatre années, j'en puis témoigner, — il a songé au lendemain de la paix. Après avoir passé quelques

semaines dans l'état-major du général Pau, après avoir vu —
avec quelle joie ! — l'entrée de nos troupes à Mulhouse et
assisté à leur retraite, sans que sa croyance en la victoire finale
de la France en ait subi la moindre atteinte, il fut placé par
le grand quartier dans un poste voisin de l'Alsace. Là, il
groupa autour de lui quelques-uns de ses anciens amis, les
uns Alsaciens ou Lorrains, les autres, qui n'avaient d'autre
titre à son amitié que de connaître et aimer l'Alsace. Ces amis,
il ne cessait de les entretenir de l'avenir qui attendait l'Alsace,
une fois qu'elle serait redevenue française. Il leur répétait
ce qu'il ne s'était pas lassé de dire depuis quinze ans aux Français de passage en Alsace : que les cœurs alsaciens nous
étaient demeurés fidèles, que ni les promesses ni les brutalités de l'Allemagne n'avaient pu ébranler la vieille fidélité,
abolir le souvenir de l'ancienne Patrie. Il prévoyait aussi
avec une parfaite lucidité tous les problèmes moraux et politiques que devait poser le changement de régime, et il indiquait comment, en quelques années, la France pourrait
effacer jusqu'aux dernières traces de la domination allemande. Parmi les œuvres qu'il jugeait les plus propres à
accélérer la reprise de la vie française, il mettait au premier
rang la fondation d'une grande Université à Strasbourg,
afin d'assurer la diffusion de la culture latine en Alsace et de
dresser sur la rive du Rhin une puissante citadelle de l'esprit
français. Il jugeait nécessaire d'intéresser à la prospérité de
cette Université non seulement l'Alsace, mais la France
entière. Ainsi s'ébauchait dans son esprit le projet d'une
société des Amis de l'Université. Aux heures les plus critiques
de la guerre, il s'informait du rôle des sociétés analogues
existant déjà auprès de certaines universités françaises. C'était
là un des traits de son caractère : une imagination ardente,
unie au sens pratique le plus avisé, lui défendait de longtemps
méditer une idée sans concevoir la forme concrète sous laquelle il voulait la réaliser.

M. Clemenceau comprit les merveilleuses ressources qu'offrait à la France cet Alsacien si profondément versé dans la
connaissance de l'Allemagne. Pierre Bucher dut quitter les
amis avec lesquels depuis trois ans il étudiait, jour par jour,
la lente décomposition de la force allemande. Il fut attaché
à l'ambassade de Berne. Ce fut de ce poste qu'il put observer

les derniers soubresauts de la bête traquée et assister à la délivrance du monde.

Un homme qui n'eût pas été un héros comme Pierre Bucher, n'eût alors songé qu'au repos ; il serait rentré à Strasbourg, dans son foyer, pour y vivre heureux et tranquille dans l'accomplissement de son rêve. Mais Bucher veut servir, toujours servir. La grande œuvre est achevée : l'Alsace est française, les soldats de Gouraud défilent devant le Palais impérial ; ivre de liberté, au son des cloches et de la *Marseillaise*, l'Alsace secoue ses chaînes brisées et agite ses drapeaux retrouvés. Les yeux éblouis et le cœur bondisssant, Bucher contemple ce spectacle extraordinaire. « Je vous l'avais bien dit, répéte-t-il alors à ses amis ; mais c'est trop beau ! C'est trop beau ! » Puis, il se remet au travail, modestement comme toujours. Il s'est assigné une tâche nouvelle qui n'est que la continuation de sa tâche ancienne. Cette Alsace que la France a reconquise par les armes et qui, avec un bel enthousiasme, renoue le fil de sa destinée, il faut maintenant lui dire son devoir envers la France, et il faut aussi dire à la France son devoir envers l'Alsace.

Placé par M. Clemenceau auprès de M. Maringer, Bucher s'acquitte de sa mission avec un sang-froid que ne déconcertent pas les difficultés des premières heures. Quand M. Millerand vient à Strasbourg, il conserve les mêmes fonctions auprès du nouveau commissaire général. M. Millerand lui prodigue les marques de son affectueuse confiance, et, grâce à lui, Bucher va pouvoir réaliser quelques-unes des idées qu'il a longuement mûries durant la guerre.

L'avenir de l'Université tient toujours la première place dans son esprit, et il a alors la joie de voir ses idées approuvées et largement appliquées par M. Millerand. Après avoir constitué et doté l'Université, celui-ci est le premier à encourager Bucher dans le projet de fonder une société des Amis de l'Université.

A cette société, il faut un chef et des ressources. Les premières ressources sont fournies par la libéralité du gouvernement. Puis Bucher s'adresse à M. Raymond Poincaré, alors encore président de la République et lui demande d'accepter la présidence des Amis de l'Université de Strasbourg. Dans cette inoubliable journée où est inaugurée la nouvelle Université française, M. Poincaré annonce qu'il patronnera la Société. La satisfaction de voir si pleinement réalisé un de ses plus chers désirs est pour quelque chose dans la merveilleuse allégresse avec laquelle, au cours de la cérémonie, Bucher prononce l'émouvant hommage des étudiants alsaciens à la France.

La fondation d'une société des Amis de l'Université, aujourd'hui florissante et prospère, n'a été qu'une des faces de son activité après la guerre. Si l'on voulait tout dire, il faudrait citer encore le *Bulletin de la Presse allemande* où Bucher a perpétué l'œuvre d'informations qu'il avait créée et dirigée pendant la guerre ; les *Cours du soir;* le *Livre français* où des femmes dévouées et généreuses l'ont trop bien secondé pour que je ne sois pas sûr d'être leur interprète en apportant sur sa tombe, avec leur fidèle souvenir, la promesse que l'œuvre ne sera pas abandonnée ; enfin, la revue de *l'Alsace française* qui, dans son esprit, devait enseigner l'Alsace à la France et la France à l'Alsace, double tâche où se confondaient toutes les aspirations de ce grand patriote alsacien.

Rien de tout cela ne doit périr, et rien ne périra. Tous, nous avons trop aimé Pierre Bucher pour ne pas nous souvenir des admirables leçons qu'il nous donnait de sa voix persuasive et des exemples que nous offrait toute sa vie, cette vie incomparable, cette vie de labeur, de désintéressement, d'oubli de soi-même qu'une pensée unique a gouvernée et enflammée : la pensée de la France.

DISCOURS DE M. QUIRIN

PRÉSIDENT DU CERCLE DES ÉTUDIANTS,
AU NOM DE TOUS LES ÉTUDIANTS
DE L'UNIVERSITÉ DE STRASBOURG

Au nom du Cercle des Étudiants, je viens accomplir le triste devoir du suprême adieu à celui qui fut de tout temps le conseiller dévoué, l'ami paternel de tous les étudiants.

Dans sa lutte contre l'envahisseur, noble but de toute sa vie, il avait vite compris que la jeunesse intellectuelle du pays pouvait jouer un rôle, qu'elle pouvait être un utile instrument de résistance à condition d'être bien dirigée. Les

forces morales éparpillées, elles étaient vouées à l'anéantis-
sement par les mesures brutales de l'adversaire ; avec la lumi-
neuse clarté de son esprit, le docteur Bucher sut les réunir et
en faire un moyen de résistance, où l'Alsace et la Lorraine
restèrent intégralement françaises.

Que serait devenue la masse de notre petit peuple, s'il était
resté dans l'ignorance forcée, où l'aurait voulu maintenir
le gouvernement allemand, de tout ce qui concernait la
France ! La lumière de son intelligente propagande sut éclairer
ces ténèbres.

Mais le Cercle des Étudiants, en particulier, ne peut manquer
de faire ressortir le rôle prépondérant que son Président
d'honneur a joué, lorsque ce Cercle était en butte à toute
la haine allemande ; grâce à lui, l'ennemi ne put nous décourager ; nous pûmes braver les dissolutions répétées, sans
parler des autres sanctions. Et quand il s'agit, après l'armistice, de regrouper les éléments français de notre pays dis-
persés par les mesures de guerre, ce fut lui encore qui organisa, groupa et fit l'union de nos poitrines, criant à la face du
monde entier notre amour pour la France. Malgré ses occupations accablantes dans la période transitoire, il était toujours
là, quitte à en prendre le loisir sur ses heures de repas, pour
nous seconder de ses conseils, pour trouver une solution pratique, où notre jeunesse inexpérimentée eût échoué.

Ainsi il nous était devenu un appui inappréciable ; on peut
dire que le Cercle, comme il existe actuellement, n'a été possible que grâce à sa collaboration constante et sans relâche,
uniquement soucieuse de l'intérêt de notre cause. C'est particulièrement cet hommage que je tiens à lui apporter ici ;
mais si son amitié paternelle pour le Cercle était sans borne,
elle ne s'en étendait pas moins sur tous les étudiants de l'Université de Strasbourg ; eux, et surtout les étudiants étrangers,
étaient l'objet de sa sollicitude constante. La destinée nous
l'a arraché à tous, bien trop tôt, avant que fussent récoltés
les fruits promis aux nombreux projets de son cerveau toujours actif. Favorisé par les centres de résistance d'avant
guerre, il sut employer ses forces à créer de nouveaux moyens
d'organisation par lesquels, en servant l'Alsace, il put servir
la France.

Cher Ancien, nous ne pouvons exprimer la plénitude de

notre gratitude ; puissent ces quelques paroles être un gage
du souvenir éternellement reconnaissant que nous vous garderons.

DISCOURS DE SVETISLAV PETROVITCH

PRÉSIDENT DE L'ASSOCIATION DES ÉTUDIANTS YOUGOSLAVES
DE L'UNIVERSITÉ DE STRASBOURG

Au nom de l'Association des Étudiants yougoslaves de
l'Université de Strasbourg, je viens exprimer à notre grand
ami, le docteur Pierre Bucher, mes sentiments de vive reconnaissance et de profond regret.

Grâce à sa continuelle bienveillance et à ses conseils éclairés,
les étudiants yougoslaves ont vu se développer et s'affermir
l'Association que j'ai l'honneur de représenter aujourd'hui.

Notre Association n'est pas seulement un groupement cor-
poratif qui s'occupe des intérêts de l'étudiant, elle s'est proposé comme but de maintenir toujours plus étroite l'union
de la Serbie et de la France, et de développer dans le cœur de
ses membres l'amour de la France.

C'est un programme que l'exemple du docteur Bucher
nous a tracé, c'est un idéal que son souvenir nous aidera à
réaliser.

Nous nous inclinons respectueusement devant la grande
douleur de ceux que le docteur Bucher laisse derrière lui, et
nous offrons à notre ami vénéré les derniers hommages des
étudiants yougoslaves.

DISCOURS DE M. ROBERT STUMPER

AU NOM DE L'ASSOCIATION UNIVERSITAIRE
FRANCO-LUXEMBOURGEOISE

C'est le cœur bien serré que je prends la parole, au nom de
l'Association universitaire franco-luxembourgeoise. Il y a
longtemps que le docteur Bucher, dont nous pleurons la
disparition soudaine, s'est intéressé au sort des étudiants
luxembourgeois ; maintes fois il fit preuve de la grande sympathie qu'il éprouvait pour notre petit pays. Tout récem-

ment encore, il réalisa la création de l'Association universitaire franco-luxembourgeoise, dont il conçut l'idée et dont il traça le plan d'action. Mais à peine cette jeune Association a-t-elle vu le jour qu'elle est frappée cruellement par la mort prématurée du docteur Bucher, son bienfaiteur le plus actif. Cette perte jette un désarroi douloureux dans nos rangs ; nous voilà, non seulement privés de ses conseils judicieux et bienveillants, mais surtout du rayonnement de ses rares qualités morales et intellectuelles.

Nous nous permettons de nous associer au deuil qui accable la famille du défunt tant regretté, et au bord de la tombe ouverte, nous promettons à celui qui nous laisse, de réaliser l'un de ses vœux les plus chers : affermir tous les jours davantage l'amitié qui unit les étudiants français et luxembourgeois.

Ces discours expriment, en leur diversité, la peine cruelle ressentie par tous les hommes de cœur et de conscience patriotique devant cette mort inattendue et brutale, qui ravit à l'Alsace et à la France une force nécessaire et qu'on croyait indispensable, et à ceux qui le connurent, un ami incomparable.

L'un d'eux, à la parole de qui l'amitié attristée donnait un sens intime et profond, disait en s'éloignant de la tombe de Pierre Bucher : « Nous ne savons pas encore tout ce que nous laissons là, derrière nous. »

IV

L'ÉCHO DU RHIN.
16 février 1921.

Le docteur Pierre Bucher, directeur de la revue hebdomadaire *l'Alsace française*, commandeur de la Légion d'honneur, est décédé cet après-midi, à trois heures, des suites d'une opération subie il y a quelques jours. Il était âgé de cinquante et un ans.

Avec le docteur Bucher disparaît une des personnalités les plus nobles de nos provinces reconquises. Ardent patriote, d'une haute intelligence et d'une remarquable puissance de travail, il s'était, sous le régime allemand, constitué le champion le plus dévoué de l'idée et de la cause françaises, qu'il défendit avec un rare courage et une profonde habileté dans sa *Revue alsacienne illustrée*.

Le gouvernement de la République avait alors déjà reconnu ses éminents services en le nommant chevalier de la Légion d'honneur.

Lorsque la guerre éclata, le docteur Bucher réussit à passer la frontière. Il s'engagea dans l'armée française. Chef d'un des principaux centres d'informations, il rendit en cette qualité au pays de signalés services qui lui valurent la croix d'officier de la Légion d'honneur.

Après l'armistice, il fut attaché au commissariat général à Strasbourg, où ses conseils étaient très appréciés et furent toujours suivis avec le plus grand profit.

En même temps, le docteur Bucher avait entrepris avec le plus grand succès la création de multiples œuvres de propagande française dans les provinces reconquises, dont l'une des dernières fut la création de *l'Alsace française.*

Ses admirables efforts avaient été récompensés, il y a un peu plus d'un an, par la croix de commandeur de la Légion d'honneur.

La mort du docteur Bucher laissera un vide considérable en Alsace et constitue une grande perte pour le pays tout entier.

V

Extrait du BULLETIN DE LA PRESSE DE LA COMMISSION DE GOUVERNEMENT..., n° 39.

16 février 1921.

Le docteur Pierre Bucher de Strasbourg, dont il avait encore été question dans le bulletin d'hier à propos de son article sur le territoire de la Sarre, vient de succomber aux suites d'une opération qu'il a dû subir il y a une dizaine de jours.

Pour la grande patrie de France ainsi que pour la petite patrie alsacienne, cette mort signifie une vraie perte. L'âme alsacienne avait trouvé dans ce grand patriote français un digne et valeureux défenseur.

La *Revue alsacienne illustrée*, dont il avait été si longtemps le directeur distingué, peut être considérée comme son œuvre personnelle. Elle en a certainement gardé l'empreinte. De même, les amis du Musée alsacien ont toujours considéré le docteur Pierre Bucher comme étant le promoteur zélé de cette œuvre éminemment particulariste. A une époque où cette épithète était avant tout employée pour désigner toute tentative de conserver intactes les traditions et la civilisation françaises, l'œuvre du docteur Bucher avait fait appel à tous les Alsaciens sans distinction de parti, mais animés tous du même amour pour la mère patrie.

Grâce à lui, la mèche encore ardente n'a pas pu être écrasée sous la botte du vainqueur. Grâce à lui, elle a pu redevenir un flambeau dont la lueur guida les pas de nos troupes victorieuses lors de leur entrée triomphale dans ce vieux Strasbourg redevenu français.

A peine avait-il quitté l'uniforme d'officier français qu'il a eu l'honneur de porter durant toute la guerre et pendant laquelle il a encore vaillamment contribué à la défense de la cause française, qu'il se remit encore au service de la petite patrie pour la voir fusionner entièrement avec la grande.

La nouvelle revue *l'Alsace française,* dont les premiers numéros viennent de paraître, est sa dernière œuvre. Cette entreprise également a une orientation toute idéale ; tout en reconnaissant les bienfaits d'un régionalisme bien compris, elle veut mettre en garde ses lecteurs contre les velléités égoïstes des politiciens de clocher. Hélas ! le docteur Bucher n'a plus pu faire école, mais de sa main généreuse et puissante, il a indiqué le chemin à suivre. Ses amis sauront tirer profit des belles leçons que ce Français d'Alsace n'a cessé de donner durant sa vie entière.

VI

Henri ALBERT.
Journal des Débats, 17 février 1921.

Pierre Bucher a succombé hier après-midi à la grave maladie dont il souffrait depuis une quinzaine de jours. Victime d'un accident pendant la guerre, il avait dû se soumettre à une opération qui entraîna les plus graves complications. Mais, jusqu'au dernier moment, ses amis espéraient que sa robuste constitution triompherait du mal qui l'a enlevé à l'affection des siens.

Né à Guebwiller (Haut-Rhin), en 1869, Pierre Bucher avait fait à Strasbourg de fortes études de médecine qu'il compléta par un séjour à Paris en 1896. Il connut à ce moment-là un certain nombre de personnalités littéraires qui l'encouragèrent plus tard dans la tâche qu'il devait accomplir en Alsace. Revenu dans son pays natal, il se maria et s'établit médecin à Strasbourg. C'est alors qu'il fut amené peu à peu à créer cette œuvre grandiose de résistance à la germanisation dont il organisa successivement, et avec une rare énergie, les multiples rouages, surveillant tous les détails tout en restant dans la coulisse, car il savait modestement s'effacer et se dérober quand il s'agissait de sauvegarder des intérêts supérieurs.

Ce que fut l'œuvre du docteur Bucher, les lecteurs des *Débats* le savent et notre éminent collaborateur M. André Hallays y a maintes fois fait allusion ici même : direction de la *Revue alsacienne illustrée*, laquelle fut avant la guerre une des plus belles. publications de l'Europe contemporaine ; conférences françaises ; représentations théâtrales ; cours de français dans les classes populaires ; création du Musée alsacien de Strasbourg, etc. Pendant quinze ans, une active et intelligente propagande au dehors aida à mener à bien ces entreprises de défense française. A Paris, on savait ce que faisait le docteur Bucher. Mais on le savait aussi à Rome et à Vienne, où il fit de fréquents séjours.

A la fin du mois de juillet 1914, Pierre Bucher, sachant ce qui l'attendait s'il restait à Strasbourg, passa en Suisse et se mit au service du bureau des renseignements de Belfort. Il créa alors ce service d'informations de Réchésy qui fonctionna pendant toute la guerre et qui, par ses investigations minutieuses, fortifia notre certitude de la victoire. En 1917-18, il fut attaché pendant un an à l'ambassade de France à Berne.

Dans la réassimilation de l'Alsace à la patrie française, Pierre Bucher joua encore un rôle considérable, sur lequel nous ne pouvons insister ici faute de place. Il y a quelques semaines, il fonda une revue hebdomadaire, *l'Alsace française*, qui obtint dès son apparition le plus vif succès.

M. Maurice Barrès avait pris Pierre Bucher pour modèle lorsqu'il écrivit *Au service de l'Allemagne.* Le volontaire Ehrmann, sous l'uniforme de l'ennemi, était un serviteur dévoué de la France. Pierre Bucher, par tous les actes de sa vie, avec toute la loyauté de son cœur, préparait le triomphe de la cause française en Alsace. Il avait su donner au mot *servir* la plus haute et la plus magnifique signification.

VII

Albert CARRÉ.
Le Gaulois, 17 février 1921.

Avec le docteur Bucher, disparaît celui qui, pendant de longues années, fut le porte-drapeau de la résistance des Strasbourgeois à la domination allemande.

Fondateur du Musée alsacien, directeur de la *Revue alsacienne illustrée*, Bucher s'était donné pour mission de maintenir et de développer en Alsace tout ce qui pouvait la rattacher plus étroitement à la France et élargir le fossé qui la séparait de l'Allemagne.

Une pareille œuvre exigeait de la prudence, car toute action politique était impossible, le gouvernement ne l'eût pas tolérée.

Le docteur Bucher porta donc la lutte sur un terrain où il était inexpugnable. Il défendit la cause de la civilisation alsacienne. En face des pédants d'Allemagne, qui ne cessaient de vanter à l'Alsace les beautés et les bienfaits de la culture germanique, il s'attacha à entretenir chez ses compatriotes la fierté de posséder, de par la tradition française, des façons de penser et de sentir opposées à celles des Allemands. Convaincu que réveiller la conscience alsacienne c'était réveiller la conscience française, il créa le Musée alsacien et dirigea dans cet esprit la *Revue alsacienne illustrée*.

Les collections provinciales du Musée devaient mettre, sous les yeux des Alsaciens, les charmantes images de leur passé. La *Revue*, en appelant à elle les écrivains et les artistes du pays, affirmait la vitalité intellectuelle de l'Alsace, en même temps que par la perfection de sa typographie et de ses illustrations, elle rendait sensible à tous la délicatesse du goût alsacien.

Autour du Musée et de la *Revue*, le docteur Bucher groupa peu à peu d'autres œuvres, d'une efficacité plus directe. Il organisa à Strasbourg des conférences et des expositions françaises, et ce fut pour lui l'occasion de révéler à bien des Français une Alsace qu'ils ne soupçonnaient pas. Son action fut ainsi féconde en France même.

Il s'occupa de créer dans toute l'Alsace des cours populaires et des sociétés destinés à y propager la langue française. Enfin, il fonda les *Cahiers alsaciens*, chronique de la vie morale et économique de l'Alsace, où se poursuivait une campagne acharnée contre le germanisme.

Bref, avec une admirable ténacité, il travailla à la défense de l'Alsace contre l'effort allemand et prépara ainsi son retour à la France.

***

Lorsque le général Joffre et le général de Castelnau me firent l'honneur de me charger, en 1913, de préparer à Besançon, où mon compatriote le général Bonneau commandait le 7ᵉ corps, un centre de ralliement pour les Alsaciens qui, au moment où éclaterait l'inévitable guerre, passeraient la frontière pour venir s'engager sous nos drapeaux, je me rendis en Alsace pour m'y concerter avec quelques amis sûrs, capables de me seconder dans la mission qui venait de m'être confiée.

Je vis alors le docteur Bucher, et lui exposai le but que je poursuivais, les moyens que j'avais envisagés pour sa réalisation, et je lui demandai de me prêter son appui, en indiquant, lorsque l'heure serait venue, aux Alsaciens mobilisables, le chemin de Besançon.

La façon dont le docteur Bucher s'acquitta de la promesse qu'il me fit alors, mérite d'être contée.

Lorsque s'allumèrent au ciel d'Orient les premiers éclairs du formidable orage, Bucher, qui n'ignorait rien de ce qui le menaçait, hésitait à quitter Strasbourg. Les choses ne s'arrangeraient-elles pas une fois de plus au dernier moment? L'œuvre à laquelle il s'était consacré ne le retenait-elle pas à son poste de combat?

Il en était là de ses réflexions, un soir de la fin de juillet 1914, quand on sonna à sa porte. Il ouvrit et, dans le visiteur nocturne, reconnut un agent de police secrète strasbourgeoise dont, quelque temps auparavant, il avait sauvé l'enfant atteint de la diphtérie.

— Monsieur le docteur, fit l'homme, il faut vous en aller. Je n'oublie pas ce que je vous dois ; c'est pourquoi je suis venu vous prévenir, que j'ai l'ordre de vous arrêter demain matin.

Et il disparut.

Le docteur ferma sa valise, prit le premier train et, quelques heures plus tard, il était en Suisse.

Il allait poursuivre plus loin quand le souvenir lui revint de la promesse qu'il m'avait faite et dont une partie seulement était remplie. Il avait la veille répandu dans Strasbourg, ainsi qu'il s'y était engagé, le mot d'ordre convenu, mais rien n'avait été dit dans la vallée de Guebwiller, où il comptait de très nombreux amis, et où son action pouvait se faire le plus sentir.

Sans hésiter, il fit demi-tour, repassa la frontière, gagna Guebwiller et, tout le jour suivant, risquant cent fois de se faire prendre, il parcourut la vallée, semant de porte en porte les mots décisfs :

— C'est la guerre. Partez ce soir, on vous attend à Besançon.

La nuit venue, ses amis, enfin, le décidèrent à repartir. Sous un déguisement, il se mit en route, prenant à travers bois, pour gagner la frontière. Jusqu'au jour, il marcha, évitant les sentiers, contournant les clairières, s'enfonçant au plus épais de la forêt.

Avec un bruissement de feuilles mortes autour de lui, pareilles à son ombre, passaient d'autres ombres sur lesquelles tiraient les soldats envoyés en hâte pour arrêter l'exode des Alsaciens.

****

Ce premier devoir accompli, Pierre Bucher s'en vint à Besançon, où il signa son engagement. Envoyé à Belfort en qualité d'aide-major, il fut, à sa demande, par le général Thévenet, gouverneur de la place forte, attaché au service des renseignements, que dirigeait de façon remarquable le capitaine Andlauer.

Après quelques mois passés en Alsace française, à Thann, à Dannemarie, le docteur Bucher fut chargé d'organiser à Réchésy, village à cheval sur la triple frontière de France, de Suisse et d'Alsace, un poste d'écoute qui, sous son intelligente initiative, prit tout de suite une importance capitale.

Utilisant les nouvelles apportées par les voyageurs venant de Suisse, ainsi que par les déserteurs, secondé par des hommes comme Paul Acker, mort en service d'un accident d'automobile, et comme André Hallays, Bucher parvint à créer un centre d'informations unique auquel le grand quartier général bientôt puisa le plus clair de ses renseignements. On peut dire qu'il fut, grâce à ses avertissements si sagaces et si documentés, un des artisans de la victoire. Aussi le gouvernement français s'empressa-t-il de reconnaître ses services en le nommant commandeur de la Légion d'honneur et en l'attachant, après l'armistice, au commissairé de la République chargé de l'organisation de l'Alsace.

Il meurt ayant vécu son rêve et assisté à la réalisation de ce qui fut l'idée directrice de toute sa vie : le retour de l'Alsace à la France.

VIII

Léon DAUDET,
député de Paris.
L'Action française, 17 février 1921.

Les journaux annoncent la mort, à l'âge de cinquante et un ans, du docteur Pierre Bucher, décédé, à Strasbourg, des suites d'une opération consécutive à un grave accident. J'avais appris, l'autre jour, par Barrès, qu'il était très malade et considéré comme perdu. Cette affreuse nouvelle soulevait en moi une foule de souvenirs de l'avant-guerre, auxquels était reliée, de près ou de loin, la mémoire du héros disparu. Car Pierre Bucher était un héros, dans toute l'acception du terme, un héros d'un type original, créé en partie par la situation tragique de l'Alsace sous la domination allemande. Savant médecin, spécialisé dans les maladies nerveuses, doué d'une volonté égale à son intelligence et d'une finesse psychologique qui lui permettait de déjouer les ruses de l'ennemi, il consacra sa brève existence à la lutte pour le maintien de l'influence française en Alsace. Il la mena, cette lutte, tantôt sourde, tantôt ouverte, avec une ténacité sans égale ; et il eut le bonheur de voir ses efforts récompensés, grâce à la victoire, cette terre

42

qu'il chérissait par toutes ses fibres, qu'il connaissait
dans ses moindres coins, faire retour à la mère patrie.
J'imagine qu'à son dernier souffle, il eut encore,
devant ses yeux mourants, les spectacles triomphants
et magnifiques de novembre et décembre 1918, cet
enthousiasme alsacien qu'il prévoyait, préparait et
annonçait depuis vingt ans. Heureux, malgré tout,
celui qui assiste ainsi, avant de disparaître, à la réalisation de sa grande espérance !

C'est au mois de décembre 1907 que je fis la connaissance du docteur Bucher, qui m'avait demandé
de venir, à Strasbourg, parler aux Alsaciens d'Al-
phonse Daudet. Les conférences qu'il organisait alors,
avec l'autorisation du statthalter, bien entendu, ne
devaient avoir aucun caractère politique ni polé-
mique. A la descente du train, je trouvai un homme
jeune, mince, aux yeux à la fois réfléchis et ardents,
à la voix ferme, aux desseins nets, tel que me l'avait
dépeint Barrès, auquel le liait une profonde affection.
Nous passâmes ensemble quelques journées inoubliables, parcourant les musées, et notamment ce
Musée alsacien, que le docteur Bucher avait fondé
sur le modèle du Musée arlésien de Mistral. La grande
préoccupation du mainteneur de la fidélité alsacienne
était de savoir comment le maître de Maillane s'y
était pris pour conserver à la Provence son langage
et ses mœurs, comme une partie vivante du patrimoine français. Il envisageait le problème en philo-
sophe et il en poursuivait la solution en homme
d'action, avec un détachement complet de sa propre

personne. Il pensait que la guerre viendrait un jour et qu'à la première heure de la mobilisation il serait fusillé par les Allemands. C'est miracle s'il put, à la veille de la guerre, gagner la France par la Suisse et se mettre à la disposition des autorités françaises, auxquelles il rendit des services incomparables et qui lui valurent la rosette d'officier de la Légion d'honneur. Mais quelle récompense eût été à la hauteur de son esprit de dévouement !

Le docteur Bucher connaissait à fond la rouerie allemande et le tempérament alsacien. Il estimait que le cerveau alsacien est précisément le mieux fait pour échapper à cette rouerie, en déjouant ses pièges. De là, cette série de manœuvres intellectuelles, savantes et calculées, cette guérilla psychologique, qu'il mena, sur tous les terrains des lettres, des sciences, des arts, des mœurs, de 1890 — il était alors un tout jeune homme — à 1914, et dont il racontait les phases saisissantes. A la première période de rébellion ouverte, mais forcément peu efficace, contre la domination allemande, avait succédé une seconde période, où il joua un rôle de premier plan et qui consistait à profiter de chaque faute de l'occupant — et Dieu sait qu'il en commettait ! — pour reprendre un peu de terrain. Périodiquement, le docteur Bucher, tantôt sur un point, tantôt sur un autre, à l'occasion d'une autorisation pour son musée, pour sa revue, pour ses conférences, entrait en conflit avec les autorités allemandes. Sa tactique consistait à ne pas céder, à se transporter d'une position dans une autre, avec des arguments tantôt menaçants, tantôt amadouants, qu'il savait susceptibles de porter. Son bonheur était quand il avait réussi à mettre en conflit plusieurs départements du monde officiel boche et à se faufiler à travers leurs querelles. Il mettait quelquefois six mois à obtenir un résultat d'apparence infime, mais dont il connaissait, lui seul, tout le prix. Car c'était un héros doué de prescience, ayant des antennes pour tout, et qui n'abandonnait rien au hasard.

Étant ainsi doué, il avait, comme on pense, suscité, autour de sa personne et de son œuvre, des dévouements nombreux, et allant jusqu'au fanatisme. Il possédait naturellement l'âme d'un chef, d'une extrême bienveillance avec ses collaborateurs, mais fort exigeant pour lui-même, insensible à la fatigue, inaccessible au découragement. L'absence d'orgueil et de vanité mettait sa grande intelligence de plain-pied avec celle de ses plus humbles interlocuteurs et stupéfiait les Boches eux-mêmes. Il leur arrivait de lui faire des concessions qu'ils reprenaient ensuite, brutalement, dans un accès de méfiance soudaine, succédant à une sorte de fascination.

Frédéric Mistral, à qui j'avais souvent parlé du docteur Bucher et de son œuvre, s'intéressait grandement à l'un et à l'autre. Incomprise, ou mal comprise, de bien des Français inattentifs, sa méthode de reviviscence et de maintenance félibréennes était donc allée séduire un jeune médecin alsacien, et lui avait fourni des armes précieuses. L'auteur des *Iles d'or* et de *Calendal* en était tout ému. Mais il y aurait eu

un livre à écrire sur l'immense entreprise de Pierre
Bucher, et j'espère qu'un de ses disciples l'écrira un
jour, reconstituera, pour l'avenir, cette grande et
noble figure, habituellement teintée de mélancolie.
J'ai voulu seulement indiquer ici quelques traits d'un
caractère génial, au sens plein du mot.

En analysant ici, voici quelques jours, un article
du docteur Bucher, dans *l'Alsace française,* consacré au
danger de la nouvelle armée allemande, je n'imagi-
nais certes pas que son auteur allait être ravi si tôt
à une patrie à laquelle il avait donné le meilleur de
lui-même et qui aurait eu encore tant besoin de lui !

IX

André LICHTENBERGER.
La Victoire, 17 février 1921.

Le docteur Pierre Bucher, fondateur de *l'Alsace française*, dont je vous signalais tout récemment l'apparition, vient de mourir à Strasbourg, âgé à peine de cinquante et un ans.

C'est une grande perte pour l'Alsace et pour la France.

Plus encore que des idées, j'ai toujours eu la curiosité passionnée des hommes. Le docteur Bucher est une des individualités les plus remarquables que j'aie approchées.

C'est lui qui m'a appris l'Alsace que j'avais quittée enfant et vers qui me ramena à l'âge d'homme l'imprescriptible tradition. C'est grâce à lui qu'en connaissance de cause je pus suivre la lutte ardente contre le germanisme et de loin, très insuffisamment, tâcher de le seconder.

Le docteur Bucher fut peut-être l'homme qui, avec le plus de constance, le plus de mesure et le plus d'ingéniosité, organisa dans le domaine intellectuel la résistance contre l'emprise teutonne.

Je pense que ses sentiments vis-à-vis de celle-ci

ressemblaient assez à ceux du médecin vis-à-vis de la maladie. Il considérait comme son premier devoir de connaître à fond celle-ci, c'est-à-dire l'Allemagne, et de l'étudier non avec haine, mais plutôt avec cet intérêt passionné qui courbe le praticien sur l'examen microscopique des plus hideux bacilles. C'était pour lui la condition première nécessaire pour lutter contre le fléau. Il savait qu'il ne serait extirpé que par une opération chirurgicale dont il n'appartenait pas à l'Alsace de prendre l'initiative. Mais, patiemment, soigneusement, avec une vigilance inlassable, avec une connaissance profonde et déliée des hommes, avec un sens aigu du possible, il aida son pays, contraint de vivre avec son mal, à s'en défendre et à limiter ses ravages. Jamais on ne dira assez haut l'admirable œuvre que le docteur Bucher avait réalisée là-bas avant la guerre.

Il réussit à s'enfuir en juillet 1914 avant d'être arrêté, passa en France, fit campagne et devint durant les trois dernières années de la guerre un des avertisseurs les mieux informés et les plus écoutés que nous ayons eus sur l'Allemagne.

L'armistice et puis la paix lui réservaient un rôle de première utilité à remplir pour aider à la réincorporation harmonieuse de l'Alsace dans l'unité française. Auprès de M. Millerand, il rendit à notre haut commissariat les plus signalés services. Sa dernière création fut celle de cette *Alsace française* destinée à apprendre à l'Alsace et à la France à mieux se pénétrer et, sentinelle vigilante, à monter la garde sur le Rhin.

La notoriété du docteur Pierre Bucher n'a pas
atteint le grand public français. Bien qu'il eût une
des paroles les plus prenantes que j'aie entendues et
une plume admirablement déliée, il ne voulut être
proprement ni un orateur ni un écrivain. C'était avant
tout un manieur d'hommes, un animateur, un organisateur : qualités chez nous combien plus rares et
plus précieuses ! Je ne pense pas avoir rencontré
d'intelligence plus nette et plus compréhensive, ni
de volonté plus constante et plus tenace. Cet homme
élégant, discret et impénétrable, dont l'aspect faisait
songer à un prélat italien ou à un gentilhomme espagnol de vieille race, était une valeur incomparable.
L'Alsace et la France sont appauvries par sa mort ;
je ne force en rien ma pensée en l'affirmant.

X

Léon Pireyre.

L'Est républicain, 17 février 1921.

C'est une très grosse perte, à cette époque encore difficile, que la mort du docteur Pierre Bucher, de Strasbourg. Elle sera ressentie, de la façon la plus douloureuse, des deux côtés de l'ancienne frontière et dans cette ville de Nancy où Bucher comptait tant de vieilles et solides amitiés.

Il était en pleine force, en pleine ardeur intellectuelle, ayant d'ailleurs de peu dépassé la cinquantaine.

Il fut, avant la Grande Guerre, un merveilleux artisan de l'influence française en Alsace et un véritable apôtre de l'idée régionaliste qui la servait.

C'est lui qui a fondé cet admirable Musée alsacien où revivait tout le passé de la province. Par la plume, par la parole, par une action incessante, Bucher a maintenu la flamme. Les Allemands le craignaient beaucoup, mais, avec une finesse tout alsacienne, le docteur savait échapper à leurs embûches.

On connaît la conduite de Bucher pendant la guerre, on sait comment le gouvernement français tint à reconnaître ses éminents services en lui conférant la cravate de la Légion d'honneur.

La campagne terminée, le docteur Bucher devint le précieux collaborateur de l'administration française.

Sa belle devise, celle d'ailleurs de la vaillante revue qu'il fonda le mois dernier : *l'Alsace française*, était : « L'Alsace plus prospère par la France, la France plus forte par l'Alsace. »

Bucher avait pour but de défendre dans *l'Alsace française* des idées qu'il estimait essentielles.

Il voulait faire connaître, tout d'abord, des Alsaciens l'effort français tel qu'on le voit de Strasbourg, étudier ensuite avec le concours d'hommes éminents « les problèmes qui restent à résoudre, afin que l'Alsace et la Lorraine fassent partie intégrante de la République française ».

Bucher revendiquait aussi hautement les privilèges régionaux de l'Alsace en matière législative et administrative.

Mais, surtout, le défunt se proposait de « veiller au Rhin » comme on ne le peut faire que de Strasbourg, de suivre l'évolution de la politique allemande dans les pays rhénans ; sans provocation, mais sans faiblesse, de rappeler aux riverains, à tous les riverains du grand fleuve, les enseignements de l'histoire et de définir l'œuvre que la France se doit à elle-même de réaliser dans les marches de l'Est et sur la frontière naturelle du Rhin.

...Nous venons de relire, avec quelle émotion, les derniers articles de M. Pierre Bucher, et notamment des pages excellentes sur le *Gage de la France sur le Rhin*.

Selon lui, il n'est pas purement militaire, mais il doit être la caution de la bonne foi allemande, et il écrivait :

« La mission de l'armée d'occupation s'éclaire d'un jour nouveau. Sa présence sur le Rhin cesse d'être la démonstration platonique de la victoire d'hier. Elle nous permet de tenir le langage de justice et 'de fermeté qui placera l'Allemagne devant la plénitude de ses engagements.

« C'est à l'armée du Rhin qu'il faudrait recourir, demain, si l'on se refusait à Berlin à entendre les paroles de bon sens des Alliés. Dans cette œuvre pacifique qui l'attend peut-être, elle rendrait à l'Europe un service primordial. Nous lui devrions, pour nous, la renaissance des contrées aujourd'hui désolées du Nord et qui n'attendent que l'or, les matières premières et les restitutions allemandes pour reprendre leur traditionnelle prospérité. »

C'est le docteur Bucher qui a jeté le cri d'alarme devant la nouvelle armée allemande ; il a étudié minutieusement la remarquable organisation militaire de l'Allemagne d'aujourd'hui.

« Cette organisation est frappante, disait-il, surtout parce qu'elle permet la préparation et le groupement de forces vives, la mobilisation progressive de plusieurs millions d'hommes, en dépit des engagements souscrits au lendemain de la défaite. »

...Pierre Bucher venait volontiers à Nancy ; il aimait beaucoup notre petite patrie et il avait organisé à Strasbourg, en 1908, si nos souvenirs sont exacts, une exposition lorraine.

C'est lui qui avait amené à notre Exposition de 1909 ce cortège alsacien dont on n'a pas oublié à Nancy le charme pittoresque et la grâce exquise.

Bucher, ami personnel de M. Charles Sadoul, s'est toujours vivement intéressé à son *Pays lorrain*, dont l'œuvre était parallèle à la sienne.

Il s'honorait également de l'amitié et de l'estime de M. le maire de Nancy.

Cette belle intelligence s'est éteinte ; le vigilant gardien du Rhin, le bon soldat de France n'est plus.

Nous partageons de tout cœur le deuil de la pensée française à Strasbourg.

XI

Bulletin de la presse allemande.
17 février 1921.

Le docteur Bucher vient de mourir. C'est vainement que ses amis et collaborateurs ont espéré voir la cruelle maladie qui vient de l'emporter en pleine jeunesse et en pleine activité leur rendre sa victime. Mieux que personne, les rédacteurs du *Bulletin de la Presse allemande* savent quel vide immense creuse cette mort et quelle perte elle constitue pour la cause française à Strasbourg et en Alsace. Mieux que personne, ils savent aussi avec quelle intelligence des hommes et des choses, avec quel tact et quelle délicatesse le docteur Bucher dirigeait les œuvres déjà si nombreuses qu'ill avait fondées. Parmi elles le *Bulletin de la Presse allemande* tenait certainement une des premières places.

Dès le début de l'année 1919, au lendemain même de la guerre, le docteur Bucher avait eu l'intention d'organiser à Strasbourg un service d'information allemande. Il voulait que, par l'intermédiaire de l'Alsace reconquise elle-même, l'opinion française fût renseignée sur l'Allemagne contemporaine. Son premier projet avait été une revue de grande envergure qui eût traité, à intervalles réguliers, tous les problèmes essentiels concernant l'évolution de l'Allemagne actuelle. Mais ce projet s'était heurté à d'insurmontables difficultés. C'est alors que fut envisagée la création d'un bulletin quotidien, et cette idée, grâce à la généreuse collaboration du commissariat général, put être réalisée. Lors de notre dernier entretien avec lui, le docteur Bucher nous disait que, parmi ses préoccupations, celle du service d'information allemande de Strasbourg lui tenait le plus au cœur. Il voulait l'organiser sur un plan plus vaste encore, le pourvoir de toutes les ressources nécessaires, le porter à son point de perfection.

Il a exprimé, avant de mourir, le désir que son œuvre fût continuée. Elle le sera. Ceux qui ont l'honneur de collaborer au *Bulletin de la Presse allemande* ne failliront pas à cette tâche. Fidèles à la mémoire du docteur Bucher, ils apporteront à la rédaction du bulletin plus de soins que jamais et, dans la mesure de leurs forces, ils essaieront d'en faire cet organe d'information complet, vivant et indispensable qu'avait rêvé celui qui vient de disparaître soudainement, laissant derrière lui son œuvre inachevée et de si douloureux regrets.

XII

Le Temps.
17 février 1921.

Nous apprenons avec un profond regret la mort du docteur Bucher, le patriote alsacien, qui a si vaillamment soutenu la cause française, pendant les vingt années qui ont précédé la guerre, et qui, depuis le retour de l'Alsace à la France, fut le collaborateur direct et précieux de M. Millerand et de M. Alapetite. Le docteur Bucher n'avait que cinquante et un ans. Il avait été, pendant la guerre, victime d'un accident d'automobile et blessé grièvement à la tête. Cette blessure s'étant récemment rouverte, une opération fut jugée nécessaire ; mais une infection se déclara qu'on ne put enrayer, et M. Bucher succombait hier.

Il était né à Guebwiller. Il fit ses études de médecine à Strasbourg et à Paris et s'établit médecin à Strasbourg en 1897. Il s'était spécialisé dans les maladies nerveuses et les maladies infantiles.

Le docteur Bucher, dont le prosélytisme entretenait à Strasbourg la flamme du souvenir français, était, avant la guerre, une des personnalités les plus visées par la police allemande. Avec un courage tranquille et serein, il restait au milieu de nos ennemis sans se laisser déconcerter, ni reculer. Il créait œuvres sur œuvres dans le but de maintenir à l'Alsace son caractère de province française. Par des propagandes diverses, revues, musées, etc. (il avait repris la direction de la *Revue d'Alsace,* créé les *Cahiers alsaciens* et les conférences des *Annales*), il avait réussi à cristalliser la résistance au germanisme sur le terrain alsacien. Le gouvernement français l'avait, à ce moment, nommé chevalier de la Légion d'honneur, et il portait le ruban rouge devant les Prussiens irrités qui ne cessaient de lui tendre des pièges. Extrêmement fier, prudent et averti, il avait su passer au travers des difficultés, non sans, toutefois, sentir les conséquences de la calomnie ou de la jalousie. En intimité étroite avec toute l'élite intellectuelle française des artistes et des philosophes, le docteur Bucher avait ainsi pris, par son seul effort, une situation privilégiée qui en faisait le représentant spirituel de la France en Alsace.

Le 31 juillet 1914, comprenant que la guerre était imminente, le docteur Bucher était venu offrir son dévouement à la France. Au bureau des renseignements de Réchésy, il rendit de signalés services qui lui valurent la rosette de la Légion d'honneur. Après l'armistice, il avait été appelé à un poste de confiance au commissariat général. Il s'y occupait très activement des œuvres françaises, notamment de la propagande. Il avait été promu récemment commandeur de la Légion d'honneur.

Le docteur Bucher était le neveu du docteur Sieffermann, le regretté député protestataire.

XIII

Paul BOURSON.
L'Est républicain, 18 février 1921.

Il y a eu dans l'histoire de l'Alsace annexée une période de protestation et une période d'opposition, entre lesquelles s'étendit la période dite de la « paix des cimetières ». On peut admettre que la protestation prit fin lorsque se produisit la faillite du boulangisme. Entre 1890 et 1902, les provinces annexées connurent une période relativement calme, quoique fertile en incidents isolés, et que feu Jacques Preiss qualifia un jour au Reichstag de « paix des cimetières ». La protestation avait revêtu les formes les plus diverses. Tantôt follement héroïque, tantôt prudemment masquée, elle avait provoqué, de la part des Allemands, de dures représailles. Il ne fallait pas faire grand'chose, à cette époque-là, pour être expulsé ou envoyé devant la cour d'empire de Leipzig sous l'inculpation de haute trahison. Mais on se battait le plus souvent avec, comme arme, le bulletin de vote. Il n'y avait pas de liberté d'opinion, ni de liberté de presse. La menace d'une suppression radicale par simple décision d'un préfet pesait sur chaque journal. Rien d'étonnant si, dans ces conditions, les annexés s'habituèrent finalement à baisser la voix et à marcher sur la pointe des pieds...

C'était le régime de la dictature avec toutes ses menaces, ses vexations et ses duretés concentrées dans un seul article de loi — mais d'une loi d'exception — que l'on désignait sous le nom de *Diktatur-Paragraph*. Ce paragraphe tomba en mai 1902.

A cette époque-là, un jeune docteur en médecine, M. Pierre Bucher, venait de prendre la direction de la *Revue alsacienne illustrée*. Épris de tout ce qui touchait à l'art alsacien, il avait groupé autour de lui les artistes de la jeune Alsace. Mais il ne s'occupait pas que du mouvement artistique. Sans prendre une part immédiate aux luttes politiques, il suivait de très près l'évolution politique qui se produisait alors dans son pays. Relisez *Au service de l'Allemagne*, de Barrès : Ehrmann, c'est Pierre Bucher. L'attitude des Alsaciens de la génération d'Ehrmann, on la connaît. Ils passent par l'école allemande et par la caserne allemande ; ils paient leurs contributions. « Extérieurement », on ne peut rien leur reprocher. Ils se placent sur un terrain strictement légal. C'est ce qui fait leur force en face de l'Allemand déconcerté et désarmé.

Aussi longtemps que les annexés ont protesté en se mettant en conflit avec les lois allemandes, c'est Berlin qui devait nécessairement l'emporter sur eux. Mais voici qu'ils disent aux Allemands : « Vous avez fait de l'Alsace et de la Lorraine des provinces allemandes. Le traité de Francfort ne nous impose pas que des obligations ; il nous reconnaît des droits. Ces

droits-là, il faut nous les accorder, **bon gré, mal gré.** »
Et alors, une revendication, vieille déjà, s'élève, énergiquement formulée et comme rajeunie soudain :
« L'Alsace-Lorraine aux Alsaciens-Lorrains. » La plate-
forme de combat est trouvée, c'est-à-dire retrouvée.
C'est une plate-forme d'ailleurs idéale. En France
même, cette attitude des Alsaciens déconcerte tout
d'abord un peu. On ne comprend pas. Dans certains
milieux, on s'imagine que les Alsaciens se tournent
vers l'Allemagne. Oui, l'Alsace et la Lorraine sont
devenues des départements allemands, mais elles en-
tendent rester des compartiments de l'idée française.
Seulement, on ne peut pas crier cela sur les toits.
Cependant il faut éviter qu'un malentendu, qui peut
devenir terrible, se produise en France. Et c'est le
docteur Bucher qui initie Barrès, André Hallays,
Paul Acker, Georges Delahache et d'autres écrivains
français à cet état d'âme des Alsaciens, à leurs méthodes et à leurs plans.

Le directeur de la *Revue alsacienne illustrée* ne
groupe pas que les artistes autour de lui. Il sent tout
ce qu'on peut tirer de l'ardeur juvénile des étudiants
en faveur de l'idée française. C'est alors qu'est fondé
le Cercle des étudiants, dont les démêlés, parfois
retentissants, avec les autorités universitaires allemandes se terminent par la relégation de plusieurs étudiants alsaciens et lorrains. Puis le Cercle est dissous.
Mais il est immédiatement remplacé par le Cercle des
Anciens. La lutte continue, mais toujours sans qu'elle
donne prise à l'intervention des procureurs impériaux.

Les femmes alsaciennes, qui furent vraiment les vestales veillant sur la flamme sacrée, se groupent à leur tour. Sous l'impulsion du docteur Bucher, se produit une abondante floraison de cercles des Annales dans les principales localités du pays. Et rien que pour l'idée française !

Après l'interdiction en 1908 d'une représentation française en faveur des victimes de Messine, Pierre Bucher estime qu'il faut augmenter le nombre des représentations théâtrales (en langue française) tolérées parcimonieusement par le ministère impérial d'Alsace et Lorraine. Il se sert habilement des dispositions de la nouvelle loi sur le droit d'association et il crée la « Société dramatique ».

Mais il ne suffit pas d'organiser des cercles ou des « salons », comme s'exprimaient les Allemands qui suivaient attentivement et avec une rage impuissante les efforts du docteur Bucher et de ses collaborateurs. Les journaux de langue française, à leur tour, suivirent le mouvement et il suffit de rappeler en passant les campagnes menées par le *Journal d'Alsace-Lorraine* et le *Nouvelliste d'Alsace-Lorraine*. Les parlementaires — et je parle du Landesausschuss — se firent, eux aussi, l'écho des sentiments qui se manifestaient dans le public. Vers 1911, se produisit le mouvement d'union nationale. Il échoua, électoralement parlant. Mais tous les partis politiques s'emparèrent de son programme national alsacien-lorrain. Le docteur Bucher fonda les *Cahiers alsaciens*, en collaboration avec M. Fernand Dollinger, dont le frère, M. Léon Dollinger, l'avait puissamment secondé lors de la création du Musée alsacien. La lutte contre les pangermanistes reprit de plus belle. Les organisations dues à l'initiative de Bucher se comportèrent vaillamment, chacune dans le domaine qui lui était assigné. Ehrmann n'avait rien perdu de son ardeur au combat, ni de son ingéniosité, ni de son habileté... Partie émouvante qu'interrompit la guerre !

Un jour, au parlement alsacien-lorrain, un orateur bochisant venant à parler de Bucher et de ses collaborateurs, les avait traités « d'esthètes décadents ». Pendant la guerre, ces esthètes firent tout leur devoir et ils contribuèrent à assurer la victoire française, alors que l'orateur en question s'embusquait dans un bureau silésien, où il restait au lendemain de l'armistice. Il a préféré ne pas rentrer en Alsace...

Le docteur Bucher avait vu clair. Il a, pendant plus de douze ans, préparé le retour de l'Alsace à la France. Et aujourd'hui il descend dans la tombe après avoir vu se réaliser le rêve le plus cher de sa vie.

Nous graverons sur sa pierre tombale ces quatre mots : « Ici repose un Patriote. » Et, sur le tertre où il va reposer, nous cultiverons pieusement la fleur du Souvenir.

XIV

Ambroise GOT.
L'Excelsior, 18 février 1921.

L'une des personnalités les plus en vue des deux provinces recouvrées — peut-être la personnalité la plus en vue — vient de succomber à Strasbourg, à l'âge de cinquante et un ans, après une courte et douloureuse maladie, aux suites d'un accident d'automobile survenu pendant la guerre.

Le docteur Pierre Bucher — masque tourmenté de lutteur, traits aigus, yeux d'acier, le type de l'homme de la Renaissance italienne — a été vraiment l'un des grands artisans du « Risorgimento » français en Alsace, et cela dès l'époque allemande.

Sans jamais redouter les persécutions des envahisseurs, c'est lui qui incarna l'indéfectible volonté des Alsaciens de rester fidèles à eux-mêmes, fidèles aux traditions du passé, fidèles au souvenir de la France.

Fondateur des *Cahiers alsaciens*, de la *Revue alsacienne illustrée*, qui vient de renaître sous le titre de *l'Alsace française* et sous sa direction, inspirateur d'innombrables articles dans les revues et journaux français, modèle choisi par des écrivains qui voulaient rendre l'âme alsacienne dans l'âpreté de la lutte, le docteur Bucher menait parallèlement à cette activité littéraire toute une œuvre souterraine ou ostensible — selon l'époque — de propagande francophile. Il organisait des conférences, des réunions, des soirées dansantes ; il faisait venir de là-bas — là-bas, c'était Paris, c'était la France — nos meilleurs conférenciers qui apportaient la bonne parole, la parole d'espérance et de réconfort aux étudiants alsaciens, groupés par ses soins. Les représentations de comédie française à Strasbourg étaient également son œuvre.

Bref, on peut dire que c'est sous son égide que se sont déroulées, à Strasbourg, toutes les manifestations de sympathie pour la France ; que c'est lui qui centralisait et pilotait tous les efforts d'un peuple vers la libération. Pour me servir du jargon de nos ennemis, il était le représentant le plus qualifié de la « poussée vers l'ouest ».

Le docteur Pierre Bucher était médecin. Pour les Allemands, qui l'exécraient, c'était le « herr doktor » Peter Bucher. La médecine fut du reste sa sauvegarde ; il s'y réfugiait aux moments critiques pour dépister les soupçons ; puis, quand l'accalmie se produisait, il rentrait intrépidement dans l'arène politique.

A ce jeu, que de fois n'a-t-il pas risqué la prison, la forteresse ou du moins le bannissement de sa chère Alsace. Il a frisé tous les dangers avec la même bravoure qu'un soldat au feu. Jamais il n'a reculé, ou, pour mieux m'exprimer, s'il a reculé, c'était dans l'intérêt de notre cause, pour s'élancer plus haut ensuite. Chose étrange, les Allemands, qui n'étaient pas sans ignorer la prodigieuse activité que déployait le docteur Pierre Bucher, n'ont jamais pu le confondre ni le surprendre en flagrant délit. Il a su rester sur la frontière de la légalité sans montrer qu'il empiétait parfois sur l'autre rive. Il a fallu la déclaration de guerre pour dessiller les yeux des Allemands.

Au début de la guerre, le docteur Bucher réussit à gagner la France. Il entra à la S. R. de Belfort où il fit preuve d'un zèle extraordinaire. Les Allemands profitèrent de son absence pour perquisitionner dans sa maison et farfouiller partout. C'est ainsi qu'ils finirent par découvrir, dans la cave du docteur, tout un paquet de lettres personnelles qu'ils ont jetées dans la publicité pour le démasquer. Ces lettres, qui sont d'ailleurs un titre de gloire de plus à l'actif du docteur, illustrent toute sa propagande anti-allemande. Il y a là des autographes de Barrès, du premier secrétaire de l'ambassade de France à Berlin et de la comtesse de La Tour, établie à Rome, avec laquelle le docteur Bucher était très lié. Pierre Bucher y narre simplement ses efforts pour défendre la cause française pied à pied, ongle à ongle, dent contre dent.

Les Allemands lui en ont fait un grief. De leur point de vue, avouons-le, ils n'avaient pas tort. La propagande allemande s'est emparée de ses lettres et les a publiées en Suisse, en français et en allemand, sous le titre de *Zehn Jahre Minenkrieg im Frieden* (Dix ans de guerre de mines pendant la paix) en allemand, et celui bien flatteur de *Quand même!* dans notre langue.

Il va sans dire qu'ils ont fait un choix habile des

lettres les plus compromettantes, reproduites en photographies, avec le plus grand luxe, sur papier glacé, pour qu'on n'en puisse mettre en doute l'authenticité. Un commentaire abondant éclaire le texte. Si le docteur Pierre Bucher était, par accident, resté à Strasbourg, le poteau d'exécution et douze balles lui étaient sûrement dévolus.

Esprit alerte, averti de toute chose, le docteur Pierre Bucher était un causeur fascinant. Son talent d'adaptation était surnaturel. Je l'ai entendu traiter, dans la même soirée, avec un brio qui ne se démentait pas, la question de Pologne et celle du Saint-Siège. Il bondissait comme une balle sur les arguments de son adversaire, s'en saisissait, les pétrissait, en faisait jaillir une pluie d'étincelles et ne les abandonnait qu'après les avoir épuisés.

La guerre finie, le rude jouteur qu'était le docteur Bucher s'était jeté derechef dans la mêlée. Il était revenu dans sa chère Alsace, au milieu de son vieux Strasbourg qu'il chérissait tant. Tour à tour conseiller de M. Maringer, puis de M. Millerand, directeur des services de presse et de propagande au commissariat général, il continuait la mission qu'il avait entreprise depuis bientôt quatre lustres.

Vilipendé des uns, porté aux nues par les autres, il n'avait pas rêvé de plus rude et plus belle tâche que celle qui l'attendait.

Le gouvernement français l'avait promu commandeur dans l'ordre de la Légion d'honneur. Ce n'était que simple justice.

Pierre Bucher était un grand Alsacien et avant tout un grand Français. Avant de mourir, il a eu la joie de revoir l'Alsace française. Son nom demeurera éternellement associé au retour de nos deux provinces.

XV

W. Wittich.
Neue Zeitung, 18 février 1921,
traduit de l'allemand.

Pierre Bucher était Haut-Rhinois et issu d'une vieille
famille bourgeoise de Guebwiller. Cette origine n est
pas indifférente. Car en lui vivait l'âme d'un Kœchlin
qui a fait pousser un jour à La Fayette ce cri d'admiration : « Un Kœchlin par département ! » Il était
médecin, non point un savant ni un spécialiste fameux,
mais un médecin de famille dans l'ancienne acception
du mot, qui ne donnait pas ses soins aux corps seuls,
mais aussi aux âmes, dont le dévouement et l'abnégation, dans les cas difficiles, ne connaissaient pas de
bornes et qui ne faisait aucune différence selon la situation de fortune de ses clients. Une cure heureuse
qu'il fit dans la famille d'un pauvre agent de police
lui valut la gratitude du père à tel point que, prévenu
à temps au début des hostilités, il put se soustraire
à la « détention protectrice » qu'on lui destinait à lui
tout le premier.

Mais ces circonstances, à savoir les origines et la
profession, n'expliquent pas la nature et l'action de
cette personnalité unique. La valeur était fondée
sur des qualités proprement individuelles et telles

qu'elles ne se trouvent réunies chez aucun Alsacien contemporain. Il fut un homme de volonté et un homme d'action. Il alliait à une pénétrante connaissance des hommes un talent d'organisation incomparable, une ardeur au travail et une énergie que rien ne lassait. Et toutes ces qualités, il les mettait au service de son idéal : le retour de l'Alsace à la France. Il n'était pas un ennemi aveugle de l'Allemagne : il reconnaissait les bons côtés de l'activité et de la culture allemandes. Mais pour lui et pour son pays, il ne voyait le salut que dans la France et c'est pourquoi il a combattu la domination allemande par tous les moyens, dans la paix et dans la guerre, jusqu'au triomphe de la cause qui lui était chère. Ce n'est que dans l'avenir qu'apparaîtra nettement quelle part il a prise à ce triomphe. Les Allemands lui ont fait l'injure de l'appeler « traître ». Jamais assurément ce reproche n'a été formulé avec moins de raison. Car nul n'a jamais servi avec plus de fidélité et de désintéressement la cause qu'il avait faite sienne. Les raisons qui ont éveillé en lui l'amour de la France et l'aversion à l'égard de la domination allemande sont d'ordre divers : ce sont à la fois les traditions qui vivent dans l'âme de tous les Alsaciens et des expériences toutes personnelles telles qu'on peut les connaître par la lecture du livre de Maurice Barrès : *Au service de l'Allemagne*. Toutes les fibres de son être étaient imprégnées de civilisation occidentale ; le service militaire allemand blessait tous ses sentiments. Ce sont les expériences qu'il y a faites qui ont déve-

loppé son aversion à l'égard de la domination allemande et qui ont fait mûrir le désir de voir son peuple
délivré de ces chaînes intolérables. C'est ainsi que
là même le militarisme prussien a engendré les forces
qui finalement ont provoqué sa chute.

Vers 1900 commença son activité d'abord modeste,
persiflée ou dénigrée par le plus grand nombre et
traitée de dilettantisme. Lui-même fut tout d'abord
hésitant et incertain, soutenu seulement par la ferme
volonté d'atteindre son but. A chaque pas qu'il fit
en avant, ses forces s'accrurent et s'augmenta le
nombre de ses adhérents. Avec une habileté sans
pareille, il organisa le travail qu'il mit au service
de l'idée française et qui a été souvent décrit. Lorsque
la guerre éclata, son œuvre, grâce à son activité, grâce
aussi à l'aveuglement de ses adversaires, était achevée.
Il avait réveillé et entretenu le feu sacré du souvenir
jusqu'à ce que les temps où sa cause, elle aussi, allait
se décider fussent accomplis. Promptement résolu,
il sut se soustraire à l'arrestation par la fuite en Suisse,
et il s'engagea immédiatement dans l'armée française.

L'administration militaire allemande lança à ses
trousses des mandats d'amener, et ne pouvant se
saisir de l'œuvre et de son auteur, elle détruisit ses
instruments de travail qu'il avait dû abandonner. En
novembre 1918, avec les troupes françaises il fit son
entrée à Strasbourg comme capitaine. Il aida encore
pendant quelque temps à la réorganisation du pays
comme conseiller et collaborateur du haut commissaire

et des commissaires généraux ; puis, il y a une année,
il renonça à toute activité officielle et il fonda une
revue afin de reprendre son véritable rôle, celui de
directeur d'un périodique auquel sa personnalité et
ses relations assuraient une influence considérable.
C'est en plein labeur et occupé de nouveaux projets
et de nouvelles initiations que l'infatigable travailleur a été surpris par la mort.

Pierre Bucher fut un bon Alsacien et un bon Français. Selon l'expression heureuse du président Millerand, il incarnait aux yeux de ses concitoyens l'idéal
du Français ; aux yeux des Français de l'intérieur,
l'idéal de l'Alsacien. Toutefois les effets de la culture
allemande, auxquels il fut exposé pendant les années
de son apprentissage de la vie, donnent l'explication
de l'un des côtés les plus importants de sa nature.
Grâce à sa clairvoyance, il n'a pu ignorer la puissance
d'action du système allemand et c'est avec raison qu'il
en attribuait l'efficacité à l'éducation professionnelle,
à la *spécialisation*. Or, c'est précisément cette particu-
larité qui lui était le plus contraire ; il était tout l'opposé d'un spécialiste ; il possédait au suprême degré la
faculté de coordonner les talents les plus divers, d'organiser en vue d'un but déterminé les bonnes volontés
éparses. Mais cette force, la meilleure qui fût en lui,
peut-être ne l'estimait-il pas à sa juste valeur ; il a trop
prisé les aptitudes professionnelles qui constamment
s'offraient à ses regards. C'est pourquoi il n'a jamais
pu se résoudre à accepter les hautes fonctions qui souvent lui ont été offertes. — « Je ne suis pas du métier »,

répondit-il toujours. L'objection, qu'il était bien mieux qu'un homme du métier, lui semblait une flatterie. Les ouragans de l'heure présente, qui ont illustré la valeur de l'homme et révélé l'insuffisance de la machine, lui ont peu à peu ouvert les yeux. Peut-être maintenant fût-il sorti davantage de sa réserve ; mais son temps était révolu. C'est pourquoi le meilleur de son œuvre, il l'a accompli, non certes dans l'anonymat, mais en qualité d'homme privé et non dans l'éclat de ces situations officielles qui, dans tous les pays, donnent à toute activité un si grand retentissement. Il importe d'autant plus, maintenant que l'œuvre de sa vie est terminée, que ses successeurs qui jouissent des fruits de son labeur lui rendent les hommages qui lui sont dus. C'était un ami fidèle ; il a aimé sa terre natale et la France comme bien peu d'autres ; de toutes ses forces il a travaillé à son œuvre, non pour lui-même, mais au service de son idéal et de ses concitoyens.

XVI

LE RHIN FRANÇAIS.
18 *février* 1921.

Avec le docteur Bucher disparaît une des figures les plus curieuses du patriotisme alsacien. Bucher ne s'occupait pas, avant 1914, de politique proprement dite. Il s'était par contre consacré tout entier au maintien de la « culture » française, comme nous disions en ce temps-là. Sa situation était très singulière. D'un côté il avait quelques relations mondaines dans les cercles officiels, de l'autre les autorités combattaient son action qui, pour rester toujours dans les limites de la plus stricte légalité, n'en étaient pas moins gênante. Dans la *Revue alsacienne illustrée*, la magnifique publication qu'il dirigeait, Bucher avait réussi à faire travailler, les uns à côté des autres, des Alsaciens au patriotisme français combattif et des immigrés qui, comme le professeur Wittich, essayaient de comprendre l'âme des annexés.

Les affaires faillirent se gâter quand le docteur groupa les étudiants indigènes en une association qui bientôt afficha des tendances nettement anti-allemandes. Il eut encore de graves difficultés avec le sous-secrétaire à l'Intérieur, M. Mandel, quand il organisa deux représentations théâtrales françaises. Ses efforts pour maintenir le culte de la langue proscrite furent d'ailleurs couronnés de succès. Les cercles des Annales, qu'il avait fondés, furent, pendant les années qui précédèrent la guerre, de véritables foyers d'opposition culturelle.

Fin juillet 1914, M. Bucher réussit à passer en France et il y prit du service comme aide-major. Bientôt, cependant, ses chefs devaient lui confier une mission plus délicate. Il s'installa à Réchésy, sur les confins de la Suisse, et y organisa un bureau de renseignements. La proximité de la frontière lui permit de recueillir les indications les plus précieuses sur l'armée allemande. On attachait le plus grand prix au ministère et à l'état-major général de l'armée à ces documents substantiels et bourrés de faits précis. Pendant près de quatre années le bureau du docteur fut ainsi le meilleur informateur du généralissime.

Quand la paix fut signée, M. Bucher, médecin militaire à trois galons et décoré de la rosette de la Légion d'honneur, revint à Strasbourg, où il fut le conseiller écouté de M. Millerand. Discret et réservé par tempérament, il n'en exerça pas moins une action constante sur les décisions du commissaire général. Celui-ci lui avait voué la plus grande affection. Pendant la dernière maladie du docteur, le président de la République faisait, deux fois par jour, prendre par téléphone, des nouvelles de sa santé.

Fatalement la situation considérable, quoique inofficielle de M. Bucher avait créé à celui-ci quelques hostilités qui parfois furent brutales.

Les funérailles de M. Pierre Bucher ont eu lieu ce matin à dix heures et demie. Depuis que la nouvelle de sa mort avait été publiée par les agences, d'innombrables télégrammes de condoléances étaient arrivés de toutes les villes françaises à Strasbourg. Le défunt laissait en effet des amis partout où il avait passé. Il fut de ces hommes envers lesquels on ne saurait rester indifférent.

XVII

Charles LE GOFFIC.
La Démocratie nouvelle, 19 février 1921.

C'est une vraie perte pour l'Alsace, et c'en est une encore plus grande pour la France que la disparition prématurée du docteur Pierre Bucher.

Il n'avait que cinquante et un ans, je crois, et quand je le vis à Strasbourg, en 1912, il n'en paraissait guère plus de trente : svelte, bien pris, le poil brun, l'œil velouté, la parole caressante et chaude, il donnait plutôt l'impression d'un Méridional que d'un Alsacien. Et le fait est qu'il y avait en lui quelque chose de la souplesse avisée des hommes du Midi. Souplesse nécessaire pour louvoyer entre les écueils qui le guettaient et dont c'est miracle qu'aucun n'ait fait chavirer sa barque ! Car il était profondément suspect à l'administration allemande, qui le savait avec nous, mais ne pouvait acquérir la preuve de sa connivence et en enrageait littéralement.

Ah ! si on l'avait tenue, cette preuve ! Les événements allaient permettre de s'en passer. La guerre n'était pas encore déclarée, mais, dans la période préliminaire, la suspension des garanties individuelles est considérée en Allemagne comme un droit régulier. C'est ainsi que Bucher, inscrit en tête de la liste des suspects, devait être arrêté le matin même du Ier août et jeté dans une basse-fosse. Et peu s'en fallut, en vérité, que le programme ne s'exécutât de point en point. Sans un hasard — un de ces bienheureux hasards comme il s'en produit de temps à autre pour raffermir notre croyance un peu chancelante dans la véracité du proverbe : un bienfait n'est jamais perdu — Bucher était pris, Bucher était « kapout ». Albert Carré, qui fut son ami et son collaborateur au service des renseignements, a fixé pour la postérité cette page détachée de la morale en action.

Donc, un des derniers soirs de juillet 1914, à nuit close, quelqu'un vint sonner d'une certaine façon à la porte de la maison de la rue Brûlée, où habitait Bucher. Celui-ci alla ouvrir et, dans le visiteur nocturne, reconnut un agent de la police secrète strasbourgeoise dont, quelque temps auparavant, il avait sauvé l'enfant, atteint de diphtérie.

— Monsieur le docteur, dit l'homme, j'ai ordre de vous arrêter demain. Vous avez sauvé mon enfant. Service pour service. Arrangez-vous pour rendre ma mission inexécutable : c'est encore moi qui resterai votre obligé.

Dans la nuit même, Bucher filait vers la Suisse.

On sait le reste et la condamnation à mort — par contumace — de l'irréductible patriote. Je ne l'avais pas revu pendant la guerre. Je me flattais de l'aller surprendre prochainement à Strasbourg, car il m'avait écrit pour me demander ma collaboration à *l'Alsace française*, qu'il venait de fonder, et sa lettre ne m'avait touché qu'au retour d'un assez long voyage dans les pays occupés. Mais, justement, le théâtre de Strasbourg doit donner dans quelques jours *le Pays*, l'admirable opéra que Guy Ropartz a tiré d'une nouvelle de mes *Passions celtes*. Quand le théâtre de Nancy, en 1912, représenta pour la première fois — avant qu'elle ne tentât M. Albert Carré — cette œuvre austère et forte, qui est comme le drame de la nostalgie, Bucher m'avait engagé à profiter de l'occasion pour pousser jusqu'à Strasbourg, où il voulait me faire les honneurs de son Musée alsacien. J'avais accepté. Près de dix ans plus tard, une nouvelle occasion s'offrait de renouer connaissance avec le créateur de cet organisme de redressement national qui a été pour l'Alsace ce que le *Museon Arlaten* a été pour la Provence, qui l'a orientée et maintenue dans le droit fil de la tradition. L'homme propose... Bucher, que je ne savais pas malade, s'éteignait ces jours-ci, usé par la lutte, achevé peut-être — ô rançon de certaines joies surhumaines ! — par la réalisation inopinée de son rêve, cette libération de l'Alsace qu'il appelait de tous ses vœux et dont il est mort, comme Matho d'avoir touché le voile de Tanit. Au lieu de la joyeuse visite à Strasbourg que je me promettais, c'est un pèlerinage funèbre que j'aurai la mélancolie d'accomplir...

Et j'entends bien que de tels hommes ne meurent pas tout entiers. L'œuvre de Pierre Bucher lui survivra : sa revue d'abord, dont le rédacteur en chef, Jules-Albert Jaeger, est son propre gendre ; surtout son musée, conservatoire de l'âme alsacienne, foyer de vie traditionnelle, où, sous les cendres du passé, couve le secret de l'avenir.

« La tradition est une si belle chose, » dit quelque part Paul Bourget, dont *l'Ecuyère* est elle-même une nouvelle et si attachante démonstration de la thèse soutenue par le grand romancier, « que les moindres gestes s'ennoblissent de poésie, dès qu'ils sont traditionnels. »

Les moindres gestes et aussi, ajouterai-je, les moindres objets, les ustensiles les plus humbles, les plus modestes accessoires de l'habillement journalier. Il suffit d'un nœud noir sur une chevelure couleur d'épis mûrs pour évoquer toute l'Alsace d'autrefois — et Bucher le savait ; j'ai vu Mistral, au *Museon Arlaten*, s'arrêter longuement devant un clou, un vieux clou rouillé, qui servait aux pâtres de Maillane de fourchette à escargots — et c'est que ce clou, sans doute par une association d'images faciles à reconstituer, suscitait à l'esprit de Mistral toute une période de son heureuse enfance au mas du Juge, sur la pente des Alpilles... Ni Bucher, ni Mistral ne demandaient pour cela qu'on revînt aux clous à escargots, non plus qu'aux pantalons à pont, aux diligences et aux chandelles de suif : le passé n'est pas un maître si tyrannique qu'il ne puisse s'accommoder des perfectionnements de la vie moderne et, si la tradition est ne chaîne, cette chaîne n'est pas nécessairement composée d'anneaux du même moule et du même métal. L'important, c'est que la chaîne ne soit pas rompue.

Or, elle l'était ou allait l'être en Alsace, sous la poigne des fonctionnaires prussiens, les plus cassants et les plus tyranniques des maîtres. Comment la renouer? Par quel artifice, qui échappât à l'œil soupçonneux du Boche? Un musée, surtout un musée régional, cela ne tire pas à conséquence ; des coiffes, des tabliers, des bicornes, des chaudrons, des couvre-plats, des jarres, des poteries, des dressoirs, des berceaux, des fifres, des musettes, comment croire que ce poussiéreux bric-à-brac puisse cacher des intentions hostiles? Et c'est ainsi qu'on laissa Bucher dresser ses vitrines, aligner ses collections, sans voir que, de ces choses mortes, émanait une énergie mystérieuse, une flamme secrète qui se communiquait aux visiteurs. Chacun de ces désuets ustensiles, de ces vieux meubles usagés, avait une histoire qu'il contait à sa façon et qui mouillait les yeux, embrumait l'âme indigène et lui inspirait une nostalgie chaque jour plus aiguë du passé...

Et je sais bien ce qu'on va dire : d'autres que Bucher ont travaillé à préserver de la contamination germanique l'esprit et le cœur de l'Alsace. Quelques-uns même ont payé de leur liberté, deux ou trois de leur vie, ce dévouement à une cause qu'ils étaient seuls à ne pas croire perdue. C'est un hommage qu'il convient de leur rendre ici. Mais le grand « mainteneur » de la tradition française dans les pays annexés, ce fut tout de même ce souple et hardi garçon, qui semblait un fils de Mistral transplanté en terre alsacienne, et qui, en acclimatant chez lui les subtiles méthodes du maître provençal, servit plus efficacement que quiconque sa race, sa langue et ses dieux.

XVIII

C. Beckenhaupt.
Le Journal de Wissembourg, 19 février 1921,
traduit de l'allemand.

Les notices que tous les journaux de France et
d'Alsace ont consacrées au docteur Bucher, rendent un
chaleureux hommage à sa supériorité ! Celles qui
scrutent plus à fond le caractère et l'activité du défunt
donnent à entendre que la France aussi bien que
l'Alsace a fait une perte irréparable. Nous possédons
certes un grand nombre de personnalités qui pour-
suivent le but que s'était assigné le docteur Bucher et
qui y mettent la même ferveur. Malheureusement la
bonne volonté n'est pas tout ; ce qui importe c'est
la réceptivité et l'acuité de l'esprit, le don d'embrasser,
d'apprécier et d'ordonner tous les facteurs qui entrent
en ligne de compte. Le simple jugement pratique n'y
suffit pas. Pour distinguer, parmi les compétitions et
les jalousies, les grands intérêts d'un pays, il faut le
coup d'œil large et sûr que seule peut donner une
culture scientifique et philosophique approfondie.
C'est ce concours, peu ordinaire, de circonstances qui
constitue la supériorité de certains hommes, concours
particulièrement rare dans cette Alsace constamment

LE GÉNÉRAL DE CASTELNAU. — PIERRE BUCHER

appauvrie par l'émigration de sa sève la plus vigoureuse et si longtemps opprimée par une contrainte
pesante. Nous ne connaissons personne qui, pour la
culture de l'esprit et le don d'ascendant personnel,
la clairvoyance réfléchie et l'action féconde, égale la
personne et l'œuvre du docteur Bucher.

On pourrait penser que le docteur Bucher a été
favorisé par le cours des événements, par la victoire
de la France ; mais en réalité, avec une habileté et un
courage extraordinaires, il a joué une grosse partie
dans laquelle il aurait facilement pu devenir un martyr. En jugeant les événements du point de vue de
l'Histoire, on ne pourra que voir en lui un de ces élus
que la Providence, aux époques critiques, fait se lever
du sein des peuples pour leur imposer des tâches d'une
difficulté et d'une portée extraordinaires. Souvent il
n'est pas donné à des hommes pareils d'assister au
succès de leur œuvre. Le docteur Bucher a joui de
cette magnifique satisfaction, mais son œuvre n'était
pas achevée et il aurait pu, lui qui comprenait si bien
et qui aimait tant son pays, rendre encore, dans l'ère
de transition que nous traversons, de grands services,
en faisant œuvre sinon de chef du moins de conci-
liateur.

C'est toujours un spectacle tragique de voir les
hommes quitter leur labeur en pleine vigueur et cela
d'autant plus lorsqu'ils consacrent leur dévouement
et leurs espoirs à l'avenir d'un grand pays.

Notre pays doit au docteur Bucher un souvenir
respectueux et reconnaissant. Malheureusement au-

jourd'hui que le flot et la fermentation des événements nouveaux sèment le trouble et engendrent les jalousies et les convoitises, que les conceptions et les aspirations de l'époque allemande se heurtent encore aveuglément à la situation nouvelle et à ses nécessités, l'Alsace est incapable encore de rendre pleine justice à Bucher. Tandis que les hommes politiques de notre pays s'épuisaient à ravauder la constitution de l'Alsace allemande, Bucher fut le seul qui, étranger à tout compromis, posa le problème alsacien comme il convenait de le poser — nous nous en apercevons aujourd'hui. Ce n'était pas là une petite action. Elle suffirait à graver le nom de Bucher dans l'histoire d'Alsace à côté de celui des Alsaciens les plus remarquables de tous les temps. Quiconque a pu jeter un regard dans l'esprit de cet homme ne se souviendra de lui qu'avec une profonde émotion.

Le docteur Bucher laisse à la France et à sa province natale une œuvre nouvelle, la revue *l'Alsace française*, à laquelle il a assigné la tâche si importante de la réincorporation de notre pays à l'État français et de veiller au salut de l'Alsace française. Le docteur Bucher nous a quittés pour toujours. Puisse son esprit continuer à vivre dans cette revue afin qu'elle soit à même de nous offrir ce que lui-même ne peut plus nous donner.

XIX

Journal de Rouen.
19 *février* 1921.

Nous ne devrions pas dire seulement : « C'est une grande perte pour l'Alsace ! » ; nous devrions dire : « C'est une grande perte pour la France ! » Mais le docteur Pierre Bucher, qui vient de mourir à cinquante et un ans, a incarné à un tel point l'âme française en Alsace qu'il faut lui laisser par-dessus tout son caractère alsacien. Quand M. Maurice Barrès, quelques années avant la guerre, écrivit dans sa petite maison de Charmes, son admirable livre *Au service de l'Allemagne*, ses lecteurs ne se doutaient pas que le volontaire Ehrmann, racontant ses six mois de caserne, n'était pas un personnage imaginaire mais vivant, en chair et en os, sous son véritable nom de Pierre Bucher. M. Barrès n'avait rien eu à modifier à ses idées, à ses sentiments ; il avait simplement, pour des raisons faciles à comprendre, fait naître à Colmar, Bucher, en réalité originaire de Guebwiller. Pour tout le reste, il n'y avait rien à changer.

Au moment où paraissait *Au service de l'Allemagne*, une question était souvent agitée : quels sont les Alsaciens qui ont le plus sagement agi, de ceux qui ont

85

quitté l'Alsace pour s'installer en France et de ceux qui sont restés, quand même, attachés au pays natal? La sagesse commandait de répondre : les uns et les autres. Si, au lendemain de 1870, des Alsaciens n'étaient pas venus nombreux en France, nous n'aurions pas eu ces foyers où s'entretenait fidèlement le souvenir de l'Alsace et qui le communiquaient aux autres ; si, par contre, des Alsaciens n'avaient pas consenti à souffrir sous le joug allemand pour maintenir entre les mains de leurs familles la propriété, l'industrie, la culture, les Allemands auraient pu se rendre matériellement maîtres de l'Alsace.

La vie alsacienne sous la tyrannie allemande était des plus pénibles ; en dehors des livres français qui nous l'ont décrite et dont les auteurs pouvaient paraître manquer d'impartialité, nous en avons un témoignage émouvant dans l'œuvre d'un écrivain suisse, M. Benjamin Vallotton, paru pendant la guerre. Au fond, c'est, dans un autre milieu et avec une plus grande abondance de détails, la thèse soutenue par M. Maurice Barrès : de quel côté faut-il servir? Mais dans le livre de M. Vallotton on a le spectacle de plusieurs familles ; dans le livre de M. Maurice Barrès il n'y a qu'un personnage en scène : Paul Erhmann, étudiant en médecine à l'Université de Strasbourg.

Le livre de M. Barrès s'ouvre par une scène, à Marsal, où un touriste français, M. Le Sourd, accompagnait sa sœur, Mme d'Aoury, une Provençale qui disait imprudemment devant Paul Ehrmann : « J'estime plus, quoi qu'il advienne d'eux par la suite, les pauvres b... qui passent la frontière que les renégats qui, par peur de la Légion étrangère, portent le casque à pointe ». Ehrmann répliqua : « Je suis un bon Alsacien. Dans huit jours, j'entre à la caserne à Strasbourg. Madame, je dois vous demander de retirer les mots de *renégat* et de *peur* que vous venez d'employer. »

M. Le Sourd n'avait pas compris ce que les Alsaciens ne pouvaient pas et ne voulaient pas dire.

Un autre jour, c'était M. Maurice Barrès lui-même qui disait à Ehrmann : « Pourquoi diable restez-vous en Alsace, où vous devez souffrir? — Je suis un héritier, répondait Ehrmann, je n'ai ni l'envie ni le droit d'abandonner des richesses déjà créées... J'ai voyagé plusieurs fois en France. Tout m'y semble doux et civilisateur. J'y sens une constante supériorité. J'admire et je suis à l'école. Mais beaucoup de ces belles leçons ne peuvent pas me profiter. Ici, dans les promenades, que je fais pour la centième fois, je suis assailli par des discours qui sortent de la terre à l'adresse du jeune Paul Ehrmann. Tout m'importe en Alsace, les cultures, les usines, même les auberges... Ici je suis à ma place. J'ai déjà bien parcouru l'Alsace et je sais parler aux gens de toutes les classes. En Alsace, mais en Alsace seulement, je puis, au hasard de ma route, aborder les petites gens ; je suis sûr d'être des leurs ; je prendrai même sur eux une certaine autorité. Mon père est beaucoup estimé dans le Haut-Rhin ; j'ai des parents un peu partout. On connaît notre nom. Moi-même j'ai commencé à rendre des services. Mon pays est un champ d'activité à ma taille. »

Après ce que nous venons de citer, nous n'avons pas besoin de rappeler le récit des six mois de caserne du volontaire Paul Ehrmann. Dans ce qui précède, Pierre Bucher se dessine tout entier. Le rôle qu'il jouera se précise. D'ailleurs Pierre Bucher avait de qui tenir. Il était le neveu de ce docteur Sieffermann, si aimé dans toute sa région qu'il fut élu, — cela remonte aux environs de 1887, — député protestataire, sans avoir posé sa candidature, sans qu'aucun Allemand eût soupçonné le mot d'ordre discrètement répandu. On a du caractère, là-bas.

Le docteur Pierre Bucher, né à Guebwiller, étudiant en médecine à Strasbourg et à Paris, s'installait dix ans plus tard, à Strasbourg, et se spécialisait dans les maladies nerveuses et les maladies des enfants. Il se faisait aussi une autre spécialité, celle de maintenir le sentiment français en Alsace. Entre autres moyens ingénieux, il avait imaginé de faire venir, avec l'autorisation du statthalter, des conférenciers français à Strasbourg. Naturellement, on ne parlait que de littérature, mais puisqu'il s'agissait de nos écrivains, la France était présente.

Est-il besoin de dire que les Allemands n'étaient pas dupes de ces prétextes auxquels ils n'osaient pas opposer un refus brutal? Le docteur Pierre Bucher était d'autant plus surveillé que beaucoup de Français venaient le voir. Comme l'abbé Wetterlé, qui a raconté son aventure, Pierre Bucher fut averti, dans les derniers jours de juillet 1914, que devant la guerre imminente, il pouvait s'attendre à être arrêté avant la mobilisation officielle. Il réussit, lui aussi, à passer en Suisse et de là en France où le gouvernement français l'employa au bureau de renseignements de Réchésy. On devine les services qu'un homme aussi informé que lui pouvait rendre.

Nous n'avons, en effet, donné qu'une faible idée de l'œuvre qu'il avait accomplie en Alsace et qui l'avait mis en relations avec tout le monde.

Après l'armistice, il rentra à Strasbourg où il fut appelé à un poste important au commissariat général. Il souffrit, d'abord, beaucoup du mauvais choix que l'entourage de M. Clemenceau avait fait pour les postes si délicats de fonctionnaires dans les provinces reconquises. L'arrivée de M. Millerand le rassura. Les fautes commises pouvaient être réparées. Les relations les plus étroites et les plus confiantes s'établirent entre le haut commissaire du gouvernement et le docteur Bucher. Aussi n'est-il pas surprenant que le président de la République se fasse représenter aujourd'hui, à Strasbourg, aux obsèques du docteur Bucher, officiellement par le commandant Ménard, de sa maison militaire, à titre privé par ses deux fils. C'est là un témoignage des plus mérités et des plus significatifs.

Victime d'un accident d'automobile pendant la guerre, grièvement atteint à la tête, le docteur Bucher a succombé à la réouverture de sa blessure, dont l'infection n'a pu être enrayée. Nous disions en commençant que c'était une grande perte pour l'Alsace et pour la France. Ce n'est pas seulement à cause du Musée alsacien qu'il avait entrepris d'organiser, à l'exemple de Mistral pour la Provence. Cette partie de son œuvre pourra être continuée. Le programme est bien tracé. Les collaborateurs ne manqueront pas.

Mais le docteur Bucher, qui connaissait à fond les Allemands pour les avoir pratiqués et étudiés depuis son enfance, était fort préoccupé de ce qui se passait en Allemagne. Il s'était ému à juste titre de l'insuffisance des renseignements qui sont transmis à la presse française sur la presse allemande. Aussi, avait-il créé un bulletin que nous suivions de près et qui prouve qu'il y a toujours des raisons étranges pour que nous soyons tenus dans l'ignorance. Est-ce que, chaque semaine, dans *l'Opinion*, M. Jacques Bardoux ne fait pas, dans la presse anglaise, de véritables découvertes? En ce qui concerne l'Allemagne, rien n'échappait au docteur Bucher qui jugeait tout avec son savoir et son expérience. C'est dans cette action quotidienne que se marquera, nous le craignons, l'absence de cet homme d'apparence assez frêle qui, avec une grande bienveillance et une grande douceur, exerçait, sur tous ceux qui l'entouraient, une autorité sans limites.

Le gouvernement français l'avait fait, à juste titre, commandeur de la Légion d'honneur. Par ses services, un tel homme était au-dessus des récompenses. Nous déplorons d'autant plus sa mort que nous songeons qu'elle réjouit les Allemands qu'il excellait à dépister et qui se glissent pourtant dans nos provinces avec une facilité qui suppose bien des faiblesses ou bien des connivences. Le nom du docteur Bucher doit survivre dans les cœurs français ; il doit, surtout, susciter des imitateurs. Sa vie a été une grande leçon du patriotisme le plus pur et le plus éclairé.

XX

Docteur Le Sourd.

Gazette des hôpitaux, 19 février 1921.

Nous apprenons, avec une douloureuse émotion, la mort du docteur Bucher, le grand patriote de Strasbourg, qui vient de succomber à l'âge de cinquante et un ans, à la suite d'une intervention chirurgicale.

Toute la vie de Bucher a été dominée par son amour pour la France, toutes ses forces ont été consacrées à lutter contre l'oppression germanique, à maintenir les vieilles traditions d'Alsace et à entretenir, chez les étudiants, cet esprit d'indépendance et d'amour de la liberté qui, avec la fidélité, est le fond du caractère alsacien.

Pendant les années de servitude, Bucher partagea son temps entre ses travaux scientifiques, qui lui valurent, en neurologie et en médecine infantile, une réputation méritée, et ses œuvres patriotiques. Président du *Cercle des étudiants*, il fonda la *Revue alsacienne*, puis les *Cahiers alsaciens*, dans lesquels il faisait de la propagande française. Plus tard, il créa la *Maison alsacienne*, joyau d'art, dont il fit un véritable conservatoire de toutes les coutumes de sa chère province.

Sa maison de la rue Brûlée était devenue, malgré la surveillance prussienne, le rendez-vous de tous les patriotes alsaciens ; on y rencontrait souvent aussi des écrivains illustres, tels que Barrès, René Bazin, d'autres encore qui venaient apprendre à mieux connaître et à aimer l'âme alsacienne.

Au moment de la guerre, Bucher, qui était menacé par les représailles allemandes, parvint à passer en France. Nommé médecin aide-major et affecté au service des renseignements à Réchésy, il rendit d'immenses services à son pays retrouvé. Sa connaissance des hommes était véritablement extraordinaire ; il avait, en outre, une singulière prescience de l'avenir.

Que de fois, nous l'avons entendu prédire, avec une sûreté qui ne s'est jamais démentie, la marche des événements, les difficultés inévitables, mais aussi la victoire certaine, inéluctable.

Après l'armistice, il fut appelé à Strasbourg pour remplir auprès du commissaire général un poste de confiance. Sa popularité était telle qu'il aurait pu être maire de Strasbourg ou représenter l'Alsace au Parlement. Le plus beau rêve de sa vie étant réalisé, Bucher préféra s'effacer et servir sa grande et sa petite patrie en s'occupant des œuvres de propagande et en créant une nouvelle revue, *l'Alsace française*, qu'il voulait placer à l'avant-garde de la civilisation sur le Rhin.

Peu après l'armistice, Bucher, qui avait reçu la croix de chevalier de la Légion d'honneur avant la guerre, puis aux armées la croix d'officier, fut promu au grade de commandeur. C'était la juste récompense de services dont on connaîtra un jour toute l'étendue.

Il faut saluer, très bas, la mémoire de ce grand patriote.

XXI

Jean-Édouard SPENLÉ,
Professeur à l'Université d'Aix-Mar-
seille, directeur des Études germaniques à l'Université de Strasbourg.

Le Petit Marseillais, 23 février.

« Le docteur Bucher est mort », c'est la nouvelle qui,
en cette après-midi de février, exceptionnellement
printanière, s'est répandue dans les rues de Strasbourg, de porte en porte, de là s'est propagée à travers la plaine d'Alsace portant le deuil jusque dans
les hameaux perdus des Hautes-Vosges. On ne rencontrait que visages attristés. Tout le monde sentait
que ce n'était pas seulement un homme qui venait
de disparaître, mais une Force, mieux que cela, un
Symbole, une des plus belles Incarnations de l'Idée
française en Alsace.

Le docteur Bucher ! Même pour ceux qui n'ont pas
connu l'homme, ce nom évoque un souvenir récent,
— celui de l'inauguration de l'Université française de
Strasbourg. Après la cérémonie du matin, où avaient
assisté les maréchaux de France et toutes les sommités
de la pensée française, M. Millerand, alors commis-

saire général de la République en Alsace, s'était rendu, dans l'après-midi, au Cercle des anciens étudiants alsaciens et lorrains. « Me sera-t-il permis, leur avait-il dit, en cette fête universitaire, de saluer un homme que nos étudiants s'honorent de tenir pour un de leurs amis et de leurs guides, dont vous avez, ce matin, applaudi l'ardente parole, qui fut, sous le régime allemand, l'âme de la résistance à l'invasion étrangère par son obstinée persistance à rappeler sous toutes les formes l'influence et l'esprit français ; *l'incarnation vivante de l'Alsace pour les Français et de la France pour les Alsaciens : le docteur Pierre Bucher?* A son exemple, les jeunes Alsaciens et Lorrains sauront allier au culte de la petite patrie, la religion de la grande... »

Retenons ces paroles. Elles ont un accent d'éternité. Elles sont, dans leur simplicité laconique, hélas ! déjà comme l'inscription de l'Histoire sur le marbre d'une tombe.

***

J'ai eu l'honneur de rencontrer pour la première fois le docteur Bucher peu de temps après mon arrivée à Strasbourg. C'était dans ce petit hôtel des Amis de l'Université de Strasbourg de la rue Geiler, dont il était le fondateur et dont il avait fait un des foyers les plus actifs de la pensée française en Alsace. Je ne le connaissais pas, mais je l'ai tout de suite reconnu à son profil énergique — « le général Mangin plus affiné », disait-on de lui, — et surtout à ce regard scrutateur, aigu, magnétique, qui vous saisissait, vous pénétrait, le regard à la fois d'un apôtre aux visions nettes, et d'un homme de combat à la volonté souple et tenace, — l'œil d'un fascinateur.

On fêtait, ce soir-là, Maurice Barrès, qui était venu faire à Strasbourg ses belles conférences sur le génie du Rhin. Coïncidence vraiment étrange qui, dans ce salon alsacien, où les uniformes clairs de nos généraux se mêlaient aux sombres redingotes universitaires, mettait face à face l'auteur d'*Au service de l'Allemagne* et la plus vivante incarnation française de l'Alsace sous la domination allemande. Et je me disais que la réalité fait parfois mieux les choses que les romanciers les plus ingénieux. Certes non, ce n'était point là « le volontaire Ehrmann », tel que nous l'avait représenté Barrès, — Alsacien resté malgré tout un peu gourd, massif, logeant dans sa solide tête carrée le précieux patrimoine de la France, — mais c'était un fils d'Alsace devenu Français jusqu'à la moelle, avec tout l'affinement, toute l'aisance, toute l'élégance de la race, — avec le geste et même le timbre de voix français.

L'œuvre de Pierre Bucher avant la guerre? Elle tient du prodige, presque de la légende. Il faudrait relire les pages que lui consacrait naguère cet autre Alsacien francisé, Édouard Schuré, dans son beau livre intitulé *l'Alsace française*, en particulier cette rencontre émouvante sur un banc près de Saint-Jacques, au pied de Sainte-Odile, et la magnifique méditation où le docteur Bucher a livré le secret de sa foi mystique à la France.

7

Foi mystique et pourtant raisonnée. Car, tour à tour étudiant à Paris et à Berlin, il avait *comparé*. Et de cette comparaison était née en lui une certitude. « Est-il besoin de formuler un parallèle entre Berlin et Paris? disait-il alors. Le contraste est si violent qu'il crève les yeux. Paris, ville d'enthousiasme et d'expansion, se perd dans l'idée jusqu'à s'oublier lui-même. Berlin, vampire dévorant, rêve d'absorber le monde pour s'arrondir et repeupler l'univers de sa progéniture. Involontairement on se dit : « Ceci tuera cela. » Il s'agit de savoir lequel des deux. Nous autres, Gréco-Latins, et, tout Alsacien que je suis, je me flatte d'en être par mon éducation, nous avons la naïveté de croire, malgré tout, à la victoire de l'Idée. »

A cette foi, il a donné sa vie. Il était médecin, et la médecine fut sa sauvegarde. Il s'y réfugiait aux heures critiques, pour dépister les soupçons. Ses soi-disant « tournées de malades » lui permettaient de porter, sans donner l'éveil, jusque dans les campagnes perdues la bonne parole du Souvenir français. Tout servait de prétexte : réunions littéraires, causeries à l'auberge, soirées dansantes, petites écoles clandestines pour l'enseignement du français. C'est lui qui a fondé les *Cahiers alsaciens*, la *Revue alsacienne illustrée*, lui qui eut l'idée de réunir, au musée du Palais de Rohan, tous les tableaux de famille des vieilles familles alsaciennes — galerie vivante du Souvenir français, exposée sous les regards allemands ! — lui qui organisait les conférences où les Alsaciens venaient écouter une voix de France, lui qui a organisé aussi les représentations de la Comédie-Française à Strasbourg. Et, ce qu'il y a de plus surprenant, c'est que les Allemands se doutaient bien de cette prodigieuse activité, mais n'ont jamais pu le prendre en flagrant délit !

Survint la guerre. Juste, au dernier quart d'heure, le docteur Bucher réussit à s'enfuir en automobile avec sa famille, abandonnant ses livres et ses collections aux pillards. Ils furetèrent partout, et ils finirent par découvrir, dans sa cave, tout un paquet de lettres. Enfin, ils tenaient le document révélateur de sa propagande française souterraine. Le poteau d'exécution et douze balles allemandes, voilà ce qui lui aurait été réservé, si on l'avait tenu. Faute de mieux, les cambrioleurs se vengèrent en publiant, à grand fracas, les lettres volées, sous le titre de : *Dix années de guerre de mines pendant la paix!* Ils pensaient accabler Bucher, sous cette publication accusatrice. Ils lui tressaient sa plus belle couronne d'immortalité.

Au moment de l'armistice, le docteur Bucher fut un des premiers officiers français qui eurent l'honneur de rentrer à Strasbourg, à la tête des troupes françaises. Tour à tour conseiller de M. Maringer et de M. Millerand, par sa connaissance de l'âme alsacienne et des choses d'Alsace, il facilita les premiers temps de cette réinstallation. La cravate de commandeur de la Légion d'honneur fut la récompense de tant de services. Mais si, depuis, il semblait s'être retiré de la scène politique, d'autant plus passionnément, se donnait-il à ce qui, dès la première heure, avait été sa mission, et comme sa prédestination : l'Alsace française.

Double était la tâche qu'il s'était fixée. D'abord, face à l'Allemagne vaincue (dont nul ne connaissait comme lui les ressources secrètes), tâche de vigilance incessante. « J'aime la haine qu'ils m'inspirent ! », disait-il pendant la guerre, au cours d'une conversation rapportée par M. Henry Bordeaux, « elle nous rend clairvoyants et forts... » C'est en vue de ce contrôle, plus nécessaire que jamais, qu'il avait fondé, à Strasbourg, un *Bulletin de la Presse allemande*, et groupé toute une équipe de professeurs de l'Université et de professeurs du lycée, afin de dépouiller, au jour le jour, toute la presse périodique allemande, politique, commerciale, économique d'outre-Rhin. Et puis, il s'était donné, d'autre part, plus que jamais à l'œuvre de la « fusion » française. Principalement sur le problème de la langue française en Alsace — problème si brûlant, à l'heure actuelle — il avait porté toute son attention. Avec quelle légitime fierté il m'exposait, il y a un mois à peine, les résultats déjà atteints : plus de mille deux cents bibliothèques françaises, fondées dans tous les villages ; les cours populaires de français suivis régulièrement par plus de soixante mille adultes de tout âge. L'Université de Strasbourg aussi était l'objet de ses préoccupations les plus chères. Triomphalement, il m'annonçait qu'il avait découvert un riche donateur, qui allait la doter d'une chaire de phonétique expérimentale, destinée à corriger surtout les défectuosités du terrible accent alsacien.

Qui aurait pu croire, alors, que cet homme, d'une sveltesse encore juvénile, d'une vitalité si fougueuse, à la démarche alerte et comme élastique, cet homme dévoré de si nobles et si vastes ambitions, était déjà marqué pour la mort ! Une blessure à la tête, qu'il avait reçue pendant la guerre, venait de se rouvrir. Une série d'interventions chirurgicales ne réussirent pas à enrayer l'empoisonnement du sang, dont l'infection, de plus en plus envahissante, finit par gagner les méninges. Du moins est-il mort de la mort qu'il aurait préférée : la mort du soldat.

L'Alsace française est frappée au cœur, et il faut que tous les cœurs français ressentent et partagent ce deuil — ce premier grand deuil alsacien — après toutes les réjouissances et les fêtes où les cœurs se sont fondus en une commune allégresse.

Qui recueillera cet héritage? En particulier, cette *Alsace française*, récemment fondée (les premiers numéros ont paru en janvier de cette année), à laquelle il avait donné ses dernières pensées, dont il a voulu faire un organe à la fois de propagande française en Alsace et de connaissance de l'Alsace en France, elle reste comme le testament inachevé de sa vie. Puisse le souvenir de ce vaillant combattant, qui a *espéré* alors qu'il paraissait presque fou d'espérer, inspirer les collaborateurs de cette jeune Revue ! Puisse, aussi, le souvenir consacré à cette grande figure, servir d'introduction à cette Revue auprès du public marseillais. Car c'est une grande dette de reconnaissance que toute la France doit à Pierre Bucher. Et elle ne saurait mieux s'en acquitter qu'en continuant son œuvre.

XXII

M. S. GRUMBACH.
La *Freie Presse*, 23 février 1921,
traduit de l'allemand.

M. S. Grumbach, membre du parti socialiste, a tenu à rendre un hommage personnel :

...Je m'incline devant ce qu'il avait en lui bien plus que devant ce qu'il a donné : je veux dire la flamme qui brûlait en lui. Il en est si peu, à notre époque, qui se dévouent tout entiers à une cause ! Après cela, qu'importe qu'ils aient tel ou tel défaut fâcheux? Ils n'en ont pas moins coulé leur vie dans un moule unique. Bucher fut de ceux-là... Devant sa tombe, je ne veux, moi qui ai été son adversaire, me souvenir que de ce qui a fait de lui une figure originale dans notre galerie alsacienne : la fidélité, le talent que Bucher a mis toute sa vie à poursuivre un but.

XXIII

Maurice MURET.
Gazette de Lausanne, 24 février 1921.

Il a été beaucoup parlé la semaine dernière, à Paris et sur toute l'étendue du territoire français, de deux hommes qui font honneur à la France et dont je voudrais à mon tour dire ici quelques mots en raison des rapports personnels que j'ai entretenus avec eux. Leur renom, à vrai dire, était inégal. Tout le monde connaît les titres et l'œuvre du maréchal Lyautey alors que la bienfaisante et patriotique activité du docteur Bucher n'était connue que d'un cercle assez restreint d'initiés. Pourtant, je suis sûr que le maréchal Lyautey ne jugerait pas indigne de sa gloire de voisiner, dans cette modeste chronique, avec un des Alsaciens qui contribuèrent le plus puissamment à rendre l'Alsace à la mère-patrie.

Soldat superbe, Lyautey, — et c'est une de ses originalités — n'est pas seulement soldat. Il marque aux grands organisateurs, aux grands gouverneurs, aux grands régulateurs autant de considération qu'aux grands capitaines. Sans doute parce qu'il participe lui-même des qualités qui font les uns et les autres. De sorte que je n'éprouve, encore une fois, aucun scrupule à obéir à la voix de l'actualité qui m'invite à rendre hommage, dans le même article, au docteur Bucher et au maréchal Lyautey.

****

J'ai vu maintes fois et à divers postes le docteur Bucher ; mais c'est comme chef du bureau d'état-major français de Réchésy qu'il m'a produit la plus forte et la plus durable impression. Ah ! cette réconfortante oasis de Réchésy pendant la guerre ! On appelait ce bureau auquel présidait le docteur Bucher « l'Académie de Réchésy » et ce nom n'était pas usurpé. Le bureau de Réchésy était composé d'une élite de gens de lettres, de professeurs, de juristes, tous désignés par leur connaissance de la langue et de la politique allemandes pour figurer dans cette escouade d'intellectuels chargés, aux confins de la France, de l'Allemagne et de la Suisse, de centraliser les documents sur l'Allemagne et de les adresser, traduits, filtrés, au commandement suprême français.

Sous les auspices d'André Hallays, la plus brillante étoile de l'Académie de Réchésy aux côtés du docteur Bucher, je me glissai deux fois, pendant la guerre, dans ce lieu privilégié. Calme, grave, uniquement préoccupé du but à atteindre, le docteur Bucher, en uniforme de capitaine français, présidait aux repas qui se prenaient en commun. La conversation était animée, mais point frivole, comme il convenait à quelques milliers de mètres des lignes ennemies. Les

Allemands ne manquaient pas d'ailleurs, de temps en temps, de rappeler leur présence aux académiciens-militaires chargés de les observer. J'ai souvenance d'un formidable coup de canon qui retentit un jour en plein déjeuner. Il était destiné au petit train qui fait la navette entre Réchésy et Belfort. Il manqua son but mais tua deux chevaux dans une écurie située à côté de la pièce où nous déjeunions.

Ah ! s'il avait pu atteindre le docteur Bucher ! La joie eût été grande à Berlin. On y détestait cordialement cet Alsacien qui entendait rendre l'Alsace à la France au nom, précisément, du particularisme alsacien. Réfléchi, tenace, méthodique, Pierre Bucher ne vécut que pour réaliser ce retour du *Reichsland* à la France. Et quand cet exploit fut accompli, il ne demanda plus rien. Il jouissait de la faveur du Tigre et de celle de M. Millerand. Il aurait pu obtenir de leur amitié tout ce qu'il aurait voulu, mais, je le répète, il ne voulut rien. Quand la mort le surprit la semaine dernière, il vouait toute son activité à la direction et à la rédaction d'une revue destinée à faire mieux connaître l'Alsace aux Français.

Sa mort cause un vide immense. Le docteur Bucher, qui ne connaissait pas moins le caractère français que le tempérament alsacien, travaillait, si l'on peut dire, scientifiquement à les fondre l'un dans l'autre. Il a heureusement formé des disciples qui sont de taille à poursuivre et à parachever son œuvre. L'Alsace veut être française, tout en restant le plus alsacienne possible. Ce problème que Bucher s'efforçait de résoudre sera résolu par les élèves suivant la formule du maître.

XXIV

La Victoire.
24 *février* 1921

Le grand patriote alsacien Pierre Bucher, qui vient de mourir, avait pu passer en France à la veille de la guerre. Et il s'était mis aussitôt au service de notre pays.

En sa qualité de docteur en médecine, il fut affecté au service de santé, et servit sous l'uniforme de « toubib » à trois galons. Comme beaucoup d'Alsaciens incorporés dans l'armée française, le docteur Bucher avait reçu un nom d'emprunt et de faux papiers, le donnant pour le docteur X..., de Baume-les-Dames.

Or, dit-on, un jour qu'il circulait en automobile dans la région de Belfort, le docteur Bucher exhiba son laissez-passer au factionnaire d'une « chicane ». Celui-ci se rembrunit, regarda le major avec méfiance, appela le chef de poste qui, après un colloque avec son « bonhomme », enjoignit au docteur Bucher et à ses compagnons de route de le suivre au corps de garde. Et comme le docteur Bucher s'étonnait :

— Oui, oui, c'est bon, fit le factionnaire triomphant. Vous êtes des espions : je suis de Baume-les-Dames et il n'y a pas de docteur X... à Baume-les-Dames.

Un officier du corps d'armée voisin, mandé par téléphone, dut dénouer l'imbroglio et rendre à la liberté
le docteur X..., de Baume-les-Dames, à la stupé-
faction du poilu, tout penaud d'avoir manqué son
espion.

XXV

Jean DE PANGE.
Journal des Débats, 25 février 1921.

Longtemps avant la guerre, le nom du docteur Bucher était déjà célèbre. Comme directeur de la *Revue alsacienne illustrée*, et comme organisateur des conférences françaises, il se trouvait associé à toutes les manifestations de la pensée française en Alsace. Quel homme de lettres français eût refusé de répondre à son appel quand il l'invitait à faire une conférence à Strasbourg? Lorsqu'il recevait dans sa maison un des maîtres de notre littérature, il le retenait pendant des heures. Il possédait à un rare degré ce que les Anglais appellent le « magnétisme personnel », la faculté de capter, d'absorber en quelque sorte l'attention de son interlocuteur. Personne n'échappait à la fascination de son regard, dans lequel on sentait une volonté toujours active. Mais, même s'il n'avait pas été servi par des dons aussi rares, il aurait réussi à convaincre par la force persuasive de ses idées. Il exposait la situation de l'Alsace, sa volonté de résister aux infiltrations du germanisme, et il montrait que, pour continuer cette lutte avec quelque chance de succès, il fallait, au lieu de se borner à une protestation stérile, revendiquer énergiquement la formation d'un État alsacien-lorrain. Cette doctrine tenait compte des nécessités présentes et réservait l'avenir. Elle a été admirablement exposée par M. Maurice Barrès dans son chef-d'œuvre : *Au service de l'Allemagne*, dont le héros, le jeune médecin Ehrmann, n'est autre que le docteur Bucher. Plusieurs de ses illustres hôtes ne purent cacher à ce jeune homme leur étonnement de le voir user, dans cette lutte d'apparence stérile, une intelligence et une énergie qui eussent trouvé à Paris un théâtre digne d'elles. Mais, avec le double instinct d'un apôtre et d'un réaliste, Bucher sentait que sa place était à Strasbourg, et il faisait crédit à l'avenir.

Il fut comblé par la fortune : la réalité dépassa peut-être ses propres espérances. Arrivé en France le jour de la mobilisation, — ayant échappé à la police allemande grâce à un agent dont il avait sauvé l'enfant. — devenu le chef d'un important service de renseignements, il était bientôt l'homme de confiance du gouvernement français. Dès l'entrée de nos troupes à Strasbourg, il fut attaché au haut commissariat. Il était appelé à jouer le rôle d'intermédiaire entre la nouvelle administration et la population alsacienne. Dans cette tâche d'une incroyable difficulté, et que seul il pouvait remplir, il rendit d'inappréciables services.

Contrairement à l'attente générale, rien n'avait été décidé, jusqu'à l'armistice, au sujet de l'organisation administrative de l'Alsace-Lorraine. C'est vainement qu'en 1917 M. Laugel, au nom de la commission d'Alsace-Lorraine, avait insisté sur la nécessité de maintenir à Strasbourg le siège de l'administration régionale, conseillant d'y établir « un commissaire spécial de la République qui serait placé sous l'autorité directe du président du Conseil, qui correspondrait directement avec tous les ministres, qui centraliserait tous les pouvoirs administratifs, et à qui les préfets d'Alsace-Lorraine seraient obligés d'en référer (1) ». L'armistice était arrivé sans que M. Clemenceau, fidèle à ses habitudes d'improvisation, eût fait aucun préparatif ni même pris aucune décision concernant le régime qui allait être instauré en Alsace-Lorraine. Pris au dépourvu, il ne trouva rien de mieux que de confier l'administration de ces deux provinces à son sous-secrétaire d'État à la présidence du Conseil, M. Jeanneney. Celui-ci, retenu par ses fonctions au ministère de la guerre, délégua son beau-frère à Strasbourg comme agent de transmission, et décida de coordonner à Paris même les travaux des différentes administrations de l'Alsace-Lorraine, tâche impossible d'où devait en peu de temps résulter la plus affreuse confusion.

On ne pourrait, sans sortir du cadre de cet article, exposer toutes les conséquences de ce défaut d'organisation. Les questions les plus graves, comme celles de la valorisation des marks, du Conseil supérieur d'Alsace-Lorraine et du Conseil municipal de Stras-

---

(1) *Procès-verbaux de la Conférence d'Alsace-Lorraine*, t. I, p. 300.

bourg, recevaient des solutions incomplètes et provisoires. De tous côtés la différence des législations et des usages posait des problèmes qu'il était impossible de résoudre à Paris. Les dossiers s'entassaient sans résultat. Tous les intérêts étaient menacés et quelques-uns étaient sérieusement lésés. En Alsace et en Lorraine, l'enthousiasme du début avait fait place à l'inquiétude, puis à l'irritation. Partout se faisaient entendre des plaintes contre les effets de cette politique de centralisation à outrance. Des grèves menaçaient de tous côtés. N'y avait-il pas lieu de craindre qu' « un Saverne à rebours », suivant l'expression de l'abbé Hackspill, fît éclater aux yeux du monde un conflit qui n'était encore que latent? La France allait être accusée en pleines négociations de paix d'avoir créé une Irlande.

Le docteur Bucher ne pouvait, en raison de ses fonctions officielles, s'associer ouvertement à ces protestations. Mais dans l'intimité il avouait son angoisse. Peut-être l'écho en parvint-il jusqu'à M. Clemenceau, qui commençait à se préoccuper de tant de symptômes inquiétants. Le docteur Bucher fut mandé à la présidence du Conseil. Avec sa force de persuasion habituelle, il montra le danger et la nécessité d'y parer au plus tôt. M. Clemenceau n'hésita pas à reconnaître l'erreur dans laquelle il avait été induit par son entourage. « Je connais l'homme qu'il vous faut », dit-il à Bucher en se séparant de lui. Quelques jours plus tard paraissait le décret qui nommait M. Millerand « commissaire général de la République à Strasbourg »

et lui conférait les pouvoirs étendus que réclamait
l'opinion alsacienne. Tout le monde sait quelle œuvre
admirable M. Millerand accomplit en Alsace et en
Lorraine. Suivant sa propre expression, il trouva dans
le docteur Bucher « un collaborateur incomparable ».

Après avoir rendu tant de services dans le domaine
administratif, le docteur Bucher voulait se consacrer
aux œuvres qui devaient réaliser le grand dessein de
sa vie. Par la Société des Amis de l'Université de Strasbourg, dont il était le secrétaire général, par le Livre
français, par les cours populaires, par la Conférence
au village, par la revue *l'Alsace française*, qu'il venait
de fonder il s'efforçait de faire pénétrer de plus en
plus intimement la pensée française en Alsace. Il était
encore jeune — il avait dépassé de peu la cinquantaine — et on pouvait beaucoup attendre de son activité. Le coup imprévu qui nous l'enlève ne met pas
en deuil seulement ses amis : le pays éprouve en lui
une perte irréparable. Personne n'a plus fait que lui
pour apaiser les conflits que provoquent, en Alsace
et en Lorraine, tant d'antagonismes latents. Sans
doute il a eu des adversaires — comment son succès
et sa forte personnalité ne lui en auraient-ils pas créé?
— mais nous aimons à croire que son idéal était celui
de toute l'Alsace et qu'il n'a pas eu de véritables
ennemis.

XXVI

LE CERCLE DES ÉTUDIANTS.
Les Dernières Nouvelles, 25 février 1921.

M. Svetislaw Petrovitch, étudiant en droit, a reçu le télégramme qui suit en réponse au télégramme qu'il avait adressé à S. A. R. le prince régent du royaume des Serbes, Croates et Slovènes, Alexandre Karageorgevitch :

Au président de l'Association des Étudiants yougoslaves Strasbourg.

Belgrade, le 18 février 1921.

Son Altesse Royale le Prince Régent prend une part bien active dans le deuil que provoque la mort du grand patriote Bucher.

Ministre YANKOVITCH.

Le docteur Pierre Bucher était titulaire des deux grands ordres serbes, grand officier de l'Aigle Blanc et commandeur de Saint-Sava. Il avait été décoré en février 1920 par le prince régent Alexandre, lors de la décoration de la ville de Strasbourg, de l'Étoile Karageorges.

8

Nous recevons d'autre part ces touchantes paroles :

A Pierre Bucher,
Président d'honneur du Cercle des Étudiants.

La tombe vient de se refermer sur Pierre Bucher. Le deuil public s'est manifesté par une cérémonie grandiose. D'éloquentes paroles ont célébré les qualités, les mérites de celui qui trop tôt nous a quittés. Modestement, mais de tout notre cœur, nous tenons à lui rendre nous aussi un suprême hommage. Nous avons perdu notre guide fidèle, notre grand ami des bons et des mauvais jours. Mais tout ce qu'il fut pour nous, nous ne le comprendrons pleinement qu'aux heures incertaines et difficiles où sa clairvoyance, son appui nous feront défaut. L'Alsace et la France sentiront toujours plus cruellement le vide qu'il aura laissé. Dès aujourd'hui cependant, tous ceux qui l'ont connu et compris déplorent sa mort et vénèrent sa mémoire. Ceux-là seuls osent médire de lui qui, envieux de toute supériorité et étrangers à tout désintéressement, le ravalent à leur mesure et lui prêtent leurs calculs. Plaignons ces malheureux !

Que nos regrets ne soient point stériles ! Que l'exemple de l'homme dont nous pleurons la mort demeure vivant en nous ! Aspirons aux vertus qu'il a mises au service d'une cause grande et belle : la vaillance, l'énergie, la ténacité, l'abnégation. Que chacun de nous s'efforce d'être ce qu'il fut sa vie entière : un homme de cœur et un bon Français.

XXVII

Paul BOURSON.
L'Illustration, 26 février 1921.

Pendant quarante-huit ans l'Alsace et la Lorraine ont fait un effort prodigieux pour résister à l'emprise allemande. Cette lutte a revêtu, au cours du demi-siècle d'occupation, les formes les plus diverses. Les hommes de premier plan, qui ont mené la bataille, ont usé de méthodes et d'armes appropriées aux nécessités de l'heure et aux milieux où la lutte se déroulait. Résistance à la tribune du parlement, opposition dans la presse, mêlées électorales, maintien du culte ardent de la France dans nos foyers, on peut dire que le programme de la Protestation a été complètement épuisé.

C'est entre 1900 et 1914 que la résistance alsacienne présenta peut-être le plus d'intérêt. Je me garderai bien d'énumérer ici tous ceux qui furent les champions de l'idée française dans les provinces alors annexées. Mais, ce que je peux dire, c'est que le docteur Pierre Bucher, qui vient de mourir à Strasbourg, des suites d'une blessure de guerre, a été, pendant toute cette période, l'organisateur de la résistance à laquelle, pour ainsi dire chaque jour, les Allemands se sont heurtés. Cette résistance-là ne ressemblait en rien à celle qui se pratiqua à l'époque de la Protestation, c'est-à-dire antérieurement au boulangisme. Pour être vraiment fort, il fallait enlever à l'adversaire les armes dont il se servait pour exercer de dures représailles ; il fallait se placer sur le *terrain légal* et trouver une plate-forme de combat où l'on se sentirait inattaquable. C'est cette idée qui a guidé Pierre Bucher dans toutes ses organisations de combat qui s'appelaient : la *Revue alsacienne illustrée*, le Musée alsacien, l'Œuvre des conférences françaises, le Cercle des étudiants alsaciens-lorrains, les *Cahiers alsaciens*, la Société dramatique, les Cours populaires de langue française. Cette dernière organisation, autour de laquelle Bucher avait groupé une élite d'institutrices alsaciennes, devait lui permettre d'aller au peuple, que la domination allemande écartait farouchement de tout enseignement de la langue française.

A l'époque héroïque de la Protestation, les procureurs allemands se débarrassaient, sans autre forme de procès, des gêneurs alsaciens. Mais voici que l'on changeait de tactique et que l'on se rendait invulnérable à force d'habileté...

Rien d'étonnant que le docteur Pierre Bucher ait figuré en tête de ces fameuses listes noires, où étaient inscrits les noms des suspects les plus dangereux que les autorités militaires allemandes devaient faire arrêter en cas de mobilisation. Le 30 juillet 1914, un agent de police, dont l'enfant avait été soigné par le docteur, vint le prévenir qu'il serait arrêté le lendemain à 6 h. 30 du soir. Pierre Bucher avertit à son tour ses collaborateurs et ses amis et passa la frontière pour se mettre au service de la France. Le vendredi 31 juillet, à l'heure indiquée, un agent de la police politique se présentait au domicile du docteur ! Les gazettes pangermanistes marquèrent un vif dépit de ce départ. Le 7 octobre de la même année, l'*Elsass-Lothringischer Polizei-Anzeiger*, dont je viens de retrouver un numéro dans ma collection de guerre, publiait, sous le numéro 4260, un mandat d'amener contre « le traître et déserteur » avec cette mention bizarre qu'il fallait l'arrêter et le remettre au premier poste militaire pour ensuite l'amener au tribunal de la Kommandantur de Strasbourg. Et pendant que les policiers militaires allemands étudiaient par cœur le signe particulier du « traître » — on lit sous signe particulier : allure militaire — le patriote alsacien dirigeait à Réchésy l'un des plus importants centres d'informations.

En février 1918, la *Strassburger Post* publia un long article nécrologique sur lui. Cet article fit le tour de la presse allemande ; on ne sut jamais la raison pour laquelle les gazetiers pangermanistes avaient fait mourir leur redoutable adversaire d'avant guerre, qui venait d'être promu officier de la Légion d'honneur et qui dirigeait son service avec plus d'ardeur et de succès que jamais !

***

Le 20 novembre 1918, un capitaine français, portant l'uniforme bleu horizon, descendait d'automobile devant le palais des statthalters impériaux d'Alsace-Lorraine, à Strasbourg. La ville était encore occupée par les troupes allemandes et sillonnée de régiments qui refluaient vers le Rhin, d'ailleurs en fort bon ordre. Mais le dernier statthalter en titre était parti. Seul le personnel occupait le palais.

Quand le capitaine français — c'était Pierre Bucher — pénétra dans la salle à manger du palais, il aperçut six domestiques qui recouvraient de voiles les tableaux, d'ailleurs fort laids, représentant Guillaume Ier, Frédéric III et Guillaume II.

— Nous avons pensé, dirent candidement les Allemands d'une seule voix, que la vue de ces portraits ne vous ferait pas plaisir.

Le docteur Pierre Bucher, qui avait été avant la guerre l'organisateur de la résistance et que le *Polizei-Anzeiger* accusait de haute trahison en octobre 1914, revenait à Strasbourg en officier français et il allait préparer l'entrée triomphale des poilus de Gouraud dans sa chère cité libérée. Quel triomphe pour cet intrépide Alsacien qui avait donné vraiment le meilleur de son âme à la France !...

Nous venons de le perdre. Strasbourg en deuil lui a fait de magnifiques funérailles. Sur sa tombe, Maurice Barrès, André Hallays, le maire de Strasbourg,

Jacques Peirotes, trois étudiants ont rappelé l'œuvre immense du disparu. Et M. Gabriel Alapetite, commissaire général de la République, a salué « l'homme qui a réalisé son idéal et qui lègue à ceux qui lui succéderont la citadelle dont la reprise avait été le rêve de sa vie ». Auparavant, il avait donné lecture d'un message de M. Alexandre Millerand, qui constitue le plus beau brevet qui puisse être décerné à un bon citoyen. Le voici : « Le nom du docteur Pierre Bucher demeure inséparable de l'histoire de l'Alsace pendant ces vingt dernières années. Il a été la conscience vivante des chères provinces, obstinées à demeurer françaises sous le joug étranger. La guerre déclarée par l'Allemagne, il a apporté à nos chefs militaires le concours le plus intelligent et le plus précieux. Après la victoire, il fut pour l'administration française un collaborateur incomparable. L'Alsace et la Lorraine, la France entière honoreront pieusement sa mémoire. »

XXVIII

Gabriel Darquet.
Le Producteur, 26 février 1921.

Né à Guebwiller en 1869, c'est-à-dire sujet allemand, il fit ses études à l'Université de Strasbourg, et pris par la conscription, accomplit son service militaire dans l'armée allemande. Sa conception du patriotisme était différente de celle d'un certain nombre de ses compatriotes, qui estimaient que pour donner une preuve d'attachement à la France et être Français il fallait abandonner la terre natale. Bucher aimait cette terre par-dessus tout ; il était bon Français parce qu'il était bon Alsacien. Le soldat Bucher a été pris pour modèle par Maurice Barrès, qui le connaissait bien, dans son roman *Au service de l'Allemagne;* Ehrmann qui, sous l'uniforme prussien, reste Alsacien et Français, n'est autre, en effet, que Pierre Bucher.

Après un séjour à Paris en 1896, il retourne en Alsace, s'y marie et s'établit médecin à Strasbourg. Et aussitôt, il se donne tout entier à une œuvre qui remplira sa vie trop brève mais féconde en réalisations. La capitale de l'Alsace devient, grâce à lui, l'un des trois grands centres de l'opposition au germanisme, les deux autres étant Mulhouse et Colmar ; chacune des trois avait son caractère particulier et faisait rayonner sa propagande dans tout le pays.

A Mulhouse, l'opposition pourrait être qualifiée de passive s'il était permis d'appeler ainsi une attitude qui a pour conséquence le maintien d'une langue et d'une nationalité en face d'un vainqueur, maître du pays. Les grandes familles patriciennes de la ville et de la région vivent comme si elles ignoraient l'annexion ; elles continuent de parler français et donnent à leurs enfants une éducation purement française. L'influence allemande n'a aucune prise sur les cœurs ni sur les esprits. Néanmoins, la *Société Industrielle de Mulhouse* avait ajouté, à son activité dans l'ordre économique, une organisation de défense française, principalement sous la forme de conférences.

Avec les Wetterlé, les Blumenthal, les Preiss et d'autres, Colmar est le centre principal de l'opposition politique qui s'exerce au Reichstag et au Parlement alsacien. Les représentants de l'Alsace se placent sur le terrain légal, constitutionnel. Ils ne demandent pas le plus pour avoir le moins ; ils adoptent la tactique opposée. Ils sont patriotes alsaciens ; c'est sous le régime qu'ils subissent le seul moyen — et il ne peut y en avoir de meilleur — d'empêcher la germanisation du pays.

A Strasbourg, Pierre Bucher est l'âme de l'opposition qui se place résolument et solidement sur le terrain de la culture. Son but est le même que celui des hommes politiques, mais les moyens diffèrent.

Il est à la fois le grand mainteneur des traditions alsaciennes et l'habile et ardent propagateur de la langue et des idées françaises. Ce que fut son œuvre, les journaux l'ont résumé en quelques mots, au lendemain de sa mort : direction de la *Revue alsacienne illustrée* qui fut, avant la guerre, une des plus belles publications européennes ; conférences françaises ; représentations théâtrales ; cours de français dans les classes populaires ; création du Musée alsacien de Strasbourg.

A la veille de la déclaration de guerre, le héros d'*Au service de l'Allemagne* peut échapper au sort qui attendait tant d'autres Alsaciens surveillés par la police impériale, bientôt arrêtés et emprisonnés. Il passe en France, par la Suisse, et se met à la disposition du bureau des renseignements de Belfort. Puis il crée le service d'informations de Réchésy, qui fut d'une grande utilité à l'armée et aux bureaux de la propagande. En 1917-1918, il fut attaché à l'ambassade de France à Berne.

Après l'armistice et la réunion de son Alsace à la France, le rôle de Pierre Bucher n'est pas terminé. Né créateur et réalisateur, jeune encore, en pleine vigueur intellectuelle, il ne peut considérer son labeur comme achevé, sous prétexte que l'ennemi n'occupe plus le territoire. Il fonde une revue hebdomadaire, *l'Alsace française*, qui attire aussitôt l'attention du public et des spécialistes des questions militaires, administratives et historiques. Le labeur de réorganisation de l'Alsace, et de la France aussi, est sa constante préoccupation.

Le rôle de Pierre Bucher semblait devoir grandir encore lorsque la mort l'a surpris, brusquement, à l'âge de cinquante et un ans. Il laisse des disciples, des collaborateurs, qui, s'inspirant de sa méthode, sauront continuer son œuvre.

XXIX

Georges GRAPPE.
L'Opinion, 26 février 1921.

Lorsqu'on se trouvait pour la première fois en présence du docteur Bucher, si l'on n'avait pas été averti de sa personnalité, on avait peine à imaginer qu'il était Alsacien. Il avait l'aspect d'un modèle de Zurbaran ou du Greco. Le visage était olivâtre ; les yeux semblaient de braise incandescente. Ils luisaient entre deux longues paupières, qui tamisaient le plus souvent leur éclat ; ils s'animaient par instants seulement, quand la passion maîtrisait — le temps d'un éclair — cette volonté implacable. La figure mince, presque émaciée, le cheveu de jais, la voix aux inflexions sourdes et prenantes, aux paroles courtoises et élégantes, presque toujours vêtu de noir, coquettement, on l'aurait vu volontiers habillé du pourpoint sombre et de la fraise immaculée que portaient les seigneurs de la cour d'Espagne, au temps de Philippe IV.

Actif entre tous, menant vingt tâches à la fois, tenant les fils de cent intrigues, exerçant en conscience et en maître sa profession, entretenant un courrier de ministre, il avait toujours l'air de donner tout son temps à chacun. Il était l'âme de la vie universitaire

et même plus généralement intellectuelle de l'Alsace
où cependant pas un étudiant ne venait le consulter
pour affaire du Cercle — le cauchemar du Herr Pro-
fessor — ou pour ses études sans qu'il s'attardât à
le conseiller. C'était lui qui choisissait tous les conférenciers qu'il souhaitait faire entendre à l'élite alsacienne et il le faisait avec la plus courageuse des
finesses : on se souvient de cette réunion où il donna
à M. Lavisse l'occasion de prononcer les paroles les
plus émouvantes de sa carrière. En outre, il dirigeait
la *Revue alsacienne* et les *Cahiers alsaciens*, fondait
et aménageait le *Musée alsacien*, créait par toute
l'Alsace des cours du soir pour le français, entretenait
le goût des traditions artistiques de la vieille province.

Malgré ses occupations écrasantes, il trouvait le
moyen d'accueillir tous les Français qui, de plus en
plus nombreux, venaient visiter ou étudier ce coin
de terre française transformé en terre d'Empire. Que
le passant fût un personnage ou un modeste touriste,
il le recevait, et, indéfiniment, inlassablement, il
s'efforçait de lui faire comprendre toute la délicatesse
du problème alsacien. D'une voix douce, il expliquait
toutes les énigmes qui, au premier abord, avaient pu
déconcerter le nouveau venu entré à Strasbourg avec
une conception trop romanesque de l'âme chère
réduite au joug. Bien mieux, il accompagnait le visiteur dans la montagne, le vignoble, la forêt ou la
plaine pour lui révéler — sans presque en avoir l'air
— la beauté du pays, le secret des forêts fidèles, pour

lui faire toucher du doigt les plaies douloureuses de la petite patrie qui n'avait même pas le droit de se plaindre. C'est cet ambassadeur admirable de la France dans nos provinces volées qui a été le premier inspirateur de ces beaux livres : *les Oberlé, Au service de l'Allemagne, la Blessure mal fermée, les Exilés.*

Mais cette âme, ardente entre toutes, d'autant plus ardente qu'elle voilait de plus de douceur l'implacable haine vouée à l'ennemi vainqueur, souffrait secrètement au fond d'elle-même d'être confinée dans ce lent apostolat intellectuel. La guerre fut pour le docteur Bucher plus que pour tout autre une délivrance. Prévenu par un inspecteur de police allemand, dont il avait sauvé l'enfant, qu'on allait l'arrêter, il put franchir la frontière et revêtir l'uniforme français. Le temps n'est pas venu de dire par le détail son rôle durant ces cinq années de guerre et les services rendus depuis notre rentrée triomphale en Alsace. A l'heure même où il allait s'éteindre pour mourir, il fondait encore une revue, *l'Alsace française,* destinée à resserrer les liens entre la mère patrie et sa vieille province délivrée. S'il est vrai que, pour tout Alsacien, les honneurs militaires français constituent le plus noble couronnement d'une carrière, ce soldat de l'esprit, mort sur la brèche, a connu cette joie suprême ; il est descendu dans la terre natale redevenue française, salué par le drapeau de la patrie uniquement aimée, tandis que les clairons sonnaient aux champs devant son cercueil.

XXX

François Le Grix.
La Revue hebdomadaire, 26 février 1921.

Maurice Barrès, accouru du bout de la France, a jeté sur cette tombe les paroles qu'on va lire et qui sont l'éloge civique le plus beau, la plus noble plainte de l'amitié blessée par le deuil. Ce serait assez, même s'il n'y avait eu d'abord, derrière ce cercueil, les hommages officiels, la cité, la province, à vrai dire l'assentiment de tout un peuple. Qu'il me soit permis, cependant, de rendre aussi au docteur Bucher mon témoignage, puisqu'il avait bien voulu, par mon entremise, nouer avec *la Revue hebdomadaire* des liens d'amitié qu'il se promettait de resserrer encore, et puisque nous avions ici applaudi d'un cœur fraternel à la naissance de sa revue, *l'Alsace française*, ce dernier effort d'une invention sans cesse renouvelée depuis trente ans : effort qui, du moins, lui survivra.

J'ai eu l'honneur de rencontrer le docteur Bucher peu de semaines après l'armistice, à Strasbourg, autour d'une table d'amis. Sa présence, si discrète pourtant, emplissait la chambre. Ce n'est peut-être pas trop de dire que Pierre Bucher était seul où qu'il fût, et dès qu'il paraissait, tant il était présent plus que les autres, du poids de la plus intense présence spirituelle, et véritablement de toute son âme. Il fascinait. Si dans la part de sa vie qu'il put dérober aux affaires publiques et consacrer à l'art de la médecine — si beau quand on l'exerce comme tel! — il connut des succès de magnétiseur, nous dirions volontiers de thaumaturge, il suffirait de l'avoir écouté cinq minutes pour le comprendre. Très enfoncés dans l'orbite, si bien abrités sous leur profonde arcade qu'on discernait mal leur forme et leur couleur, tantôt ses yeux lançaient l'éclair qui terrasse, tantôt ils diffusaient cette lueur insistante et fixe qui, sans endormir, convainc de céder, et force d'obéir. Il semblait que la volonté inscrite sur ce masque — dont nous ne saurions dire s'il fut beau, tant on le regardait malaisément, et tant il restait impénétrable — se détachât de lui pour s'inscrire dans l'esprit de son interlocuteur. Sans doute ne pénétrerons-nous jamais tout le secret de ce pouvoir, ni tout le mystère de la foi qui anima Pierre Bucher, foi marquée de ce caractère essentiel à la foi, d'être plus efficace à mesure qu'elle était en quelque sorte plus paradoxale, qui lui conquit un Barrès, comme nous en trouverons plus loin le précieux aveu, au point qu'ils s'aidèrent mutuellement à dégager de l'obscur la conception, alors si neuve, de *Au service de l'Allemagne*, et qui mena Bucher l'autodidacte, par les chemins de la méthode la plus folle et la plus sage, jusqu'à ce miraculeux succès : rendre à la France, après quarante-cinq ans d'oppression allemande, une Alsace *toute* française. Mais ce que nous savons assurément, c'est que ce grand mystérieux n'inquiétait pas autant qu'il attirait, et que ce type du protestataire était moins tourmenté de haine que d'amour.

Amour lucide, qui ne consentait pas à se rassurer trop vite sur la santé de sa patrie retrouvée. La France exsangue referait-elle assez vite assez de sang pour vivifier les extrémités de son corps? Il importait que Strasbourg ne s'anémiât pas, demeurât une métropole : la métropole que l'Allemagne avait faite, il avait la courageuse bonne foi d'en convenir ; celles que Lyon, Marseille, Bordeaux, Brest devraient devenir à leur tour. Le port de Strasbourg, l'Université de Strasbourg, avec quel sens à la fois édilitaire et national il savait en parler : « Si dans vingt ans, nous comptons vingt mille habitants de moins, prononçait-il, si notre Université se dépeuple, nous aurons, malgré la victoire, perdu la partie. » Ainsi ce qu'il avait fait pour sa ville lui paraissait peu de chose au prix de ce qu'il voulait entreprendre.

Je l'ai revu, si vivant, il y a si peu de semaines, dans son cabinet de travail ensoleillé, proche le palais des Rohan, égayé par le va-et-vient des quais de l'Ill, meublé des quelques meubles sobres et magnifiques qu'il avait pu reconquérir sur le séquestre allemand. Le poêle de faïence, monumental, nous engourdissait un peu d'une chaleur douce et optimiste. Ce même jour, Barrès terminait son cours à l'Université sur *le Génie du Rhin*. Que d'amitié, d'enthousiasme, que de gravité, de mesure, de prudence aussi dans le commentaire que m'en fit ce maître-disciple, qui savait bien que la propagande française en Rhénanie, pour nécessaire qu'elle fût, ce serait à lui d'en adapter les difficiles formules aux successives nécessités de l'heure et du lieu. Comme Barrès, il se préoccupait qu'on ne laissât pas l'Alsace porter seule le poids du problème rhénan : « Votre rôle à tous, me disait-il, est de concourir inlassablement à former en France un esprit public du Rhin. Ne laissez pas s'accréditer là-bas l'opinion que la France est condamnée à mort si le mark allemand ne la sauve. Nous resterons en Rhénanie, si l'Allemagne n'exécute pas le traité. Il faut que chaque Français comprenne l'honneur et l'accroissement qu'il peut retirer de la garde au Rhin. »

Paroles testamentaires, de quelles résonnances ne nous empliront-elles pas, quand il nous faudra prendre enfin notre parti, si longtemps différé !

Nous savons qu'un jour — et *la Revue hebdomadaire* serait heureuse d'y contribuer, — à l'entrée du pont de Kehl, se dressera la statue de ce mainteneur, de cet annonciateur que fut le docteur Bucher ; et mieux sans doute que des traités contestés ou insuffisants, aussi bien que des bataillons en armes, cette hautaine et songeuse effigie défendra le seuil sacré. Mais si, par impossible, l'ingratitude de sa petite ou de sa grande patrie lui faisait attendre ce monument, Pierre Bucher à la voix douce, au lent parler, aux yeux de flamme, au cœur de fer, resterait pour bien des générations au delà de celles à qui se mêla sa forme vivante, ce qu'il reste aujourd'hui — et c'est un privilège si rarement dévolu aux humains ! — pour ceux qui, ne fût-ce qu'une fois, l'approchèrent : inoubliable.

XXXI

G. BERGNER.
Journal de Genève, 27 février 1921.

Notre correspondant de Strasbourg nous écrit :

L'Alsace fidèle vient de perdre son chevalier. Le docteur Pierre Bucher est mort, vaincu par un mal infectieux, suite tardive d'une blessure de guerre, et qui a eu raison de sa constitution robuste, de sa résistance nerveuse et de sa puissance de vie. Nul ne songeait que cette disparition fût possible. Il semblait indispensable à la vie de son pays, tant la sienne propre lui était dévouée.

Peu d'hommes ont eu comme lui la vocation nationale. Elle animait chacune de ses actions, inspirait chacune de ses paroles. Sa vie présente une admirable harmonie : la pensée de la France la domine, avec la persistance d'une clarté qui met en fuite les ténèbres. Et l'on devine ce que représentait, pour un Alsacien, pendant ces vingt dernières années, cette consécration à la passion de son âme.

Pendant la dure période de l'annexion, il forgea le bouclier où frappaient en vain les coups de l'adversaire qui voulait atteindre le peuple offert à son influence ; il établissait la liaison morale et intellectuelle avec la

France, créait sous des formes variées et toujours effi-
caces le mouvement de résistance nationale contre les
pangermanisateurs, maintenait avec réflexion et ardeur
l'idée française. Il communiquait aussi par delà le
liséré vert des Vosges, à l'opinion publique, l'assurance
de la loyauté de sa province. Il révéla à Maurice Barrès
l'état d'âme de la jeune génération alsacienne, et
Barrès écrivit *Au service de l'Allemagne*, dont le héros
est l'image du docteur Bucher lui-même. Son activité
donnait l'éveil aux Allemands ; s'il leur échappa, c'est
grâce à cette invisible force qui arrête le bras du
méchant contre le juste.

Aux derniers jours de juillet 1914, il quitta l'Alsace
et s'engagea dans l'armée française. Après quelques
mois à l'état-major de l'armée du général Pau, le
G. Q. G. lui confia la direction d'un service d'informations politiques et militaires sur l'Allemagne. Il
avait toujours étudié ce pays avec cette méthode précise, ce besoin de vues nettes et complètes qui était une
des exigences de sa claire intelligence. Il rendit alors
de si grands services que M. Clemenceau le délégua en
1917 auprès de M. Dutasta, ambassadeur à Berne, pour
y poursuivre cette mission de vigie.

L'armistice signé, il rentra à Strasbourg et fut attaché auprès du commissariat général de la République.
M. Millerand l'a estimé « un collaborateur incomparable » et n'a pas dissimulé qu'il lui devait la plus
grande part de son succès administratif en Alsace. En
septembre 1920, il quitta les fonctions officielles pour
donner tout son temps aux œuvres dont il était l'ins-

pirateur et l'organisateur, laissant à ses collaborateurs une grande liberté de travail et s'entretenant avec eux chaque jour de la marche de leur activité.

Il avait créé le 1er janvier une revue hebdomadaire, *l'Alsace française*, dont j'ai dit ici l'idée et la nécessité. Ce fut une de ses dernières joies d'assister à son éclosion et à son premier épanouissement. *L'Alsace française* demeure le dépôt sacré de sa pensée ; ses amis y dépenseront désormais les forces qu'ils ont reçues de lui.

Les funérailles solennelles du docteur Bucher, sans faste théâtral, mais graves et émouvantes, ont prouvé en quelle estime chacun le tenait. Ceux qui ne partageaient pas ses opinions n'ont pas été les derniers à lui rendre un respectueux hommage. Mais un héros rencontre toujours sur son chemin des contempteurs dont la médiocrité trouve son châtiment dans l'impossibilité où ils sont d'admirer les grandes âmes.

L'Alsace et la France sont appauvries par la mort du docteur Pierre Bucher. A côté des richesses connues de sa vie, d'autres beautés ont été tenues secrètes par sa modestie. Son œuvre n'était pas terminée. Il entrevoyait encore bien des projets dont lui seul, semble-t-il, possédait le génie nécessaire pour les réaliser.

Un de ses intimes amis, accablé par la tristesse du cimetière, me disait : « Comment pourrons-nous vivre sans lui, maintenant ? » — Mais n'est-ce pas déjà une faveur immense pour son pays qu'il ait vécu.

XXXII

L'Alsacien et le Lorrain de Paris.
28 février 1921.

C'est avec une douloureuse émotion qu'on a appris, en France, la mort du docteur Bucher, des suites d'une opération chirurgicale.

Le docteur Pierre Bucher était né à Guebwiller le 9 août 1869. Après avoir fait ses études au collège de cette ville, il vint à Strasbourg, où il prépara la médecine. Suivant un vieil usage des étudiants de Strasbourg, il se rendit à Paris pour suivre les cliniques. C'est vers 1897 qu'il vint s'établir dans la capitale alsacienne. On connaît l'œuvre du défunt. Tout en pratiquant, il s'intéressa au mouvement artistique de la jeune Alsace, dont l'essor remonte à cette époque. En 1901, il prit la direction de la *Revue alsacienne illustrée*, fondée par Spindler en 1899. Il en fit un foyer de rayonnement de l'idée française en Alsace et même au delà. Sur cette publication, s'en greffa plus tard une autre, les *Cahiers alsaciens*, qui prirent plus tard une part plus immédiate au mouvement politique. C'était à l'époque où se dessinaient les premiers symptômes de réaction énergique contre le pangermanisme et d'où devait sortir, en 1911, le mouvement d'union nationale.

C'est de la *Revue alsacienne illustrée* qu'est partie l'œuvre des conférences françaises, qui permirent aux Strasbourgeois d'entendre, sous l'œil des Allemands, les représentants les plus qualifiés de la littérature, des arts et parfois même de la grande politique française. C'est à l'initiative du docteur Pierre Bucher que l'on doit la création du Musée alsacien qui, dans l'esprit de ses fondateurs, devait être et a été la véritable maison alsacienne et française. C'est à son impulsion qu'est due la floraison des cercles des Annales, dans des principales villes d'Alsace. Comme les Allemands n'autorisaient qu'un nombre restreint de représentations françaises, le docteur Bucher tourna la difficulté en fondant la Société dramatique, dont M. Eccard, aujourd'hui sénateur du Bas-Rhin, fut le dévoué président. On sait, d'autre part, que le docteur Bucher a toujours témoigné une sollicitude particulière aux jeunes étudiants alsaciens-lorrains qui entendaient ne pas se conformer aux coutumes de la jeunesse universitaire d'outre-Rhin et qui cultivaient parmi eux l'idée française. C'est sous ses auspices que s'est fondé le Cercle des étudiants, et lorsque cette Association eut été dissoute, en 1911, par les autorités universitaires allemandes, il donna son appui et le prestige de son autorité au Cercle d'anciens étudiants, qui assuma la protection des jeunes étudiants frappés. Ceux qui sont au courant des choses d'Alsace savent que c'est le docteur P. Bucher qui initia, il y a une vingtaine d'années, M. Maurice Barrès à l'état d'âme des jeunes Alsaciens de sa génération, et qui a servi de modèle au héros singulier du beau livre, *Au service de l'Allemagne*. Grâce à lui, d'autres écrivains français ont bien vu l'Alsace et ont pu en tracer, à leurs lecteurs, un tableau fidèle : André Hallays, Paul Acker, Pierre de Quirielle, etc.

Le 30 juillet 1914, le docteur Bucher quitta l'Alsace, et se rendit en France, où il s'engagea immédiatement à la déclaration de guerre. Il reçut la rosette d'officier de la Légion d'honneur et fut promu au grade de capitaine. Il rentra dans Strasbourg libéré le 24 novembre et fut attaché au commissariat général de la République, qu'il ne quitta que pour prendre la direction de *l'Alsace française* et se consacra au service de la Société des Amis de l'Université, sous la présidence de M. Poincaré.

Il y a six semaines, une ancienne blessure de guerre, à la tête, que l'on croyait définitivement cicatrisée, nécessitait une nouvelle intervention chirurgicale. N'ayant pas consenti à se ménager, des complications se produisirent. Malgré les soins les plus empressés et l'énergie farouche avec laquelle, jusqu'au bout, il lutta contre le mal, la mort survenait, le 15 février, à 15 heures.

Le docteur Bucher avait été promu récemment commandeur de la Légion d'honneur. Il était le neveu du docteur Sieffermann.

Ses obsèques ont eu lieu à Strasbourg.

Derrière le char funèbre, venaient le commandant

Ménard, représentant le président de la République ;
MM. Alapetite, commissaire général ; Jean et Jacques
Millerand ; les généraux de Strasbourg et du secteur
de Kehl ; les doyens de l'Université et le recteur ; le
maire de Strasbourg ; M. Maurice Barrès, député de
Paris ; les députés et les sénateurs du Bas-Rhin, etc.

Sur la tombe, de nombreuses personnalités, parmi
lesquelles M. Maurice Barrès et le commissaire général
de la République, ont pris la parole.

M. Alapetite a ensuite donné lecture d'une dépêche
de M. Millerand.

XXXIII

E. Wust.

Foi et Vie, 1er mars 1921.

Le 15 février dernier, l'Alsace, par la mort du docteur Bucher, a fait la plus grande perte qu'elle pouvait faire.

Dans les lourdes années qui suivirent les élections protestataires de 1887, vaincus, étranglés, nous, les vieux Alsaciens, nous nous demandions avec angoisse ce qui allait advenir des jeunes générations.

Nous savions bien que tous ceux qui avaient vécu en notre Strasbourg d'avant 1870, ceux mêmes qui lors de l'annexion n'avaient que six ou sept ans, se souviendraient toujours. De deux choses l'une, ou la France, puissant aimant, les attirerait... ou bien ils mèneraient avec nous une vie d'amers regrets et d'espoir fidèle. Mais ceux qui n'avaient connu la France que par nos pieux récits, ceux dont toute l'instruction serait faite par des Allemands, ceux qui auraient porté le casque à pointe, que penseraient-ils? que feraient-ils?

Né à Guebwiller en 1869, Pierre Bucher n'avait alors pas vingt ans. Il étudia la médecine à Strasbourg et à Paris.

En 1894 où je le vis pour la première fois, c'était

un beau jeune homme aux cheveux noirs et qui parlait fort bien français.

En 1897 il vint s'établir à Strasbourg et s'y maria.

Je le retrouvai, d'étrange façon, plus tard, dans un livre. En lisant *Au service de l'Allemagne*, de Barrès, j'eus l'impression forte que ce n'était pas seulement les paysages de Sainte-Odile qui étaient admirablement décrits, après avoir été bien vus, mais que le personnage central, Ehrmann, très certainement ressemblait à quelqu'un et que ce quelqu'un, sans doute, avait documenté l'auteur. Qui était-ce? Peut-être bien le docteur Bucher. J'en conclus immédiatement que nos jeunes gens étaient encore de « bons Alsaciens » et résolus de les rencontrer. Je m'abonnai à la *Revue alsacienne illustrée* et sus que le docteur Bucher la dirigeait.

Je me souviens bien des difficultés qu'il fallut vaincre pour organiser les conférences de la Revue et pour avoir comme conférenciers des Français dont les noms déplaisaient aux autorités allemandes. Je sais qui faisait les démarches, aplanissait les voies, louait la salle, réunissait le public.

J'ai été plus d'une fois à la « consultation » du docteur. Il n'était pas nécessaire d'être malade pour obtenir de passer à son tour. La malade, c'était notre pauvre Alsace, et tous ceux qui voulaient travailler à renouer les liens qui l'attachaient à la France trouvaient toujours le docteur disposé à les aider de ses conseils et de son expérience.

Contrairement à certains Alsaciens restés au pays,

il n'avait aucune malveillance pour les anciens optants et leurs enfants ; contrairement à moi-même, il n'avait pas de méfiance envers ceux qui étaient restés. Souvent il me disait de quelqu'un sur qui je me renseignais : « Ne le traitez pas de rallié, nous pouvons avoir confiance en lui, c'est un Alsacien ». Il semblait convaincu que tout Alsacien est anti-allemand par naissance. Mais il ne trouvait pas cela suffisant. Être « bon Alsacien », ce n'était pas seulement combattre la germanisation, c'était aimer la France, la faire connaître et aimer chez nous, c'était produire en Alsace même des manifestations de l'esprit français.

Qui dira toutes les œuvres auxquelles le docteur Bucher donna son temps, qu'il organisa, qu'il soutint : la Revue, le Musée alsacien, les soirées des Annales, la Société dramatique, le Cercle des étudiants, l'érection du Monument français de Wissembourg, son inauguration et un peu plus tard les Cours populaires de langue française, ceux qu'il réorganisa après l'armistice et dont il vient de remettre la direction à la Direction générale de l'Instruction publique?

Qui dira combien le docteur Bucher se connaissait en hommes, combien il savait découvrir de bonnes volontés? Lorsqu'il avait décidé qu'une œuvre devait être faite, il insufflait à quelqu'un son esprit optimiste, son esprit français pour la diriger. Nous disions parfois que le docteur *inventait* des hommes pour le besoin de la Cause. En effet il les suscitait et leur préparait, selon les nécessités de ces tristes temps, une place au soleil ou bien à l'ombre.

Inlassablement il renseignait les Alsaciens sur la France, et les Français sur l'Alsace. Il veillait à ce qu'on ne nous oubliât pas là-bas, de l'autre côté des Vosges. La Revue montrait aux Français une Alsace fertile et belle, au riche sous-sol, aux vignes fleuries, aux ruines pittoresques, aux belles églises romanes ou gothiques, une Alsace désirable et fidèle, aussi fidèle que n'importe quelle province de France.

Un jour, le docteur Bucher me dit : « Je suis sûr maintenant que l'Alsace saura attendre sa délivrance. Les jeunes sont à nous. Enseignons le français autour de nous, qu'on le parle et le lise. Gardons le contact avec la France d'aujourd'hui. Nous n'étions, il y a dix ans, que trois ou quatre à faire notre œuvre, mais les jeunes qui nous suivent sont innombrables. »

La guerre s'annonçant, il passa du bon côté, s'engagea, et mit au service de la France sa connaissance de l'Allemagne, car il fut toujours de ceux qui se font un devoir de connaître l'ennemi pour s'en garder.

Pendant la guerre il fut décoré de la croix de guerre et promu officier de la Légion d'honneur. Il avait reçu la croix de chevalier quelques années auparavant. En 1919 il fut nommé commandeur de la Légion d'honneur et décoré au pied de la cathédrale. Cette prise d'armes est certainement la plus belle cérémonie que j'aie jamais vue. Décor, acteurs, discours, tout disait : France, notre France ! Et les cigognes volaient dans le ciel bleu autour du grand clocher.

Rentré, l'un des tout premiers, dans Strasbourg libéré, Pierre Bucher avait été attaché au Commissariat général de la République. C'est là que, dès le mois de décembre, je le revis en uniforme militaire ; avec quelle émotion je le remerciai de m'avoir rappelée à Strasbourg, moi aussi !

Toujours il avait pris plaisir à nous rendre service aux uns et aux autres, mais, peut-être, n'a-t-il jamais déployé une activité plus bienfaisante que depuis l'armistice. Collaborateur de M. Maringer, puis de M. Millerand, il facilita leur grande tâche par sa parfaite compréhension des choses d'Alsace, son ardent patriotisme français, son intuition rapide de ce qui est possible, de ce qui peut être fait et de la façon de le présenter. Il fut un très grand travailleur au coup d'œil rapide et sûr. On ne peut guère se reposer en Alsace, il y a trop de choses qui doivent être faites. Il faut adapter les œuvres anciennes aux circonstances actuelles, il faut créer des rouages nouveaux. Personne ne le sut comme notre docteur.

A côté de son immense tâche du commissariat, Pierre Bucher trouva le temps de mettre en train la *Société des Amis de l'Université* dont il fut le secrétaire général, la *Société du Livre français* à laquelle il trouva des locaux, le *Bulletin de la Presse allemande*, les *Soirées de fusion* et bien d'autres œuvres utiles pour un temps, ou définitivement nécessaires. Celle qu'il créa la dernière et à laquelle il comptait se consacrer avec prédilection, ce fut *l'Alsace française* (1), publication dont son gendre, M. Jules-Albert Jaeger, est le rédacteur en chef.

(1) Strasbourg, 6, rue Pierre-Bucher.

Quand, en décembre dernier, j'allai prendre des abonnements à cette revue hebdomadaire dont j'attends beaucoup, il me dit avec son beau sourire joyeux en regardant de loin son gendre : « Maintenant j'ai un collaborateur ! »

Qui aurait pensé alors qu'à peine née *l'Alsace française* aurait à se passer de son directeur ! Avec un louable courage, la rédaction nous promet de faire les plus grands efforts pour que cette publication, voulue par lui, prolonge l'œuvre du docteur Bucher (1).

Il faudra bien aussi tenter de continuer les autres œuvres qu'il aimait. Il faudra maintenir sa foi joyeuse en nous-mêmes, imiter son inlassable activité. Le Foyer des œuvres françaises où j'ai travaillé le lendemain de sa mort demeurera ; mais hélas ! déjà la flamme s'est éteinte ; l'âme qui nous réchauffait et nous éclairait nous manque cruellement.

Qu'il semblait jeune encore, notre docteur, quand à l'inauguration de l'Université il prit la parole au nom des étudiants et lança son discours enflammé comme un péan de victoire ! Nous, qui éprouvons un douloureux étonnement à lui survivre, nous escomptons avec angoisse toutes les circonstances où il va nous manquer ! Mais nous sentons cependant quelque chose de complet et d'achevé dans cette belle vie d'un Alsacien qui, n'ayant pas reçu l'instruction que la France doit à ses enfants, a su l'acquérir malgré les vainqueurs d'alors, et dont toute l'incompa-

(1) *L'Alsace française* a admirablement tenu ses promesses (Strasbourg, 21 mai 1922).

rable énergie, le savoir-faire sans égal furent employés à conserver l'Alsace digne de rentrer dans la famille française, de s'y mouvoir à l'aise et qui eut la joie inexprimable de voir, et même d'organiser les merveilleuses journées de cette réunion tant désirée. Les drapeaux de la Patrie et d'innombrables couronnes ont accompagné à sa tombe cet Alsacien, commandeur de la Légion d'honneur, et la musique militaire a joué sur sa tombe : « Vous n'aurez pas l'Alsace et la Lorraine. »

Il y a dans cette vie, trop courte à notre gré, une unité, une plénitude qui se rencontrent bien rarement et qui méritent l'admiration. L'œuvre de ce bon ouvrier est faite ; l'Alsace est rattachée à la France : puisse notre province offrir à la Patrie beaucoup de serviteurs aussi fidèles, aussi conscients, aussi actifs que ce tant regretté : Pierre Bucher !

XXXIV

A. R.

Marseille médical, 1er mars 1921.

Tous les médecins de France se doivent de rendre hommage à la mémoire du docteur Bucher. Le grand patriote qui vient de mourir à Strasbourg honore trop le titre confraternel qu'il a dignement porté, pour passer sa disparition sous silence. Et si notre Provence est trop loin de sa province pour qu'il nous ait été donné de le connaître, la France pour laquelle il a vécu et pour laquelle il succombe aux suites d'une blessure reçue pendant la guerre, ne saurait laisser ignorer à aucun de ses fils ce qu'elle doit à celui qui fut un des plus ardents à la faire aimer et des plus dévoués à la servir.

Son rôle confraternel est tout entier marqué dans ces phrases empruntées au discours prononcé par M. Millerand, alors commissaire général de la République en Alsace-Lorraine, au Cercle des anciens étudiants alsaciens et lorrains, après l'inauguration de l'Université française de Strasbourg : « Me sera-t-il permis, disait-il, en cette fête universitaire, de saluer un homme que nos étudiants s'honorent de tenir pour un de leurs amis et de leurs guides, dont vous avez, ce matin, applaudi l'ardente parole, qui fut, sous le régime allemand, l'âme de la résistance à l'invasion étrangère par son obstinée persistance à rappeler, sous toutes les formes, l'influence et l'esprit français, l'incarnation vivante de l'Alsace pour les Français et de la France pour les Alsaciens, le docteur Pierre Bucher? »

M. le professeur J.-E. Spenlé, de la Faculté des lettres d'Aix, directeur des études germaniques à l'Université de Strasbourg, a rappelé le rôle patriotique du docteur Bucher dans un article publié dans la presse quotidienne, où sa plume diserte tremble de l'émotion qu'a causée à ses amis, aux collaborateurs de son œuvre grandiose, la perte prématurée d'un tel esprit. Qu'il me soit permis d'emprunter à ces souvenirs ce qui intéresse plus particulièrement notre art.

Bucher avait été tour à tour étudiant à Paris et à Berlin ; et alors que tant d'autres, éblouis par le bluff germanique, ne jugeaient saine et valable que la science étalée dans les productions de la Kultur, lui qui allait au fond des choses, écrivait : « Est-il besoin de formuler un parallèle entre Berlin et Paris? Le contraste est si violent qu'il crève les yeux. Paris, ville d'enthousiasme et d'expansion, se perd dans l'idée jusqu'à s'oublier lui-même. Berlin, vampire dévorant, rêve d'absorber le monde pour s'arrondir et repeupler l'univers de sa progéniture. Involontairement on se dit : « Ceci tuera cela ». Il s'agit de savoir lequel des deux. Nous autres Gréco-Latins — et, tout Alsacien que je suis, je me flatte d'en être par mon éducation

— nous avons la naïveté de croire, malgré tout, à la victoire de l'Idée. »

Et au service de l'Idée, Bucher a mis sans se lasser sa vie et sa profession. Médecin pratiquant, il profitait de ses tournées professionnelles pour répandre partout, jusque dans les campagnes perdues, la bonne parole du Souvenir français. Dans ses lettres, découvertes par les Allemands dans un recoin de cave, après la déclaration de guerre et sa fuite en territoire français, et publiées par leurs soins sous le titre de *Dix années de guerre de mines pendant la paix*, on peut suivre l'effort soutenu et presque surhumain que Bucher avait fourni pour résister malgré tout à l'asservissement des conquérants. Quelle leçon pour ceux des nôtres qui ne jurent que par Berlin, Munich ou Heidelberg !

Au moment de la guerre, Bucher avait été nommé dans nos armées médecin aide-major et affecté au service des renseignements à Réchésy : il y rendit d'immenses services à la cause française. Après l'armistice, il fut parmi les premiers officiers français qui eurent l'honneur d'entrer à Strasbourg à la tête de nos troupes victorieuses. Appelé alors à un poste de confiance auprès du commissaire général, il facilita par sa profonde connaissance de l'âme alsacienne et des choses d'Alsace, la tâche de M. Maringer, puis de M. Millerand. La cravate de commandeur de la Légion d'honneur fut une faible récompense de tant de services. Chevalier avant 1914, il avait été fait officier aux armées.

C'est aux armées aussi qu'il avait reçu une blessure à la tête dont il meurt à peine âgé de cinquante et un ans, malgré les soins de ses confrères empressés à le disputer aux complications de l'infection méningitique tardivement apparue.

Bien bas, saluons la mémoire de ce grand patriote. Rappelons-nous son nom et ses avis : lui qui *les* connaissait bien, n'a-t-il pas dit : « J'aime la haine qu'ils m'inspirent ! elle nous rend clairvoyants et forts... »

XXXV

Paul CASPER.
Écho de l'Est (Forbach), 3 mars 1921,
traduit de l'allemand.

Des amis m'ont prié de retracer son image. Que la vénération et la gratitude exaltent donc mon désir intime d'évoquer sa mémoire avec une affection chaleureuse !

Pierre Bucher fut un médecin consciencieux qui ne songeait pas à ménager ses peines quand il s'agissait de secourir un malade. Mais il était plus sérieusement préoccupé encore de la grande souffrance de son pays natal. Il ressentait avec lui la profonde douleur d'être séparé de la mère patrie. Il voyait le poing brutal de l'intrus étranger s'abattre sur tout ce qui était cher à nos frères et la lourde botte de l'envahisseur menacer de nous écraser. Alors une colère sacrée s'embrasa en lui. C'est alors qu'animé d'une audace vengeresse, il créa les œuvres qui furent la citadelle de notre résistance aux violences allemandes. C'est alors que, faisant acte de chef, il sut électriser ses partisans qui l'aidèrent à réaliser son rêve.

Il a consacré vingt ans d'efforts infatigables à une idée unique, celle de voir l'Alsace française renaître dans une splendeur nouvelle. Il n'a pas agi en vain.

AU HAUT KŒNIGSBOURG

L'abbé Wetterlé, le président Poincaré, Pierre Bucher.

S'il lui est donné aujourd'hui de reposer en terre française, c'est que le vœu de toute sa vie s'est magnifiquement accompli. Sans doute, il a quitté trop tôt les siens. Mais le temple qu'il a édifié demeure debout.

Maurice Barrès, sur sa tombe, lui a décerné le plus bel éloge qui se puisse faire à un vaillant fils d'Alsace : il a dit de lui qu'il a été utile à la grande patrie française et à son pays. Tout ce que la parole humaine, dans son indigente faiblesse, peut exprimer, a été dit de lui. Mais ceux qui l'ont connu ressentent davantage. Leur émotion profonde s'insurge contre la mort. Que le corps périsse, l'esprit survit. N'étant plus combattu par les petitesses terrestres, il agira avec plus de force et de pureté. Lorsqu'on s'appelle Pierre Bucher, on ne saurait mourir. Il n'a fait que se retirer dans une demeure nouvelle d'où son esprit nous exaltera comme il a fait pendant toutes ces années qui ont précédé la guerre, alors que de la maison patricienne de la rue Brûlée, noble et discrète, il désignait et animait ses compagnons de lutte.

En 1901, il avait assumé la direction de la *Revue alsacienne illustrée*, fondée deux ans avant par Charles Spindler et Laugel. Il en fit une des revues d'art des plus distinguées de l'Europe. Son but lui apparaissait très net. Il avait besoin d'un organe qui lui permît de grouper autour de lui ses amis, de cultiver l'idée française en Alsace, d'animer et de stimuler, de jeter la semence sans discontinuer. C'est là que battait le cœur de l'Alsace française, c'est là que veillait son cerveau. Il incitait à la collaboration les écrivains, les poètes, les érudits ; il les invitait chez lui et les gagnait à ses idées. Il emplissait de l'amour du pays natal les cœurs de tous ceux qui semblaient avoir oublié l'Alsace. Ce n'était pas chose facile de tromper la vigilance du conquérant si méfiant. Mais la manière dont il savait présenter son activité empêchait tout simplement les autorités d'intervenir. Bucher utilisa les libertés que nos députés, à Berlin, avaient conquises au prix d'efforts tenaces. Les entreprises artistiques n'étaient plus soumises à des lois restrictives. C'est pourquoi il s'efforça d'en conserver le caractère à son œuvre aussi longtemps que le besoin s'en ferait sentir. Il suffisait que la flamme fût allumée et toujours attisée à nouveau. La *Revue alsacienne illustrée*, agrémentée d'un sous-titre allemand, demeura le foyer de l'idée française. Ce n'est que plus tard qu'elle acquit une nuance politique par la fameuse *Chronique d'Alsace-Lorraine* qui accompagnait chaque fascicule et qui, avec insistance, mettait le lecteur au courant du problème alsacien. Lorsque enfin le moment parut arrivé d'agir énergiquement, les *Cahiers alsaciens* furent jetés hardiment dans la circulation et ils poussèrent aux roues d'une manière efficace. Chaque cahier portait un coup nouveau à l'administration allemande, sans pourtant faire autre chose que de servir d'écho à ce qui se passait dans le pays. C'était le temps où un incident chassait l'autre, où les Allemands se rendirent compte enfin qu'ils avaient le dessous, que jamais les populations de ce pays ne les suivraient. Nous triomphions de l'intrus lourdaud !

La semence jetée par notre grand ami avait levé.
Car son activité avait été infatigable ; outre les
revues dont il vient d'être parlé, il avait créé toute
une série d'entreprises. C'est ainsi qu'aujourd'hui
encore le *Musée alsacien* témoigne de la sagacité de
son fondateur qui y rassemble tous les vestiges vivants
de la tradition française en Alsace. En outre, il orga-
nise, pour les fidèles de la Revue, des conférences qui
nous permirent de saluer au milieu de nous les érudits
et les publicistes français les plus éminents. Il gagna
à ses idées Maurice Barrès qui, dès lors, lutta sans
trêve pour les provinces perdues et leurs habitants ;
il ramena dans son pays Paul Acker ; il signala à André
Hallays les beautés de notre province. MM. Bédier,
Baudrillart, René Henry répondirent à son appel.
Il faudra dire un jour aussi comment il décida Ernest
Lavisse à laisser là son pacifisme et à revenir aux
réalités. M. Lavisse parla en public de Louis XIV.
Mais la veille chez Bucher, un groupe de jeunes gens
lui avaient présenté leurs hommages et l'avaient renseigné sur les véritables sentiments des populations.
Nous avons vu à cette occasion que le vénérable historien avait les yeux humides d'émotion contenue et
nous n'oublierons jamais les termes dans lesquels il
nous marqua sa reconnaissance. Ces conférences, elles
aussi, donnèrent lieu à des difficultés avec les autorités.
Mais Bucher était homme à les surmonter. C'est ainsi
que, la conférence que devait prononcer sur la Triple
Entente M. Tardieu, qui alors faisait les articles de
politique étrangère au *Temps* ayant été interdite,

Bucher invita ses amis chez lui et là M. Tardieu put parler sans détours. De temps à autre, il invita un écrivain allemand à réciter quelqu'une de ses œuvres et à lui servir ainsi de paravent. Les conférences de la Revue ont exercé une influence considérable. C'est un Allemand qui un jour se risqua à faire observer que la bourgeoisie alsacienne allait en pèlerinage à ces soirées comme les croyants s'acheminent vers le sanctuaire. Ceci était vrai aussi pour les représentations françaises. Lorsque le gouvernement, inquiet de cette propagande si vivante, restreignit le nombre des représentations, Bucher tourna cette mesure en fondant une « Société dramatique » dont M. Eccard, avocat, aujourd'hui sénateur du Bas-Rhin, assuma la présidence. Mais un homme tel que Bucher n'en resta pas là. Pour gagner des couches toujours plus nombreuses de la population, il fonda dans toutes les villes de quelque importance des groupements du Cercle des Annales, dans lesquels l'idée française pouvait impunément se développer. Mais c'est aux étudiants, dans lesquels il voyait et aimait les conducteurs intellectuels des générations futures, que l'unissaient les liens les plus solides. C'est sur son instigation que fut fondé le *Cercle des étudiants*, l'association protestataire la plus importante après la dissolution de l'ancienne *Sundgovia*. Il les assistait fidèlement dans toutes les épreuves, il fréquentait leurs réunions et prenait part tous les ans au célèbre monôme qui faisait le tour du monument de notre Kléber. Lorsque le *Cercle* fut dissous, il fonda le *Cercle des anciens*, qui

assura une protection efficace aux étudiants frappés.
Il prodigua des encouragements aux étudiants en
pharmacie, dont l'organe H²S maintenait avec succès les bonnes traditions.

Lorsqu'en 1909 « l'Association des étudiants alsaciens-lorrains » tenta de prendre part à la vie politique, il lui donna les conseils les plus éclairés. Qu'on
se souvienne des conférences qu'organisa ce groupement de combat malheureusement trop tôt dispersé.
Outre M. Laugel, si vaillant et si enthousiaste,
MM. René Henry, Dollinger, Eccard y prirent la
parole. Dans ce groupement, les jeunes trempaient
leur caractère et ils purent bientôt soutenir de toutes
leurs forces l'*Union nationale*. Sans doute, pour les
raisons que l'on connaît, le succès ne fut pas imposant,
mais cette manifestation fut une profession éclatante
de notre foi inaltérable. Et nous suivions avec gratitude et respect notre chef. Dans tout le pays, son activité se faisait sentir. Toutes les associations entrete-
naient des rapports avec lui et lui demandaient conseil.
Il fut l'un des membres les plus actifs de la *Société
des Amis des arts* qui, grâce à ses efforts, put organiser
plusieurs grandes expositions d'artistes français.
Lorsque la revue *l'Alsace nouvelle* fut fondée, c'est
lui qui en décida le programme. Il organisa le combat
contre le germanisme dans le domaine de l'image satirique, avec Zislim et Hansi, dans celui de la poésie
satirique avec Hamel et d'autres. Dans la presse et au
Parlement, il avait des amis qui luttaient pour cette
seule idée : maintenir vivace le souvenir de la France.

Il était présent lorsqu'on songea à honorer par **un** monument la mémoire des morts de Wissembourg. Il exerça son influence jusqu'en Lorraine et, à *la Lorraine sportive* parmi les promoteurs du monument de Nasseville, au *Souvenir français* il recruta **des** frères d'armes fidèles. Il fut du nombre de ceux de **nos** aînés qui ont trouvé le temps d'encourager nos **tra**vaux à *la Veillée alsacienne* et il défendit contre **toutes** les attaques les cours de langue française que des étudiants alsaciens professaient à l'usage des classes laborieuses.

Le secret de l'immense influence qu'il a exercée est dans sa personnalité, dans la sagacité avec laquelle il saisissait les nécessités de l'heure et les aptitudes de ses collaborateurs qu'il savait mettre à la place où ils pouvaient se rendre utiles. Avec une indomptable énergie il exhortait les hésitants et leur ouvrait les yeux, il incitait à l'action les résolus, il réveillait la confiance dans la bonne cause, prudemment il mettait en garde contre la précipitation irréfléchie et il se dérobait à tout hommage qui visait sa personne et non son œuvre. Car il se tenait modestement à l'arrièreplan, afin de diriger avec plus de sûreté les destinées de ses entreprises. Il tenait les fils par lesquels il atténuait les contrastes et modérait les passions dont l'excès eût pu compromettre le succès. Que de fois, dans son antichambre, se sont croisés des hommes qui ne s'aimaient pas, mais qui venaient d'un commun accord solliciter ses conseils ! Il est impossible d'oublier l'impression que laissait sa parole dont la conviction exerçait sur le cœur et sur l'intelligence une séduction incomparable. Que son interlocuteur fût riche ou pauvre, il n'estimait que la loyauté du caractère et il discernait dès l'abord ceux qui méritaient sa confiance. Ainsi tous ceux qui s'adressaient à lui en toute bonne foi demeuraient ses obligés.

Adoré de ses amis, haï des Allemands, Bucher savait ce qui l'attendait s'il restait au pays. C'est pourquoi, prévenu à temps, il quitta l'Alsace dès avant les hostilités et prit du service dans l'armée française. D'abord il fut placé dans le corps de santé, mais bientôt il se vit confier un poste plus important. Il fonda à Réchésy, à proximité des frontières de Suisse et d'Alsace, un bureau d'informations qui pour le haut commandement fut d'une importance décisive. L'état-major général reçut de lui les rapports les plus sûrs au sujet des intentions et de l'état d'esprit des chefs d'armée allemands. Et lorsque le docteur Bucher eut été adjoint par M. Clemenceau à l'ambassade de Berne, il continua à renseigner le gouvernement et le haut commandement sur les choses d'Allemagne. Le 11 novembre 1918, le docteur Bucher revint à Strasbourg. Sa joie était immense. Mais il savait que moins que jamais il pouvait être question de se reposer. Il se mit à l'œuvre sans tarder. Le pays pendant la guerre avait subi de nouvelles épreuves qui n'avaient pas peu contribué à troubler les esprits. Le docteur Bucher sut se mettre à la hauteur de la situation et fit valoir toute son influence en vue de lever les nombreuses difficultés qui surgissaient sans cesse. Il ne réussit pas toujours à satisfaire tous les désirs ; mais, collaborateur fidèle des Maringer et des Millerand, il agit avec la conviction loyale que ses intentions étaient les meilleures. Pendant quelque temps il a fait partie aussi du conseil municipal de Strasbourg et, comme partout où il est intervenu, il y a fait de bonne besogne. Ainsi Bucher, de toutes parts, aida la nouvelle administration à s'installer. Mais c'est surtout l'avenir de l'Université de Strasbourg qui lui tenait à cœur. Il créa, en sa faveur, la *Société des Amis de l'Université* dont M. Raymond Poincaré accepta la présidence. De même qu'avant la guerre, il entra en contact étroit avec les étudiants. Il les appuya lors de la réorganisation de l'Association, il attira les Luxembourgeois, les Yougoslaves, afin de ramener rapidement le nombre des auditeurs à l'ancien effectif. Il ne voulait pas que les Allemands pussent se réjouir d'une régression de notre Université. Il fallait qu'elle fût florissante et qu'elle devînt un poste d'observation pour tout ce qui se passait outre-Rhin. Car Bucher, avec un coup d'œil très sûr, vit que, même après la guerre, on aurait à compter avec l'Allemagne. C'est pourquoi il fonda le *Bulletin de la Presse allemande*, dans lequel des spécialistes versés dans les choses d'Allemagne donnent tous les jours des extraits ou des résumés des quotidiens allemands. Bucher prit sans cesse des initiatives nouvelles. L'Alsace était redevenue française. Ce que les Allemands, par un long régime de violence, avaient tenté d'étouffer, il fallait le faire revivre. Il fonda, rue

Geiler, le *Foyer des œuvres françaises en Alsace*, dans lequel il concentra les entreprises les plus variées. Les *Cours populaires* répandaient la connaissance de la langue française ; dans toutes les localités, on fonda des bibliothèques que l'œuvre du *Livre français* alimente abondamment et généreusement. La *Conférence au village* transmit l'idée française aux populations rurales. Beaucoup d'autres fondations d'utilité publique sont dues à son initiative. Mais nos plus grands espoirs se portèrent sur la revue *l'Alsace française* qu'il venait de fonder et qui, sous sa direction, promettait de devenir une publication extrêmement précieuse. Car Bucher connaissait à fond le pays ; il était en contact direct avec tout ce qui se rapportait à l'Alsace ; il était renseigné sur les hommes et les choses...

Il a été enlevé trop tôt à ce pays auquel il avait voué toutes ses forces. Sur sa tombe nous avons entendu prononcer par ses amis d'inoubliables et belles paroles. Nos yeux étaient comme rivés à la fosse où l'on descendait le corps de ce lutteur qui nous était cher. Pénétré de gratitude nous avons dit une prière pour lui et pour son œuvre. Mais que sa dépouille terrestre ait péri, son esprit survit. Il faut qu'il survive ! Car son œuvre n'est pas encore achevée. Il faut combattre encore pour la gloire et la grandeur de la France. C'est de la sorte que nous honorerons sa mémoire et que nous entretiendrons la flamme qu'il a allumée dans nos jeunes cœurs.

Repose en paix, Pierre Bucher. Tes amis conserveront ce que tu leur as légué.

XXXVI

Henri DUTHEIL.
L'Intransigeant, 10 mars 1921.

J'espère qu'il n'est pas encore trop tard pour parler de lui. A Guebwiller, sa ville natale, où le deuil de sa mort fut si grand, si sincère, où sa mémoire demeurera vivace, on se plaît à ressusciter les années de son enfance. Plus tard, son activité déborda vite le cercle un peu étroit de la petite cité vosgienne ; mais en ce temps il était tout à elle ; ce sont les souvenirs de ce temps où son fils lui appartint le mieux que, comme toutes les mères, elle aime surtout à se le rappeler. Ils sont jolis d'ailleurs, déjà empreints de combativité, de crânerie bien gauloises. Édouard Schuré en a consigné quelques-uns dans son livre sur *l'Alsace française* paru durant la guerre.

C'est d'abord l'histoire du gigantesque drapeau tricolore hissé secrètement, une nuit, avec la complicité d'un fils de sacristain, au sommet du clocher de l'église Notre-Dame. Le lendemain matin, allégresse générale de la population, colère des immigrés, enquêtes, menaces, promesses, aussi infructueuses les unes que les autres.

Puis c'est le récit pathétique de la lutte engagée,

au collège, par un professeur saxon, pour conquérir
au germanisme l'âme de cet écolier d'élite. Il faut lire
ces pages. Le portrait du pédagogue y est tracé de
main de maître, et sans caricature : intelligent,
artiste, sensible, un peu névropathe même, cet universitaire d'outre-Rhin est animé d'un pangermanisme
mystique, au prosélytisme ardent. Il essaie d'abord
de la douceur, tente longuement, patiemment, tena-
cement de s'insinuer dans la confiance de son élève,
de séduire sa ferme raison. Il l'invite chez lui, pour
faire de la musique ; il flatte sa fierté, en classe, par
une préférence marquée ; il l'emmène en promenade,
exalte devant lui, chemin faisant, la grandeur de
l'idée allemande, l'idéal de l'empire... Peines perdues.
Alors, dépité, il change de méthode : la sévérité, les
rigueurs commencent. Deux caractères, deux races
s'affrontent. Conflit sourd et permanent. Survient la
fête de l'empereur. Discours enthousiaste du Saxon
qui convie ses disciples à je ne sais quelle manifestation loyaliste. Pierre Bucher refuse de s'y associer.
Le maître se dresse : « Monsieur Bucher, je vous pré-
viens solennellement qu'il me sera impossible de conserver dans ma classe un élève indiscipliné ; pour la
dernière fois, je vous somme de vous joindre à vos
condisciples et à moi-même pour honorer notre
empereur. »

« Votre empereur n'est pas le mien, monsieur ! »
riposte Pierre Bucher. Et c'est le signal d'une tempête.
Le professeur, hors de lui, fait quelques pas pour
châtier l'insolent, puis s'effondre dans une crise de

11

nerfs. Les élèves allemands crient : « Hoch ! Kaiser ! Hoch ! », les Alsaciens répondent par les cris de : « Vive la France ! » et la classe se termine par une bataille rangée qui consacre l'échec d'une tentative d'annexion morale. Toute sa vie, le docteur Bucher devait rester le même homme : et si sa prime jeunesse est spécialement revendiquée par sa petite patrie, par la ville où fut son berceau, l'œuvre de sa maturité est à l'Alsace, à la France entière ; elle fait désormais partie du patrimoine national.

XXXVII

Pierre DE QUIRIELLE.
Le Correspondant, 10 mars 1921.

Le docteur Pierre Bucher, qui est mort à Strasbourg, le 15 février, enlevé par une maladie qu'aggravaient les suites d'un ancien accident d'automobile pendant la guerre, restera, pour ceux qui l'ont connu et approché, une des figures les plus attachantes et les plus curieuses que l'on puisse imaginer. Pour les Alsaciens et les Français, c'est surtout la figure d'un homme qui a incarné un moment et une attitude de la résistance de l'Alsace avant la guerre, qui a été alors le centre et l'âme d'une action dirigée à maintenir, à renforcer l'individualité alsacienne et la tradition française. Il a pu, au cours de la guerre, comme agent précieux d'informations, rendre des services importants. Après l'armistice et la libération de l'Alsace, sans situation officielle définie, il a eu un rôle plus important encore dans l'œuvre de réassimilation. De ces trois parties d'une existence si remplie de la plus belle activité, de magnifiques efforts dépensés et réalisés, terminée brusquement dans la cinquante-deuxième année, c'est la première qui emporte tout.

163

Elle domine et commande les autres ; elle est complète et achevée sans prêter aujourd'hui à la discussion. On me permettra d'insister sur elle et de m'y étendre presque exclusivement pour cette raison, et aussi parce que c'est celle qu'il m'a été donné de voir plus directement.

Qu'est-ce que le docteur Bucher? Un médecin d'Alsace, d'une famille modeste de Guebwiller, marié et établi à Strasbourg où il s'était fait une clientèle qui n'a pas été inutile à son action. Il avait su se faire aussi des « relations » qui n'ont pas été moins utiles à son œuvre. Connu certes en Alsace, où il était même parfois discuté, il était à peine soupçonné chez nous, avant la guerre, du grand public. Il n'a plus exercé sa profession depuis les derniers jours de juillet 1914. La guerre et surtout l'après-guerre l'ont mis plus en vedette, bien qu'il ait préféré rester presque toujours dans cette pénombre un peu mystérieuse qui ne lui déplaisait pas ; elle ne diminuait pas son prestige en lui assurant plus de liberté. Même sous l'administration de M. Millerand, où son influence fut considérable, il n'avait, au Commissariat, qu'une position en marge que sa situation réelle dépassait beaucoup. Depuis l'été dernier, il avait renoncé à toute attache officielle ; il n'était plus, en Alsace, comme il avait été avant la guerre, que l'inspirateur et le serviteur d'un certain nombre d'œuvres privées qui, à vrai dire, ne pouvaient rencontrer l'indifférence des pouvoirs publics, car elles représentaient un élément important dans la vie nouvelle du pays, dans ses rapports avec la mère patrie retrouvée, dans la solution des problèmes qui se posent pour l'Alsace et pour la France.

Il a eu les funérailles d'un grand personnage officiel. Il a eu, pour la première fois peut-être, les hommages de sa petite patrie entière avec ceux des plus hautes autorités de la France. Il a eu, comme il était naturel pour le patriote et le commandeur de la Légion d'honneur, les drapeaux, les soldats français. Après le service à la cathédrale, un beau cortège à travers la ville, devant une foule silencieuse et recueillie, le long des vieux quartiers et des quartiers neufs de Strasbourg, l'a conduit jusqu'au cimetière rustique de la Robertsau où les discours ont été prononcés. Le président de la République, représenté par ses fils et un officier de sa Maison militaire, avait envoyé un télégramme où, en énumérant, avec une éloquence émue, les services du docteur Bucher, il apportait un témoignage direct et personnel en rappelant qu' « après la victoire il fut, pour l'administration française, un collaborateur incomparable ». Son successeur et continuateur au Commissariat général, M. Alapetite, après la lecture de cet hommage du chef de l'État, a rendu le sien où ne débordait pas moins d'émotion et d'éloquence. M. André Hallays, un ami qui a suivi toute l'action de Bucher et n'a cessé de l'appuyer, a parlé au nom de cette Société des Amis de l'Université de Strasbourg dont il était la cheville ouvrière avec le titre de secrétaire général. M. Hallays, qui en est un des vice-présidents, remplaçait le président, M. Raymond Poincaré, retenu à Paris par la Commis-

sion des Affaires extérieures du Sénat. M. Maurice
Barrès a prononcé un discours qu'il faudrait commen-
ter à la lumière des rapports qui ont existé entre ces
deux hommes, l'excitateur alsacien et l'auteur fran‹
çais de l'admirable livre *Au service de l'Allemagne;* il
a fait allusion à leur contribution à une œuvre commune, la conception et la présentation de cette attitude de l'Alsace que j'ai indiquée et dont il sera question plus loin.

On entendit, au nom de la ville de Strasbourg, le
maire, M. Peirotes, un socialiste, bon Alsacien. Bucher, qui n'était pas socialiste, faisait partie du conseil
municipal. Des gens avaient pensé à lui, m'a-t-il dit,
pour cette mairie de Strasbourg qui est un poste écra-
sant et difficile ; il n'eût pas reculé devant la tâche ;
il se réservait sagement pour d'autres champs d'action.
M. Eccard, aujourd'hui sénateur du Bas-Rhin, avocat
à Strasbourg, parla pour ces amis et collaborateurs
alsaciens de la première heure, chez lesquels le docteur Bucher, qui a su les découvrir, les grouper autour
de lui, les pousser en avant, a trouvé une aide précieuse ; leur œuvre ne peut être séparée de la sienne
qui, sans eux, n'eût pas été possible. Le président du
Cercle des étudiants vint dire enfin l'hommage de
cette jeunesse avec laquelle et pour laquelle il a tant
travaillé, à laquelle il songeait sans cesse dans cette
vision de l'avenir que les hommes d'action et les
ouvriers créateurs comme lui doivent avoir devant
les yeux.

Je ne puis m'empêcher de le rapprocher de ces créateurs de peuples et réveilleurs de nationalités dont j'ai vu quelques-uns à l'œuvre pendant la guerre. Il avait, comme eux, la ténacité et l'énergie indomptable, l'esprit pratique et réalisateur, sans quoi l'on ne peut aboutir, avec cette imagination constructive qui est nécessaire pour concevoir et poursuivre les grands desseins à longue portée, la fixité inébranlable dans le but et la souplesse indifférente dans le choix des moyens, la disposition impérieuse à prendre les hommes et les choses qu'on rencontre comme des instruments, jaugés à la valeur qu'on leur attribue, pour ce but unique auquel on s'est voué tout entier. Mais celui-là opérait sur un terrain qui nous touchait davantage ; il travaillait un champ qu'il nous était impossible de ne pas regarder avec une anxieuse émotion.

C'était l'Alsace d'avant la guerre, après quarante ans d'annexion et d'occupation allemande. Où en était-elle avec l'Allemagne et avec la France? Qu'était-elle exactement? Et nous allions, sur ce cas angoissant, quand nous arrivions à Strasbourg, interroger en consultation le docteur Bücher dans son cabinet de médecin de la rue Brûlée. Il avait conservé des procédés et des allures du médecin qu'il était professionnellement, du praticien des maladies nerveuses qui traite ses clients par la psychologie et l'effet qu'il cherche à produire sur eux. Mélange singulier d'abnégation et de personnalité, d'une personnalité qui s'imposait volontiers pour dominer les autres, mais qui s'effaçait toujours quand il fallait agir pour le but suprême, il

était un héros authentique avec quelques apparences
mystérieuses. Il était simple et affecté, sensible aux
succès mondains, à ces belles relations qu'il avait
recueillies en abondance, prêt à tout faire pour les
petites gens et les humbles. Avec quelques satisfactions de vanité, il n'a recherché pour lui-même que
le dévouement lè plus absolu et le plus désintéressé.
Il aimait parfois à fasciner ; on sentait combien il
était fasciné davantage par ce rêve magnifique qu'il
a pu aider à devenir une magnifique réalité. Surtout
l'on sentait, et c'était là encore un trait commun avec
ces excitateurs dont j'ai parlé, qu'il avait sa valeur
et sa force parce qu'il avait derrière lui l'âme d'un
peuple. Et l'on revenait chez le médecin alsacien
Bucher comme chez le magicien qui pouvait le mieux
vous dire le secret émouvant de l'Alsace.

Il le disait avec un charme prodigieux et cette
emprise sur vous dont on avait peine à se défendre,
avec de petits faits savoureux et des idées générales
qui, tirées de ces menus faits de la réalité alsacienne,
maniées par sa belle intelligence, posaient devant des
Français les problèmes les plus passionnants pour eux.
Pour ses interlocuteurs d'avant la guerre, elles se lient
tellement à sa personne qu'il leur est difficile aujourd'hui
de tracer son portrait sans les y mêler quelque peu. Le
portrait serait d'ailleurs incomplet et manquerait de
consistance, si l'on n'essayait de montrer comment il a
pu incarner la résistance de l'Alsace et contribuer à lui
donner le caractère qu'elle a pris dans les douze ou
quinze années qui ont précédé les événements de 1914.

***

Le docteur Pierre Bucher est né à Guebwiller, le 10 août 1869. Par les dates mêmes de sa vie, comme par son action et ses idées, il représente authentiquement et complètement l'Alsace d'entre les deux guerres, cette génération alsacienne qui avait subi toutes les conséquences de l'annexion, qui a commencé de réagir contre elles d'une manière nouvelle. Son père était comptable chez les Schlumberger. Il grandit à Mulhouse, puis de nouveau à Guebwiller, où il fit, au collège de la ville, ses études secondaires en tâtant de la pédagogie allemande (1). Il vient ensuite s'inscrire à l'Université de Strasbourg pour ses études de médecine qu'il achève à Paris, où il suit les cliniques, où il fréquente des milieux littéraires et artistiques. Ces goûts qu'il a contractés dès lors pour toujours, les impressions de son enfance et de son éducation, de ses contacts avec les Allemands, tout l'orientait vers la France et le mirage tentateur de Paris. La question se pose pour lui s'il se fixera, transplanté comme tant de ses compatriotes, de l'autre côté des Vosges ou s'il rentrera vivre en Alsace, sous le joug de l'envahisseur, avec l'Allemand.

Il se décide pour le retour au sol natal ; il s'établit

---

(1) Avec quelques traits justes sur le docteur Bucher, on trouvera des détails sur son enfance et son éducation, romancés peut-être un peu par l'auteur, dans un intéressant volume de M. Édouard Schuré, *l'Alsace française* Perrin, 1916).

tout de suite dans la réalité alsacienne en épousant Mlle Amélie Hæhl, de la Robertsau, en s'installant à Strasbourg comme médecin. Par son mariage avec la compagne dévouée et fidèle qui lui apportait la dignité d'un foyer respecté et hospitalier, il entrait dans une famille honorablement connue à Strasbourg ; il devenait le neveu du docteur Sieffermann, un type différent du sien, de ce médecin d'Alsace qui a joué un rôle important depuis l'annexion, qui avait été élu comme député protestataire dans une élection célèbre, dernier triomphe de la protestation, contre M. de Bulach, en 1887. Le docteur Sieffermann a pu mourir Français en Alsace, après l'armistice ; le docteur Bucher, qui disparaît aujourd'hui beaucoup plus jeune que lui, allait travailler à donner une autre forme que celle de la protestation à la résistance non moins énergique à l'Allemand.

C'était en 1897. L'Alsace paraissait plongée dans ce qu'on a appelé alors « la paix du cimetière » ; on ne voyait guère comment elle pourrait soulever la pierre de son tombeau. Il lui fallait avant tout défendre la terre, ses souvenirs, la culture et les traditions auxquelles elle était profondément attachée. Pour se garder à la France, il fallait d'abord qu'elle restât alsacienne. La France était loin ; elle semblait oublieuse et divisée. Les rapports avec elle étaient rares et difficiles sous le régime des vexations policières. Pendant trop longtemps, dans la foi touchante au prochain retour, un courant s'était établi, dont les conséquences se faisaient de plus en plus dangereuses,

qui attirait les Alsaciens en France, sans songer que
c'était désormais livrer le sol aux maîtres étrangers,
faciliter l'invasion et la prise de possession des Allemands immigrés. Un autre courant arrêtait les Français à la frontière qu'un patriotisme mal compris
les empêchait de franchir pour ne pas être témoins
de ce spectacle, l'Alsace souillée par les Allemands.
C'était faire doublement le jeu des Allemands.

Les Alsaciens qu'avait fixés en France l'émouvant
exode de la première émigration, qu'on ne saurait
condamner de même, car il a eu de belles conséquences
et il a été une magnifique démonstration, ne faisaient
rien pour remonter ce double courant ; ils semblaient
souvent avoir perdu le contact avec la terre natale.
Avec celle de la frontière du traité de Francfort, une
muraille épaisse de préjugés, d'idées fausses et con-
ventionnelles paraissait séparer la France et l'Alsace.
Ne disait-on pas parfois chez nous que l'Alsace s'ac-
commodait du joug de ses maîtres allemands? On
avait peine à comprendre les complexités et les réalités de la lutte admirable où l'Alsace se débattait,
où elle se redressait, plus forte et vigoureuse, sur le
terrain de la résistance légale, pour affirmer et défendre l'individualité alsacienne, pour la conquérir
sur ses vainqueurs et leur en imposer le respect.

C'est dans cette lutte que l'influence et l'action du
docteur Bucher devaient être décisives pour lui cons-
tituer un cadre, un terrain solide et consistant, la
doctrine et les directions dont elle avait besoin, un
réseau d'œuvres et d'institutions sans lesquelles elle

se fût agitée dans le vide, pour la faire comprendre à des Français, pour maintenir, renforcer, développer, dans ce nouvel état d'esprit alsacien qui se formait, tout ce qui était souvenirs, culture et traditions de France, ce que l'Alsace gardait de deux siècles passés dans la communauté française. Dans quelle mesure conçut-il d'abord de telles idées? Les créations de ce genre ne se font pas dans la réalité sur le plan régulier qu'on est forcé d'adopter pour les exposer trop sommairement. Le docteur Bucher était un jeune médecin obscur et inconnu qui devait se préoccuper de se faire une clientèle. Il vivait dans des milieux d'artistes alsaciens. Au cours de l'été 1899, il rencontre, en Alsace, M. Maurice Barrès qui séjournait à Niederbronn ; il le retrouve, un peu plus tard, après le procès de Rennes, au Donon (1). L'écrivain français et le médecin d'Alsace se sont revus souvent depuis. Qu'est-il résulté de leur rencontre? M. Maurice Barrès, déjà pèlerin de la Moselle, était attiré vivement par le problème alsacien-lorrain ; il s'efforçait de le comprendre et de le voir dans sa vivante réalité. Bucher lui apporte les réalités de l'Alsace. Dirons-nous qu'il lui explique le problème et lui révèle la doctrine de la situation nouvelle? Il semble plutôt qu'il ar-

(1) L'intermédiaire de la rencontre fut M. Henri Albert, le traducteur de Nietzsche, qui pendant les dix années avant la guerre a donné au *Journal des Débats* des informations précises et sûres sur l'Alsace-Lorraine et dirigé *le Messager d'Alsace-Lorraine.* Dès le mois de décembre 1899, M. Barrès faisait à Paris une conférence où il exposait ce qu'il appelait un peu plus tard, en la reproduisant dans les *Scènes et Doctrines du nationalisme,* « une nouvelle position du problème alsacien-lorrain ».

rive à les découvrir et à les comprendre avec lui.

« Je dirai un jour, déclare M. Barrès lui-même dans son discours sur la tombe de Bucher, comment de nos entretiens acharnés, pleins d'une foi profonde, sortirent mes livres alsaciens et lorrains, ses œuvres alsaciennes, son Musée et sa Revue. » En 1901, le docteur Pierre Bucher prend la direction de la *Revue alsacienne illustrée*, fondée deux ans plus tôt par l'artiste alsacien Spindler. C'est le point de départ véritable de son action. La même année, M. René Bazin publiait son roman célèbre, *les Oberlé*, qui amenait ou ramenait l'attention sur l'Alsace. Dans l'histoire des rapports entre la France et l'Alsace pendant quarante-quatre ans, il serait intéressant de marquer la place qu'y tiennent quelques œuvres d'imagination. Bucher, qui accueillait, attirait et guidait déjà les Français en Alsace, avait aidé M. Bazin à se documenter. *Les Oberlé* traçaient de beaux paysages alsaciens ; ils présentaient des aspects émouvants et dramatiques de la question d'Alsace qui ne contredisaient pas trop les idées courantes qu'on s'en faisait alors chez nous ; ils se terminaient sur l'épisode de la désertion du jeune Oberlé, fuyant la caserne allemande pour se réfugier en France. Ces dernières pages causèrent une déception à ceux qui orientaient la résistance alsacienne dans une autre direction ; ils regrettaient qu'on continuât de célébrer l'abandon du sol d'Alsace par un Alsacien comme une victoire française. M. Maurice Barrès écrivit, à propos des *Oberlé*, une page qui a pris depuis l'importance de l'affirmation d'une doctrine sous ce titre significatif :

Il ne fallait pas émigrer (1). C'est un article où il loue, comme elles le méritent, toutes les qualités du roman de M. Bazin, marquant avec une juste et fine précision ce qu'il apporte pour montrer en France la situation de l'Alsace. Il indique seulement qu'il l'aurait terminé autrement. Et il termine lui-même sur ces lignes qui énoncent la doctrine sous une forme admirable avec une grande force :

> Jean Oberlé, généreux garçon que je salue avec respect, voulez-vous être un héros? Ne quittez point l'Alsace ! « Eh ! dit-il, qu'y puis-je faire d'utile, humble suspect en face d'un empire colossal? » Je ne ne vous demande point d'agir, mais seulement de vivre. Je ne vous demande même point de protester, mais naturellement chacune de vos respirations sera une respiration rythmée par deux siècles d'accord avec le cœur français. *Demeurez un caillou de France sous la botte de l'envahisseur. Subissez l'inévitable et maintenez ce qui ne meurt pas.*

C'est la doctrine même que devait appliquer et mettre en œuvre toute l'action en Alsace du docteur Bucher. Un grand écrivain lui a donné un tour saisissant ; il ne l'eût pas conçue sans lui. Bucher n'a fait depuis que la développer dans le domaine de la réalité. En attendant, il fournissait bientôt après à M. Barrès le héros et personnage principal de son livre, *Au service de l'Allemagne*, où l'écrivain, reprenant la doctrine, l'affirmait de nouveau à sa manière,

---

(1) L'article est reproduit, sous ce titre, dans les *Scènes et Doctrines du nationalisme*, puis, en appendice, dans *Au service de l'Allemagne*. Quand il parut dans *le Figaro*, il était simplement intitulé *les Annexés*.

qui était ici singulièrement persuasive et remarquablement originale sous la forme vivante qui exposait la thèse en la gravant dans l'esprit des lecteurs (1). Le volontaire Ehrmann, qui sert et reste à la caserne allemande, en refusant de déserter l'Alsace, par devoir alsacien, c'est le docteur Bucher ; c'est, transposée par l'art, l'impression que M. Barrès a gardée de leur rencontre et de leurs entretiens.

*
* *

« Je ne vous demande point d'agir, mais seulement de vivre. » Bucher ne se contentait pas de vivre ; sa vie n'était qu'action. Et c'est vraiment ici la lutte d'un petit médecin d'Alsace contre « l'empire colossal ». Mais il ne faudrait pas se représenter une telle lutte sous les dehors conventionnels et faux d'un drame violent et perpétuel. La lutte devait éviter tout caractère provocant. Bucher y a déployé plus encore de prudence et d'habileté que de ferme et vaillante décision. Les œuvres qu'il dirigeait ne pouvaient subsister qu'avec la tolérance des autorités allemandes ; il fallait sans cesse négocier ; les rapports étaient continuels et ils n'étaient pas toujours aussi tendus qu'on pourrait se le figurer. Il y avait des fonctionnaires aimables ; le docteur Bucher, sans être dupe, était sensible aux bonnes manières et à l'amabilité. Je me rappelle sur quel ton, en février 1914, il me parlait de M. de

(1) C'est dans *le Correspondant* des 25 décembre 1904 et 10 janvier 1905 que parut d'abord la partie essentielle du livre.

Roedern, le secrétaire d'État prussien qui arrivait pour remplacer l'Alsacien Bulach, qui l'avait reçu en homme du monde. C'était au lendemain de Saverne, à la veille du terrible régime de compression que le même Roedern allait bientôt pratiquer. Dans ces contacts alternés de douceur et de rudesse avec les Allemands, l'Alsacien trouvait des indications utiles et parfois d'étranges plaisirs psychologiques ; il voyait surtout le sort de ses œuvres auxquelles il savait épargner les mesures de rigueur qui les auraient arrêtées.

La première en date et la plus intéressante pour lui était la *Revue alsacienne illustrée*. Il est admirable de voir ce qu'il a su tirer de cette publication d'apparence inoffensive, où il n'écrivait pas lui-même, qui lui a servi à élaborer la doctrine de l'individualité alsacienne. L'exécution artistique en était extrêmement soignée ; elle éditait d'excellentes reproductions, des cartes postales qui faisaient connaître les beautés de l'Alsace. Avec ses monuments, son art, son histoire et sa préhistoire, elle étudiait les « figures alsaciennes » ; la chronique relatait les principaux événements de la vie du pays. Des idées s'y glissaient où l'on n'aurait pas songé à les chercher. Dans le premier numéro de l'année 1903, on trouve un article du docteur Ferdinand Dollinger : *A quelle race appartiennent les Alsaciens?* qui se termine ainsi :

Perpétuellement sollicité ou menacé par des influences étrangères, l'Alsacien, dans le cours des âges, a pu adopter parfois les lois et le verbe de l'envahisseur... Mais il a su toujours se défendre de l'abandon de son être intime, ne céder ni à l'enveloppement persuasif, ni à la contrainte brutale et conserver intacte une manière de *sentir* et de *penser* qui n'appartient qu'à lui ; fidèle au génie de sa race, dont le rayonnement a défié tant de tourmentes, il a su toujours, selon l'heureuse formule de M. Maurice Barrès, subir l'inévitable et maintenir ce qui ne meurt pas.

Quelquefois, des collaborateurs allemands, comme le professeur Werner Wittich, venaient, en allemand, rendre un hommage précieux à l'individualité alsacienne. C'était un beau triomphe de Bucher. Bien que ces Allemands ne fussent ni très nombreux, ni très dangereux, ils suffisaient à inquiéter le chancelier M. de Bethmann-Hollweg, qui, dans un grand discours au Reichstag, en décembre 1909, crut devoir leur donner un avertissement. Et c'était un nouveau triomphe pour Bucher (1). Ses meilleurs collaborateurs étaient des Alsaciens, comme le docteur Dollinger et M. Eccard, dont j'ai prononcé les noms, ou comme M. Fritz Kiener, auquel il faisait écrire une excellente étude sur « la Bourgeoisie alsacienne ». Dans les dernières années avant la guerre, on vit apparaître, à côté de la Revue, une autre publication, *les Cahiers alsaciens*, qui abordaient des questions de politique actuelle où était en jeu l'intérêt supérieur alsacien. Le docteur Dollinger y rédigeait, sous l'inspiration du docteur Bucher, des articles non signés qui donnaient le ton et la portée au recueil ; ils restent, notamment ceux qui furent écrits au moment de

(1) Je me permets de renvoyer, pour l'attitude de l'Alsace à cette époque, à mon article, « les Sentiments de l'Alsace » (*Correspondant*, 10 mars 1910).

l'affaire de Saverne, un document remarquable sur
l'état d'esprit de l'Alsace à la veille de la guerre.

Le docteur Bucher aura été surtout un merveilleux
inspirateur, un metteur en œuvre et un organisateur
incomparable. Il organisait, avec M. Léon Dollinger,
ce *Musée alsacien* qui, avec ses collections de meubles,
de costumes, d'objets de la vie familière, apportait
aussi un témoignage précieux et significatif pour l'individualité alsacienne. C'est lui qui soutenait et avait
en mains l'ensemble des œuvres qui assuraient, dans
cette individualité, le maintien de l'influence de la
France, de sa culture et de sa langue, conférences,
représentations dramatiques, cours populaires de français qui prenaient, sous son impulsion, une grande
extension. Il s'est occupé activement du monument
aux morts français de Wissembourg, dont l'érection
et l'inauguration, qui furent une date pour l'Alsace,
donnèrent lieu à de laborieuses négociations auxquelles
il fut étroitement mêlé. Et il s'appliquait avec un zèle
incessant à encadrer, à grouper, à réunir auprès de
lui les étudiants. A côté des œuvres à longue portée,
qui impliquaient des directions d'idées, il ne négligeait
pas de préparer des fêtes et des divertissements qui
avaient un sens et un intérêt pour le but qu'il visait
en Alsace.

Ce but, c'était de donner à la résistance de l'Alsace, sur le terrain qu'il était nécessaire d'adopter,
un cadre, des idées directrices, des organisations sur
quoi elle pût s'appuyer. Ce qui éclatait aux yeux, à
la veille de la guerre et dans les quelques années qui

l'ont précédée, celles qui vont de l'inauguration du monument de Wissembourg à l'affaire de Saverne, c'était la vitalité de l'Alsace. L'Alsace d'alors offrait aux visiteurs français qui savaient la voir un spectacle d'une émouvante beauté. Nous en reportons aujourd'hui quelque chose à la mémoire du docteur Pierre Bucher.

Le 30 juillet 1914, il réussissait à passer la frontière pour échapper aux Allemands et venir en France « faire la guerre ». Il la fit comme agent de liaison dans la deuxième entrée en Alsace, au centre d'informations de Réchésy qu'il organisa et dirigea, à l'ambassade de Berne, où l'envoyait, hors cadre, la confiance de M. Clemenceau. Le 20 novembre 1918, il réapparaissait à Strasbourg, en capitaine français, pour préparer l'entrée de Gouraud. Il s'installait à l'ancien hôtel du Statthalter, jadis la préfecture, qui allait devenir celui du Commissariat général. Il y fut avec M. Maringer ; il y fut davantage avec M. Millerand dont il semblait être un peu l'Éminence grise. Critiqué et discuté avant la guerre, il devait l'être plus encore quand on attribuait à son influence des décisions qui touchaient à des questions de personnes. Elles sont terribles en Alsace. Mais ce qu'il y a là-bas d'intéressant, ce qui reste émouvant, ce sont les questions d'idées. Français, que ferez-vous de l'Alsace? Les problèmes sont trop gros pour les effleurer ainsi (1),

---

(1) Et cela est d'autant plus inutile que *le Correspondant* a publié sur ces sujets des articles de M. le comte Jean de Pange qui sont excellents.

même sur la tombe du docteur Bucher. C'était toujours un plaisir attachant de l'entendre causer sur le
thème alsacien. Pour les choses d'Alsace, il aura rendu,
pendant ces deux ans, des services inappréciables.
Que d'autres il eût pu rendre encore ! Parmi ses
œuvres, anciennes ou nouvelles, il n'y en avait pas
de plus importante, avec toutes les questions que
pose l'avenir de l'Université de Strasbourg, que la
« Société des Amis de l'Université » qu'il avait mise
sur pied sous le patronage de M. Poincaré.

Je revois le docteur Pierre Bucher dans une journée
inoubliable, celle de l'inauguration de l'Université
française de Strasbourg, le 22 novembre 1919, premier
anniversaire de l'entrée des troupes de Gouraud, par
le président Raymond Poincaré. Celui-ci annonça
dans son discours qu'il prendrait la présidence de la
Société organisée par Bucher quand il aurait quitté
celle de la République. Et Bucher, au nom des anciens étudiants alsaciens-lorrains de l'Université allemande, en tenue de capitaine français, fit lui-même
un discours dont l'effet, pour ceux qui l'ont entendu
et qui connaissaient l'homme, était saisissant. Il y
disait ce qu'était, en regard de la France et de l'Allemagne, cette individualité alsacienne qu'il avait in-
carnée et contribué à former dans les années anté-
rieures à la guerre de 1914. Et dans l'Université
Empereur-Guillaume édifiée, au lendemain de la guerre
de 1870, pour germaniser l'Alsace, dans cet atrium
décoré, avec un goût français, d'une admirable série de
tapisseries louis-quatorziennes, devant cette magnifique

assistance où figuraient au premier rang les maréchaux vainqueurs, devant tous ces représentants
d'universités étrangères qui rendaient à Strasbourg
un hommage impressionnant, il était vraiment l'image
vivante de l'Alsacien qui a grandi entre les deux
guerres, tel que l'a façonné l'occupation allemande,
tel qu'il a su réagir contre elle vigoureusement, avec
la marque qu'elle lui a laissée et le caractère particulier qu'il s'est lui-même donné.

Dans l'histoire morale de l'Alsace et celle de ses
rapports avec la France, une place héroïque, une
place à part revient à l'Alsacien Pierre Bucher.

XXXVIII

La Revue hebdomadaire, 12 mars 1921.

> Tel qu'en lui-même enfin l'éternité le change.
> **MALLARMÉ.**

La vie, brève et remplie, du docteur Pierre Bucher, qui vient de mourir à Strasbourg, s'inscrit en une courbe d'une extraordinaire sûreté entre notre défaite de 1870 et notre victoire de 1918 ; cette vie dont nul autre intérêt que celui de la patrie française regrettée, désirée, atteinte, ne suscita la rare et mâle énergie.

Pierre Bucher était né à Guebwiller, au centre de la grande plaine alsacienne, au pied des Vosges boisées, en 1869. Dès sa plus petite enfance, le problème alsacien se posa pour ses parents et par conséquent pour lui ; car le traité de 1871 fut le signal de ces immenses émigrations alsaciennes vers la France, au cours desquelles des dizaines de milliers de familles quittèrent leur foyer pour ne pas accepter la nationalité allemande. Les parents du futur patriote alsacien restèrent sur leur sol ancestral, ce qui était l'une des deux formes, contradictoires en apparence, du même instinct patriotique. D'ailleurs, partir, pour bien des Alsaciens, c'était un luxe en plus d'une aventure.

Le père du docteur Bucher était un modeste chef d'usine, qui dirigeait à Guebwiller les ateliers de M. Schlumberger. En Alsace, pays de bonhomie et de fraternité, les différences sociales comptent peu. Et rien n'y est plus pittoresque que les mariages, parce que les noces rassemblent dans les cortèges bourgeois des parents de toutes provenances, sans que personne affecte d'être plus particulièrement bienveillant pour les plus humbles : « On sait qui on est » ; on danse, on est gai, et les sentiments sont communs à tout le monde, n'est-il pas vrai?

Mme Bucher, morte toute jeune, laissa à son fils et à sa fille le souvenir d'une femme affinée, très délicate de manières et de cœur. Elle manqua sans nul doute à leur éducation. Quelle mère tendre ne laisse dans une formation d'homme, en n'y coopérant pas, un vide à quoi rien ne supplée?

A vingt ans, Pierre Bucher était un jeune homme ardent et volontiers rêveur ; il y avait beaucoup en lui du « romantique attardé », et jusqu'à la mélancolie. L'ébranlement, le déséquilibre, causés aux Alsaciens par leur brutale transplantation en sol allemand, le laissaient désemparé. Il est très probable que, d'un côté et de l'autre des Vosges, un malaise analogue était ressenti, car la « génération de la défaite » n'avait pas grandi seulement en France ! Il est bien vraisemblable aussi que, si ce n'avait été sous l'influence de ces événements, Pierre Bucher fût resté un amateur, un « dilettante » comme on disait alors, un homme de goût, cultivé, mais inutile et sans but dans la vie. Sa propre nostalgie l'éclaira. Il ne connaissait pas la France, il n'y avait jamais fait même un voyage, et il la regrettait. Son atmosphère alsacienne, saturée d'attachement français, de souvenirs français, lui parut empoisonnée par la présence allemande.

Même les petits enfants, en Alsace, s'exaltaient à ces sentiments. Avions-nous idée, en France, à ce moment, qu'un petit garçon de onze ans, comme le fit un camarade d'école de Bucher, le fils d'un notaire de Guebwiller, pût, dans le délire de la fièvre typhoïde qui l'emportait, demander pour mourir un drapeau français, et, mourant, s'en envelopper avec extase, y crisper ses petits doigts?

C'étaient ces images, ces symboles, ces émotions, qui formaient l'atmosphère secrète de l'Alsace. Les uns s'en évadaient, les autres s'y enfonçaient avec une sensibilité ravie.

Pierre Bucher avait choisi comme profession la médecine. Au milieu de ses études, il fit son « volontariat » dans l'armée allemande, à Strasbourg. Il le fallait si l'on voulait demeurer Alsacien. Ici, on peut suivre les sentiments de l'étudiant dans le livre de M. Maurice Barrès, *Au service de l'Allemagne*, car le journal du volontaire Ehrmann résume les impressions de Pierre Bucher et peut-être ses notes personnelles. La veille du jour où l'on va se soumettre à la loi militaire allemande, la tentation est grande de passer la frontière. Mais ce serait un départ sans retour. On reste et l'on subit. Seulement, l'incompatibilité d'humeur entre Allemands et Alsaciens, pressentie jusque-là, se précise dans les rapports militaires. Si l'on veut savoir comment se forme un Alsacien irréductible, qu'on lui donne une famille et un entourage pétris de regrets et d'amour de la France, puis qu'on le mettre en contact avec les officiers, les sous-officiers et les camarades allemands, à la caserne. L'Alsacien sait alors à quoi s'en tenir. Sensible et obstiné, il devient un irréconciliable opposant, non par raison, mais par sentiment, ce qui est la seule manière imprescriptible de l'être.

Un peu plus tard, ayant continué ses études médicales par divers stages dans les Facultés allemandes et suisses, Pierre Bucher alla les achever à Paris, où il passa un an.

Dès ce moment, c'était la culture française qui, en France, l'attirait le plus. Il se lia à Paris avec des écrivains, des poètes, des artistes. Il les soignait souvent, s'attachant à améliorer leur condition physique comme si chacun d'eux représentait pour la France future un patrimoine.

Puis — et c'est le premier trait où sa singulière discipline de soi-même paraît — il sentit qu'il se plaisait *trop* à Paris, que son énergie risquait de s'y dissoudre ou de s'y disperser, que sa vraie vie devait être une existence de combat, que sa vraie place était en Alsace. Un jour, brusquement, et sans prévenir ses amis, il quitta Paris et revint se fixer à Strasbourg. Dans la même année, il épousa Mlle Amélie Haehl, fille d'un industriel de la Robertsau, sœur de l'un de ses amis les plus chers, nièce de ce docteur Sieffermann, député au Reichstag, qui « protesta » si ardemment toute sa vie contre la domination germanique. Elle était passionnément acquise à l'idée française en Alsace, et secondait son mari par un total dévouement à sa tâche.

Car c'était une tâche, définie et pourtant immense, que le docteur Bucher, devenu médecin à Strasbourg, entreprenait dès lors et n'abandonnait plus. L'exercice de sa profession, qui à lui seul eût pu l'occuper, car il eut vite une notable clientèle, locale et étrangère, servait aussi ses plans. En plus d'un moyen d'existence, et d'un moyen de pénétration dans tous les milieux, non seulement alsaciens, mais allemands, il y trouvait un moyen d'influence. Mêlant dans un accord serré son existence personnelle et sa vie de patriote militant, il arrivait à ne rien soustraire de son temps et des résultats de son activité, même professionnelle, à une lutte où il était tout entier engagé.

Cette période de dix-sept années, — 1897-1914 — où nous le voyons entrer, est évidemment la période centrale, capitale, de sa vie, celle dont les autres ne sont que la conséquence. Il n'est pas facile de faire saisir, à ceux qui n'ont pas vécu ces années d'entre deux guerres en Alsace, en quoi consistait au juste l'œuvre de ce jeune homme, d'abord isolé, en face d'un « fait accompli » énorme, fait que l'histoire avait peut-être enregistré, mais que la vie d'un petit peuple essayait en vain d'assimiler, contrainte entre la faim et le dégoût. Les Alsaciens du moment ne savaient pas toujours eux-mêmes définir leur état d'âme : comment saurions-nous nous le représenter exactement? Il y avait d'un côté la France, lieu de désirs et de regrets, source de vie, qui était loin. Il y avait l'Allemagne, pouvoir brutal, qui était là. Entre les deux, une Alsace gênée, mais vivante. Que fallait-il faire? Qu'importait-il de maintenir ou de susciter?

On peut avoir, moralement, le caractère vrai d'un pays sans en posséder les traits les plus apparents. L'Alsacien est plein de contrastes. Il est placide, mais malicieux ; candide, mais passionné ; discipliné, mais farouchement indépendant ; de mœurs douces et familiales, facile à vivre, mais fort fier et prompt à la révolte ; amateur de bien-être, mais au besoin désintéressé et disposé à l'héroïsme naturellement ; sérieux, mais aimant à la folie les fêtes et les plaisirs. De cette si jolie race, le docteur Bucher n'avait peut-être pas la placidité, la candeur, le goût de la prospérité, l'amour de la vie facile, mais il avait à merveille l'indépendance, la fierté, la passion, le désintéressement et le sens du plaisir, qui sont tout aussi « alsaciens ».

Ses compatriotes ne s'y trompaient pas. Les Français s'en étonnaient davantage. C'est que, dans le grand médaillier des provinces françaises, nous voyons généralement une Alsace plantureuse qui allie une certaine rudesse à beaucoup de bonhomie. Mais avons-nous considéré l'avers, plus rare, de la médaille, où s'inscrit le profil de beaucoup de jeunes hommes et de femmes d'Alsace, ce masque fin, serré et romantique?

Il ajoutait à ce caractère les traits individuels de sa nature, qui étaient la clairvoyance, l'acharnement, le soin méticuleux dans l'accomplissement des moindres tâches comme des plus grandes, enfin l'habileté. Ceci n'est peut-être plus du tout un trait alsacien, et c'est par quoi il dérouta souvent ses compatriotes. Cependant nulle qualité n'était plus nécessaire à son œuvre que celle-là.

Il se plaça, en effet, vis-à-vis des Allemands, non sur le terrain « français, » ce qui était impossible, non sur le terrain strictement « protestataire », c'est-à-dire négatif, qui était une attitude fière mais inefficace ; il se plaça sur le terrain « alsacien » ; et il réclama, pour ses compatriotes, la vie alsacienne, dans sa plénitude, avec toutes ses traditions et tous ses souvenirs.

D'une alacrité d'esprit exceptionnelle, le docteur Bucher veillait à tout. Il était dans l'ombre, mais à peu près rien de ce qui se passait en Alsace ne lui échappait. Partout, une action comme la sienne et celle de ses amis trouvait, il faut le dire, des points d'appui dans la merveilleuse fidélité alsacienne ; et de partout, des activités qui avaient coïncidé avec la sienne ou l'avaient devancée, s'y unissaient. Un délicat et résistant réseau de patriotisme se formait et, s'il s'y produisait des trous, si des « traîtres » rompaient la légère trame, après la tristesse des défections on la renouait.

Ce furent des réunions, des comités, des fêtes populaires, des remises d'étendards pacifiques, des banquets, des représentations théâtrales par des troupes de Paris : les Allemands accordaient cette liberté avec une parcimonie d'avares — deux, trois séances par année ; — des conférences françaises dans les grandes villes ; des confédérations d'étudiants (1) ; les « cours populaires de langue française » ; puis des fondations : celle de la *Revue alsacienne illustrée*, créée en 1899 par le peintre Charles Spindler, reprise en 1901 par le docteur Bucher, belle publication, dont le texte était rédigé partie en français, partie en allemand, et où paraissaient successivement toutes les richesses artistiques de l'Alsace (2), depuis les monuments et les œuvres d'art jusqu'aux bibelots populaires et aux costumes ; celle des *Cahiers alsaciens* qui, fondés en 1912 avec le concours du docteur Dollinger, à une époque où la réaction contre le germanisme envahissant devenait en Alsace particulièrement énergique, donnèrent à *la Revue* qu'ils complétaient une allure plus politique, une allure plus nationale encore, entretenant dans les esprits alsaciens cette conscience française dont trois ans plus tôt l'Alsace avait laissé éclater la force dans la cérémonie d'inauguration des monuments français de Wissembourg, à laquelle le docteur Bucher avait contribué plus que personne ; enfin, parmi d'autres formes « ondoyantes et diverses » d'une même action concertée et opiniâtre, la création du *Musée alsacien* établi quai Saint-Nicolas, où toutes

(1) L'*Association des étudiants* entre autres, si ardente qu'elle fut dissoute par les autorités allemandes en 1911.

(2) Les bibliothèques officielles françaises ne s'abonnèrent point à cette publication ; on ne la trouve même pas aux Arts décoratifs... Seuls des particuliers en possèdent la collection.

sortes d'objets alsaciens charmants sont réunis dans un cadre authentique : accessoires de la vie alsacienne, souvenirs évocateurs de toutes ses traditions et de toutes ses piétés. N'y voit-on pas, par exemple, ces délicieuses images militaires, portraits naïfs, peints à la gouache ou à l'aquarelle, des soldats qui faisaient leur « temps » dans les régiments éloignés, La Rochelle, Rennes, en 1820, 1830, 1850... ce beau cuirassier qui se fit peindre pour sa famille avec toute son armure, devant la caserne du quartier de cavalerie ; ce marin qui se fit représenter devant la mer bleue où sa belle frégate danse sur les vagues...

*
* *

Les Allemands toléraient. Mais ils tenaient le docteur Bucher pour fort suspect. Le voyant décoré par le gouvernement français de la Légion d'honneur, ils le dénigraient, le prétendant à sa solde. Mais on ne le prenait en faute sur aucun terrain. Depuis le jour où, figurant pour la première fois dans une commission d'Allemands et d'Alsaciens statuant sur l'aménagement de la ville de Strasbourg, il avait laissé son nom sans réponse parce qu'on l'avait appelé à l'allemande *Doktor Bouhreur* et que, interpellé directement, il avait riposté avec une violence froide qu'il n'entendait pas porter son nom autrement que comme son père l'avait porté, il avait donné de lui-même aux Allemands une idée d'entêtement et d'urbanité qui les amena à composer assez fréquemment avec lui.

Parfois, devenu une sorte de personnage public à Strasbourg comme directeur de la *Revue* et du *Musée*, on lui envoyait officieusement des visiteurs allemands de marque. Il les endoctrinait. Rien ne l'amusait comme leurs bévues. On ne peut pas dire qu'il les connût bien. Connaît-on bien ses ennemis? Mais il savait les prendre dans la discussion ou la conversation. Le docteur Bucher n'avait ni le don de l'éloquence, ni celui de l'écriture. L'expression publique de sa pensée était loin d'être son meilleur moyen d'action. Mais il excellait dans la conversation tête à tête, dans la prise de possession lente et circonspecte de l'esprit d'un adversaire ou d'un indifférent. Le feu dont il était animé se communiquait alors à ses interlocuteurs. Et il mettait, à les « retourner », tout le temps, toute la peine dont il les jugeait dignes. Il les leur donnait même au delà de leurs mérites, bien souvent.

Les Allemands ne savaient pas bien de quelle manière le docteur Bucher était leur ennemi, mais ils le savaient ennemi. Lors de la préparation immédiate de la guerre, ils prirent des mesures pour s'assurer de sa personne. Et comme ils ne le trouvèrent pas, parce qu'il était passé en France, ils le condamnèrent à mort et vendirent ses biens.

Vis-à-vis des Français, de ceux qu'il voyait à Paris ou de ceux qui faisaient le triste voyage d'Alsace, il suivait un travail parallèle de confidence et de persuasion. Il devint pour un certain nombre de Français le symbole vivant de l'idée alsacienne, et sa revendication acquit pour eux, outre la force dynamique qu'ils lui reconnaissaient, une valeur de poésie. La plupart des livres écrits sur l'Alsace pendant cette période furent composés d'après une documentation fournie par le docteur Bucher. M. René Bazin le rencontra en 1898, M. Maurice Barrès en 1899. Comme on le sait, deux grands romans, *les Oberlé* et *Au service de l'Allemagne*, sortirent de ces pèlerinages alsaciens. Ce fut encore le docteur Bucher qui renseigna M. René Bazin sur la situation et les sentiments des Alsaciens pendant la guerre, lorsque celui-ci composa *les Nouveaux Oberlé*.

A tous, le docteur Bucher montrait ce qui ne peut manquer de nous toucher profondément : l'image de la France gravée en des cœurs fidèles. Sa propre passion attisait en eux ce feu dont ils ne savaient pas eux-mêmes qu'ils brûlaient. L'Alsace, à travers cet amour des exilés, leur devenait un miroir ardent, où la France apparaissait dans toute sa beauté, avec des vertus et des puissances plus grandes qu'ils n'osaient les voir. Pierre Bucher disait souvent : « Périsse l'Alsace pourvu que la France vive ! » car ce n'était pas pour sa province qu'il travaillait. C'était pour la France. Quelle confiance il eut en elle ! Quelle foi en elle ! Tout ce qu'elle faisait était beau ou justifiable, et la joie même de la servir était plus qu'une récompense, c'était la seule manière possible de vivre. « Souvent, racontait le docteur Bucher, nos visiteurs français ne nous comprenaient guère. Écrivain, homme d'affaires, député (seuls les militaires nous comprenaient parfaitement), l'homme venu de Paris et qui repartait pour Paris, après deux jours passés à Strasbourg, s'entretenait avec moi pendant cette dernière heure qui précédait celle du train de nuit. Dans mon cabinet, lumières basses, je lui redisais ce que nous faisions, je tâchais de le faire pénétrer plus avant dans notre tâche... Il m'écoutait, puis, on peut dire, infailliblement, il me posait à la fin cette question : « Mais enfin, où voulez-vous en venir? La France ne fera pas la guerre pour reprendre l'Alsace! Alors? » A chaque fois que ces mots m'étaient dits, j'avoue que je ressentais le même découragement. Je leur répondais ce qu'ils pouvaient encore moins comprendre que tout le reste : « Que voulez-vous? Il nous faut la France ! Advienne que pourra ; nous la désirons, comme on respire... »

Vinrent les temps où la France allait à la fois décevoir ces rêves et pourtant les combler.

****

Lorsque les grands événements, que personne ne pouvait prévoir ou diriger, arrivent à coïncider dans une vie avec la maturité, la saturation de tout ce qui pouvait les préparer ou les attendre, la destinée a l'air d'une passionnante aventure, d'un roman. La guerre éclatait ; les Alsaciens suspects étaient fort menacés ; beaucoup d'entre ceux-là ne purent échapper à l'emprisonnement et à la déportation ; le docteur Bucher, prévenu à temps par un Allemand à qui

il avait rendu service, put quitter l'Alsace le 30 juillet 1914 ; et quelques jours après il se retrouvait en
France, soldat français sous l'uniforme. Comme il
était médecin et cependant n'était pas inscrit au Service de Santé, comme d'ailleurs sa besogne allait être
toute militaire, on ne savait trop quel uniforme lui
donner. Il fut affublé d'une tunique « à brandebourgs
progressifs » comme il disait, et de la culotte noire à
bandes rouges qu'il avait réclamée. Cela faisait de
lui un *officier du génie* sans galons, et il était affecté
à l'armée du général Pau, qui l'envoya à travers les
« lignes » fort flottantes du sud de l'Alsace, reconnaître les abords d'Altkirch, puis un passage possible du Rhin. L'uniforme à brandebourgs le ravis-
sait. Élan merveilleux, pureté de ces premiers jours
de la guerre ! Chemin faisant, l'Alsacien dut, pour
défendre ses reconnaissances vers le Rhin, « assassiner »
suivant son expression, deux ou trois Allemands. Et
cette nécessité lui fut très désagréable. Il faut tout
noter. Peut-être, à côtoyer si souvent l'ennemi, perd-
on le sens physique de la haine. Au bout de trois mois
de ce genre de lutte, les fronts se stabilisant, il parut
opportun d'organiser méthodiquement les travaux
de renseignements, de les étendre, et le service de
Belfort, organisé avant la guerre et dirigé par le commandant Andlauer, reçut une annexe, que l'on situa
à Réchésy.

Tout petit village à l'angle des frontières. A 3 kilomètres, à l'est, l'extrémité du front français. A 3 kilomètres au sud, la croisée des chemins. Une imaginaire

étoile à trois branches, dont le centre est une borne : ici France (territoire de Belfort) ; ici Reischland (dont nous tenions un coin) ; ici Suisse. Par-dessus les grands bois tout proches, des oiseaux de bombardement ou de reconnaissance s'égaraient, ne distinguant pas la frontière, et les canons helvétiques saisissaient tout prétexte pour exercer leur tir. Parfois dans les mêmes bois, un transfuge des armées adverses se cachait, se traînant jusqu'au village. Si d'aventure c'était un authentique déserteur alsacien, quelle chaleur d'accueil l'entourait, au sortir de l'interrogatoire !

Le général Mangin a exposé dans son dernier livre quelle fut la besogne technique de Réchésy et les services que put rendre ce bureau. A travers le centre de Belfort, on y dépendait directement du Grand Quartier général. C'était à la fois un office d'informations et d'investigations. Du dépouillement de la presse allemande, qui arrivait quotidiennement, en quelques heures, par automobile, d'un centre suisse ; du recoupement des renseignements militaires procurés par moyens habituels à ces sortes de services, les missions à longue portée, accomplies par des Français et par des neutres en terre ennemie, on recueillait et on centralisait tout ce qui pouvait aider les chefs de l'armée à connaître l'état de l'adversaire. D'autres bureaux travaillaient au même but ; celui de Réchésy fut un des plus complets comme documentation générale. On y respirait une atmosphère de confiance presque fascinante sur l'issue heureuse de la guerre. Le point de vue économique fut étudié à Réchésy avec une particulière largeur d'information ; ce fut là parfois que se révéla le degré exact de tension de l'organisme malade du Reich. Un énorme labeur était produit dans ce groupe de militaires sous l'impulsion affectueuse, mais exigeante, de son chef. Toujours en éveil, méthodique, acharné, ne laissant pas au hasard le moindre détail, il menait sa petite Thébaïde. La maison était une charmante demeure du dix-huitième siècle, les militaires y avaient des lettres — c'étaient M. André Hallays, M. Jean Schlumberger, M. Pierre Hepp — mais on y travaillait sans aucun répit, et les conversations même des repas servaient à la mise en commun des « documents ». Le docteur Bucher était devenu régulièrement médecin de troisième, puis de deuxième classe ; il soignait, par goût et par bonté, es gens du petit village. C'était son seul loisir. On avait peu de permissions ; lui-même n'en prenait pas. C'est que l'ascétisme faisait partie de son éthique de guerre. Et ses collaborateurs se sont parfois amusés de sa sincère indignation lorsqu'il lui arrivait de rencontrer, en pleine guerre, des officiers « qui songeaient encore à la dot de leurs filles ».

Certaines choses de France contrariaient son culte, et, si on les signale ici, c'est que, chez ce clairvoyant, ces chocs n'étaient que le prélude de ceux qu'auraient un jour à ressentir tous les Alsaciens, lorsqu'ils reprendraient contact avec la mère patrie. Il enregistrait quatre ans à l'avance certaines désillusions touchant les administrations françaises, l'éparpillement du pouvoir, le manque de plan dans les directions, la lenteur effarante des bureaux, le gaspillage et le laisser-aller de toutes choses. On sait combien, quatre ans plus tard, les conséquences de ces graves défauts du pouvoir et du caractère français devaient créer de difficultés, de malentendus, d'entraves, dans la réadaptation à notre régime de l'Alsace et de la Lorraine.

Le docteur Bucher passa la dernière année de la guerre à Berne, où M. Clemenceau, qui avait personnellement apprécié ses services, lors d'un travail spécial que le docteur Bucher eut à faire sous sa direction au ministère de la Guerre, lui avait demandé de se rendre auprès de M. Dutasta, ambassadeur. C'était, en bien des points, la continuation des investigations de Réchésy, qu'il y poursuivait. Mais le rapport avec l'Allemagne et l'Autriche y était plus serré, on entendait mieux encore les soudains déclanchements du grand organisme allemand dont les rouages se faussaient les uns après les autres, tandis que l'engrenage de nos armées acquérait de jour en jour une force plus grande. Si peu que ce fût, contribuer à faire s'engrener avec précision l'instrument formidable des Alliés sur l'outil déréglé des Empires centraux fut la suprême satisfaction des services français d'information en Suisse.

Sitôt que l'armistice eut porté ses fruits en Alsace, dans la hâte et l'ivresse des rêves inouïs réalisés, le docteur Bucher partit en automobile pour Mulhouse avec deux autres officiers et entra, premier, dans ce tourbillon et ce délire de la ville alsacienne retrouvant les Français, des Français d'Alsace acclamant leur patrie libérée. On ne peut pas dire ce que furent ces heures, pleines comme la coupe qui saurait contenir toute une vie. On passait de maison en maison, porté en triomphe, embrassé, nourri, dans une débauche de paroles merveilleuses et de pleurs.

La première nuit qu'il put aller coucher à Strasbourg, le docteur Bucher logea dans sa rue, la rue Brûlée, mais non dans sa maison. Il avait pris gîte dans l'ancien palais du Statthalter, future résidence des Hauts-Commissaires, préfecture d'autrefois. Et là, il fut, le premier jour, servi par quatre domestiques allemands demeurés au palais. Empressés et ingénieux, chacun lui porta, le premier matin, quelque objet de déjeuner ou de toilette, excepté le dernier, qui tenait avec délicatesse, pour le plaisir de cet officier français, un petit bouquet tricolore...

Rentrant définitivement en Alsace, le docteur Bucher voulut formellement y tenir une place active, prépondérante au besoin dans l'influence et le conseil, mais sans honneurs personnels. Son détachement des choses matérielles avait été mis à l'épreuve par la confiscation et la vente aux enchères de tout ce qu'il possédait. Or, il possédait de rares et beaux objets, réunis dans les appartements du vieil hôtel de Marmoutier. Il fut sensible à la démarche que fit une délégation de tous les partis politiques de la ville pour le prier d'accepter la candidature à la mairie de Strasbourg. Mais il refusa l'offre. Il resta conseiller municipal. Au Commissariat, il eut longtemps une situation à part. Il était le collaborateur officieux de l'assimilation de l'Alsace à la France. M. Millerand le garda près de lui comme conseiller, comme confident, et lui donna, outre son estime et sa confiance, une vive affection dont le Président de la République témoigna lors de la mort du docteur Bucher.

La tâche, de nouveau, s'ouvrait immense ; et dans la mesure, considérable d'ailleurs, où il se sentait un instrument efficace de liaison, d'accord, d'accommodement, il pliait son essentielle nature de soldat, de serviteur héroïque, à cette nouvelle forme d'une œuvre dont le but n'avait pas varié. Il reprenait le long labeur, dont la base cette fois n'était plus, grâce à Dieu, une nostalgie, mais une joyeuse et superbe réalité. L'Alsace était française de droit et de cœur. Il fallait aider à ce qu'elle le devînt de fait. Ne désirant rien, ne demandant et n'attendant rien, il ne donnait pas plus que jadis prise à l'envie. Pourtant sa situation morale était considérable. Français et Alsaciens sentaient de plus en plus nettement la noblesse de son attitude, en même temps qu'ils lui étaient reconnaissants d'avoir été, quant à l'attachement de l'Alsace et de la France, un véridique prophète.

Il fonda successivement de vastes organisations de cours populaires de français et de cours du soir ; une société solide des *Amis de l'Université de Strasbourg,* l'œuvre du *Livre français,* différents *cercles de propagande,* un *Bulletin de la presse allemande,* enfin le journal hebdomadaire appelé *l'Alsace française,* dont huit numéros seulement ont paru. Il l'avait créé le Ier janvier 1921.

Fidèle à sa doctrine, à sa préférence, c'est par *l'esprit* qu'il s'efforçait de guider l'Alsace vers la France, par la culture, par l'école à tous ses degrés.

La vie reprenait et semblait s'établir. Mais à peine avait-il rebâti son foyer dévasté, accueilli un gendre, M. Jules-Albert Jaeger, propre à continuer son œuvre et à faire vivre au delà de lui-même son ardeur sans défaut, à peine avait-il porté à la lumière ce journal nouveau, dont il avait longtemps mûri l'idée et souhaité la vie, que l'hôte importun rompait la courbe, à l'endroit même où elle retombait sur sa parallèle de départ et semblait pouvoir devenir une ligne droite, apaisée, sûre.

D'une blessure à la tête occasionnée par un accident d'automobile, pendant la guerre, en septembre 1917, alors qu'il allait porter à l'état-major anglais des rapports qu'on lui demandait d'urgence et en exposer la conclusion au maréchal Wilson, le docteur Bucher avait gardé une cicatrice profonde.

Un an plus tard, après une période d'intense surmenage, l'hémorragie intérieure qui s'était produite alors causa de graves troubles de la vue qui inquiétèrent son médecin et lui-même. Au mois de janvier dernier, venant à souffrir de nouveau de la région lésée, il fit ouvrir cette cicatrice. Une infection violente et vite généralisée se produisit alors, et après de longues souffrances, de pénibles et inutiles interventions chirurgicales, les siens eurent la douleur de le voir mourir, le 15 février, laissant devant lui une grande tâche, à laquelle il manquera plus qu'on ne le suppose encore.

Mais il aimait hautainement la perfection, et la justesse de sa destinée eut le caractère même qu'il imposait à sa vie : nulle douceur superflue ! la rigueur de toute œuvre d'art.

Peu à peu, ses contemporains, ses compatriotes, ceux à qui il a demandé avec cette pitoyable soif de vie des mourants de « prolonger » ses desseins, verront de plus en plus clairement ce caractère et cette vie se dégager pour eux des événements exceptionnels qu'il traversa, et souscriront au jugement de M. Maurice Barrès, qui fut applaudi de toute la Chambre des députés le 22 février : il fut « justement respecté de tous, et l'histoire enregistrera qu'il a rendu de grands services à la France. »

Il eut des ennemis. Il a des amis. Parmi ceux qui le connurent bien, et l'aimèrent, il y eut des hommes comme le grand Mistral, M. Clemenceau, le général de Castelnau, M. Millerand. Peut-être celui-ci, le soir de ce 15 février où, dans la journée, il avait reçu la nouvelle qu'il a appelée dans un télégramme « l'affreuse nouvelle » et qui lui arracha des larmes, songea-t-il, en voyant la scène de l'Opéra s'ouvrir sur le décor du Vieux-Strasbourg que traversaient les gloires militaires de la France, à l'ami disparu qui, en novembre 1918, avait organisé ce prodigieux défilé dansant de l'Alsace pour l'entrée du Gouvernement à Strasbourg. Trois jours après cette soirée de l'Opéra, toutes les rues de la grande et charmante cité, depuis la vieille cathédrale où avait eu lieu la cérémonie religieuse jusqu'au cimetière de la Robertsau où se fit l'inhumation, étaient

remplies d'une population recueillie et triste, au milieu
de laquelle passaient des chars de couronnes, des généraux, des soldats rendant les honneurs militaires, et
la dépouille du docteur Bucher. Cet hommage populaire l'eût, plus que tout autre, ému.

XXXIX

Benjamin VALLOTTON.
Gazette de Lausanne, 13 mars 1921.

On a dit ici même, en termes excellents, ce que fit
Pierre Bucher pour l'Alsace, pour la France, mais on
en peut parler encore, si extraordinaires furent la pro-
fondeur et le rayonnement de l'œuvre accomplie par
cet homme que l'on a pu définir : une admirable réussite humaine. Œuvre d'une plénitude, d'une unité
incomparable, toute d'énergie, de lucidité, d'élégante
précision.

Né à Guebwiller, au pied des Vosges, en 1869,
Bucher grandit dans sa province constamment bruta-
lisée par le vainqueur, douloureuse et nostalgique.
Plus il avance dans la vie, plus il se sent différent,
substantiellement différent de ceux qui n'ont que le
mot de force à la bouche. Taciturne, barricadé, le
jeune homme observe, réfléchit, cherche en tâtonnant
des raisons d'être, d'agir. Ses études de médecine terminées à Strasbourg, il se rend à Berlin, à Paris, en
quête d'une patrie. Il compare. Des voix montent du
passé qui parlent à son cœur, à son intelligence. Et il
choisit. D'un côté, le génie de l'organisation, le mépris

de la faiblesse, une puissance toute matérielle et pro-
vocante, des palais aux lourdes façades, les statues
des grands hommes aux poings ramassés sur la coquille
de l'épée ; de l'autre, un désordre apparent, un indi-
vidualisme excessif, mais une civilisation raffinée, la
passion de l'idée, des enthousiasmes montant comme
des flammes, et dans les hommes comme dans les monuments le délicat résumé d'une merveilleuse histoire,
le sens des proportions, de l'équilibre, le goût, une
ardeur généreuse et sobre.

De retour à Strasbourg où il pratique la médecine,
sous les yeux des maîtres, Bucher entreprend de galva-
niser sa province qui s'use, qui s'ankylose dans une
résistance apparemment désespérée. Il entend lui
révéler son âme, l'abreuver aux sources tradition-
nelles, l'armer pour la lutte de demain, de toujours
peut-être, la rendre si consciente que nulle force au
monde ne puisse l'enchaîner.

Dès 1901, Bucher prend la direction de la *Revue
alsacienne illustrée* fondée peu auparavant par Spindler.
« Il faut que nos raisons d'aimer notre terre et nos
morts nous soient intelligibles. Nous voulons dégager
dans le passé tout ce qui mérite d'être prolongé. Nous
voulons signaler tout ce qui fait partie de l'Alsace
éternelle. Notre revue contribuera à maintenir une
conscience alsacienne ; elle inspirera, vérifiera, réveil-
lera nos énergies essentielles. » Peu après, en collaboration avec le docteur Dollinger, voici les *Cahiers
alsaciens*, puis les *Conférences*, les *Cours populaires de
langue française*, le *Musée alsacien*, un chef-d'œuvre

d'évocation, de sûreté dans le goût où l'intuition de l'artiste rejoint la précision de l'historien ; là, sans paroles, sans provocations inutiles, en défilant simplement devant ses costumes, ses meubles, ses reliques, ses drapeaux, l'Alsace annexée apprend les siècles de son histoire française. Et tant d'autres œuvres ! Elles naissent sans cesse, ici, là, partout ; mais toutes plongent leurs racines dans le cœur de Bucher. Aussi têtu que diplomate, contrecarré en mille manières par l'administration germanique, le jeune médecin triomphe de tous les obstacles ; il forme des disciples ; il suscite des apôtres de l'idée ; il souffle sur les cendres jusqu'à ce qu'il en jaillisse une flamme claire.

Parallèlement, il faut rester en contact avec la pensée française ; il faut entretenir là-bas la force des espoirs secrets ; il faut conseiller ceux dont la mission est de parler ou d'écrire, et stimuler les courages défaillants et calmer aussi les ardeurs intempestives. Depuis vingt-cinq ans, il n'a pas été écrit un seul livre sur l'Alsace dont Bucher n'ait été l'animateur, le génie caché. Paul Ehrmann, le héros de Barrès, n'est autre que Pierre Bucher. On le retrouve tout entier dans ces pages brûlantes de passion. « Pourquoi diable, lui dit-on, restez-vous en Alsace où vous devez souffrir ? » Ehrmann répond : « Je suis un héritier. Je n'ai ni l'envie, ni le droit d'abandonner des richesses déjà créées. Ici, je suis assailli par des discours qui sortent de la terre... Ici, je suis à ma place. Mon pays est un champ d'activité à ma taille. »

Certes ! Ce champ, face à l'ennemi, avec un enthousiasme qui va croissant, Bucher le fouille et le féconde. Les grains jetés dans le sillon natal par ce semeur infatigable donneront la moisson des temps qui *doivent* venir. Car Bucher est un voyant. Alors que tant d'autres renoncent, doutent, objectent, il garde la foi. Mais ce mystique de l'idée alsacienne est trop clairvoyant, a une vision trop aiguë des réalités pour rien laisser au hasard. Pour réussir, il faut vouloir. Patiemment, il prépare les cadres spirituels des troupes qui se lèveront demain, il devine, il suggère, il noue des fils, il besogne avec toutes les forces de son âme tumultueuse et de son intelligence froide. A l'heure difficile entre toutes, grise, vide, lente, où il semble fou de se mesurer avec la force prussienne, par un don de suggestion, de séduction magnétique qui vient du son de sa voix, du feu de son regard, de sa physionomie de Mistral alsacien, de son imperturbable sang-froid, de la puissance dominatrice de ses vues sur les gens et les choses, Bucher tient l'ennemi à distance. Nul n'ose porter la main sur ce chef.

La veillée de la guerre... La moisson? Bientôt. En attendant, plus que jamais, il faut agir. Averti de son arrestation imminente par un policier allemand dont il avait sauvé l'enfant gravement malade, Bucher gagne la Suisse, puis rentre en Alsace pour avertir ses amis de la vallée de Guebwiller. Cent fois il risque de se faire fusiller avant de repasser la frontière sous un déguisement. Et le voici dans l'état-major du général Pau, puis à Réchésy où il groupe des intellectuels particulièrement au courant des choses d'Alle-

magne ; là, il centralise les renseignements militaires,
économiques, politiques ; il voit le détail et l'ensemble ;
il interprète les documents, habile à en dégager le
sens caché et la signification pratique. Ses bulletins,
envoyés au Grand Quartier, sont une mise au point
définitive. Dès le début il affirme que la guerre sera
longue, mais il dit aussi avec une force impression-
nante les raisons qui amèneront la chute du colosse,
où et comment il faut frapper. « On contera quelque
jour, a-t-on pu dire sur la tombe de Bucher, comment
les renseignements précis qu'il apporta sur les intentions de Ludendorff, eurent, à la mi-juillet 1918, une
influence décisive sur la victoire française. »

Durant les derniers mois de la guerre, envoyé par
M. Clemenceau à Berne, auprès de l'ambassadeur de
France, Bucher observe les symptômes de la débâcle,
les soubresauts de l'agonie germanique, jour et nuit
sur la brèche, fournissant une somme de travail prodigieuse. Ami de notre pays, il le défend à l'occasion,
il explique ses difficultés, ses intérêts si divers. Il
nous disait un jour : « Je sais ce que les Suisses ont
fait pour Strasbourg en 1870. Mon ambition est de le
leur rendre, au moins un peu. » Et il contait volontiers une anecdote savoureuse. Se trouvant un jour
dans un tramway où un paysan bernois parlait de la
neutralité : « Vous êtes neutre? Qu'entendez-vous par
là? » demanda Bucher dans le dialecte qu'il parlait à
merveille. « Oui, je suis neutre, répliqua le paysan
bernois. Ça veut dire que ça m'est tout à fait égal
de savoir qui fichera la pile aux Schwobs. Pourvu

qu'on la leur fiche ! » Servie au bon moment, devant les puissants du jour, cette anecdote nous a valu plus d'une sympathie.

Dès octobre 1918, Bucher écrivait à ses amis : « Nous fêterons la Noël à Strasbourg. » L'armistice le trouva prêt à de nouvelles tâches.

XL

Benjamin VALLOTTON.
Gazette de Lausanne, 14 mars 1921.

Le 20 novembre 1918, un capitaine français pénétrait dans Strasbourg dont les rues étaient encore encombrées par les régiments allemands en retraite. Il allait droit au palais que le Statthalter, en hâte, venait de quitter. Poussant la porte de la salle à manger où tant de fois Guillaume II avait levé son verre en l'honneur de son armée et menacé les Alsaciens de ses foudres, ce capitaine trouva les six domestiques mâles du Statthalter, debout sur des chaises, en train de recouvrir de toiles épaisses les tableaux des empereurs allemands alignés aux murailles. On ne pouvait être plus prévenant ! Devant l'officier ennemi soudain apparu, les larbins s'immobilisèrent, respectueux, soumis. Souriant, le capitaine prit possession du palais au nom de la République française. Prêts à servir le nouveau maître, les larbins saluèrent avec ensemble. « Ce jour-là, disait Bucher, j'ai connu la joie, la joie absolue. » Le lendemain, quand sonnèrent les clairons sur la place Kléber, tandis que le drapeau tricolore claquait au vent sur la flèche de la

cathédrale, Bucher, les yeux pleins de larmes, répétait
à ceux qui l'entouraient : « Je vous l'avais toujours
dit. Mais c'est trop beau, trop beau ! »

Un autre aurait joui de l'heure unique, aurait sollicité ou accepté un poste honorifique. Tout au devoir
nouveau, Bucher refuse de quitter Strasbourg pour
Paris.

Obstinément il décline les fonctions officielles qui,
si elles mettent un homme en vue, diminuent souvent
sa liberté d'action. Il veut servir le pays librement,
porter son effort ici ou là ; il veut être celui qui, dégagé
de toute hiérarchie, peut parler, critiquer, conseiller.
Sans tarder, M. Millerand, alors Commissaire général
de la République dans les provinces désannexées,
s'attache Bucher à titre encore plus amical qu'officiel ; il en fait l'agent de liaison entre l'Alsace et la
France. Chaque jour, pendant près d'un an, les Strasbourgeois ont vu M. Millerand et le docteur Bucher
discuter avec animation, au cours d'une promenade
matinale, les difficiles questions du moment. En outre,
Bucher crée ou anime les œuvres dont il s'est préoccupé dès le début de la guerre : les *Amis de l'Université*, le *Livre français*, les *Cours populaires*, la *Conférence au village*. Il suit de près, continuant les travaux de Réchésy, la publication du *Bulletin de la
presse allemande* où sont étudiées, sobrement commen-
tées par le professeur Vermeil, les variations de l'opinion germanique.

Il parcourt son Alsace, constituant des équipes de
collaborateurs, aplanissant les difficultés, multipliant

les associations consacrées au bien public, infatigable, vraiment extraordinaire, toujours maître de lui, un peu impénétrable, détesté par les ambitieux qui ne pouvant comprendre son total désintéressement lui prêtaient les intentions les plus machiavéliques, calomnié par les inconscients, indifférent à ces basses rumeurs, allant à sa besogne à grands pas décidés, toujours ruminant de nouveaux projets, en perpétuelle fermentation. Mais jamais de vaines théories : la vision des choses dans leur valeur présente, et en perspective, dans leur valeur pour demain, pour après.

En janvier 1921, Bucher avait fait paraître le premier numéro de *l'Alsace française*, sa création préférée. Avec son don des formules à l'emporte-pièce, il résumait son programme et sa volonté en quelques mots : « L'Alsace plus prospère par la France, la France plus forte par l'Alsace. » Tant d'autres projets, amorcés, ou en gestation ! « Il me faut dix ans, nous disait tout récemment Bucher, pour nouer la gerbe. »

Hélas ! Opéré à la tête dont il souffrait à la suite d'un accident survenu en service commandé, au cours de la guerre, atteint bientôt d'une septicémie qui infecta son organisme surmené, Bucher lutta pendant dix jours. Le médecin qu'il était sut bien vite la vérité. Les heures, chichement comptées, il fallait encore les employer utilement. Entre deux opérations, la poitrine oppressée, Bucher parla de ses projets, de sa revue, de l'Université, à mots brefs. Aux siens, un sourire. Et de nouveau le mot d'ordre. Jusqu'à la

minute où il glissa dans la mort, Bucher fut un chef
et un grand chef.

Ceux qui l'ont vu, couché dans son cercueil, ne
l'oublieront jamais : les mains jointes sur l'uniforme
des soldats de la patrie retrouvée, la physionomie
volontaire, le front large et beau sous les cheveux
d'un noir de jais, les yeux fermés sur une méditation
nouvelle. Et ils ont pleuré l'incomparable ami,
l'homme aux tendresses charmantes, à l'intelligence
géniale.

Le vendredi 18 février, suivi de ses amis, entre les
haies vivantes de la foule alsacienne, le grand patriote fut porté dans la cathédrale qu'il avait aimée
en artiste. Puis le cortège gagna le cimetière de la
Robertsau. Là fut lu le dernier adieu du Président de
la République à son collaborateur : « Le nom du docteur Bucher demeurera inséparable de l'histoire de
l'Alsace pendant ces vingt dernières années. Il a été
la conscience vivante des provinces obstinées à demeurer françaises sous le joug étranger. » Le Commissaire général, M. Alapetite, s'inclina devant la tombe.
« Heureux les morts, parce qu'ils reposent... Parole
cruelle et contre laquelle nous protestons si elle s'applique au soldat tombé sans avoir gagné la bataille,
dans le découragement du sacrifice inutile ; parole
apaisante, au contraire, s'il s'agit de l'homme qui a
réalisé son idéal et qui lègue à ceux qui lui succéderont
la citadelle dont la reprise avait été le rêve de sa vie. »
Maurice Barrès parla de l'homme, dit la merveilleuse
clarté « de cet esprit qui jamais ne sommeillait, qui

déploya son énergie dans un constant enthousiasme secret. Adieu, grand volontaire de la civilisation latine sur le Rhin ! » « Il prévoyait avec une parfaite lucidité, dit encore André Hallays, tous les problèmes moraux et politiques que devait poser le changement de régime et il indiquait comment, en quelques années, la France pourrait effacer jusqu'aux dernières traces de la domination allemande... Une imagination ardente, unie au sens pratique le plus avisé, lui défendait de méditer longtemps une idée sans concevoir la forme concrète sous laquelle il voulait la réaliser. »

D'autres voix retentirent encore, auxquelles des voix lointaines faisaient écho, celle d'André Lichtenberger : « Je ne pense pas avoir rencontré d'intelligence plus nette et plus compréhensive ni de volonté plus constante et plus tenace. Cet homme était une valeur incomparable. » Celle de Léon Daudet : « Pierre Bucher était un héros dans toute l'acception du terme. » Celle de Grumbach, un des chefs du parti socialiste alsacien : « Il en est si peu, à notre époque, qui, comme Bucher, se dévouent tout entiers à une cause. » D'une autre, enfin, cet éloge suprême : « Il était l'Alsacien le plus haï des Allemands. »

Quand le cercueil disparut dans la fosse, les drapeaux s'inclinèrent, tandis qu'une musique militaire jouait en sourdine. Derrière ses clairons et sa fanfare qu'entourait la foule alsacienne marchant au pas, le bataillon regagna la ville dont la cathédrale brillait dans le ciel clair. D'un geste de la main bien ouverte des gosses saluaient le drapeau. Et la terre tomba sur

celui qui avait besogné de toutes ses forces pour qu'il
en fût ainsi. Mais à travers cette barrière opaque, les
amis voyaient encore le grand Alsacien, calme, grave,
volontaire, les mains jointes sur le rêve réalisé de sa
vie. Ayant eu le privilège d'entrer dans son intimité,
de se nourrir de sa richesse spirituelle, ils s'éloignèrent
le cœur gonflé de tristesse, mais forts de cet exemple,
de cette fidélité, de cette surhumaine volonté.

RÉCHÉSY

Maison où, pendant la guerre, fut établi le service
dirigé par Pierre Bucher.

XLI

André HALLAYS.
Revue des Deux Mondes, 15 mars 1921.

En 1903 j'eus la curiosité de visiter l'Alsace. Il était
alors difficile aux Français de connaître l'état moral
des provinces annexées par l'Allemagne. Ceux qui
avaient passé la frontière depuis l'abrogation de la
dictature, avaient rapporté des impressions bien
diverses. Selon les uns, la germanisation était à peu
près consommée : déçus par les divisions intérieures
et la politique anticléricale de la France, épuisés par
une longue et vaine résistance, séduits par les bienfaits de l'Empire, les Alsaciens se résignaient à la
condition que leur avait faite le traité de Francfort.
D'autres affirmaient au contraire que les cœurs restaient fidèles à l'ancienne patrie, et que, sous le joug,
l'Alsace persévérait dans sa volonté de ne pas être
allemande : cette dernière opinion, M. René Bazin
venait de la confirmer dans *les Oberlé*. Lesquels croire?
On se le demandait avec angoisse, car de la réponse
à cette question dépendait tout l'avenir de la France.

Après m'être promené quelques jours à l'aventure
dans la Haute-Alsace, je débarquai à Strasbourg. Le
docteur Bucher, que je ne connaissais pas, m'attendait

215

sur le quai de la gare. Des Mulhousiens m'avaient affirmé qu'il serait pour moi le meilleur des guides, mais, lorsqu'ils avaient prononcé son nom, je m'étais représenté, je ne sais pourquoi, un vieux « protesta-taire », vénérable et barbu. J'avais devant moi un jeune homme à la tournure alerte et élégante, à la démarche élastique, l'air d'un sous-lieutenant de chas-seurs en civil : des yeux ardents et caressants trouaient un masque énergique, impérieux et délicat. « Monsieur votre père, lui dis-je, a été bien bon de vous envoyer à ma rencontre. » Il éclata de rire :« Mais c'est moi le docteur Bucher ! » Et nous partîmes ensemble à travers les rues de Strasbourg. Il me demanda quelles impressions je rapportais de mes premières journées ; il les confirma ou les rectifia d'un mot, puis m'établit le programme des promenades que je devais faire avec lui, les jours suivants. Nous allâmes donc en-semble à Sainte-Odile, au Hohkœnigsbourg, à Saverne. Chemin faisant, dans les sentiers des Vosges, il m'initia au passé, aux coutumes, à l'esprit de son pays. Il me conta sa jeunesse, non par besoin d'épan-chement, car il était sur lui-même très secret, mais afin d'illustrer par son propre exemple l'histoire morale des Alsaciens de son âge : il avait passé son enfance à Guebwiller, sa ville natale, et, dès le collège, s'était senti un étranger parmi les Allemands ; les brutalités de la police et les diatribes de ses maîtres pangerma-nistes avaient exaspéré en lui la haine héréditaire (1) ;

(1) Ces souvenirs d'enfance ont été rapportés par M. SCHURÉ dans l'*Alsace française* (1 vol. chez Perrin).

puis il avait fait ses études médicales à Strasbourg et les avait achevées à Paris ; la caserne allemande où il avait accompli son volontariat, le séjour à Paris, où il avait subi le prestige du goût français, le spectacle de l'Alsace décidément rebelle à la culture germanique, tout avait fortifié en lui le dessein de travailler pour l'Alsace et contre le germanisme. Puis il m'exposa l'œuvre qu'il avait entreprise avec quelques amis, et me mit sous les yeux cette magnifique *Revue alsacienne illustrée* qui, par la perfection de sa typographie et la beauté de ses gravures, témoignait déjà de la finesse et de l'originalité du goût alsacien. Cette publication qui, dans l'esprit de son fondateur M. Spindler, devait être un simple recueil artistique, était devenue, depuis deux ans, entre les mains de Bucher, un véritable instrument de combat ; ses articles, les uns en français, les autres en allemand, étaient, tous, destinés à renouer les traditions de l'Alsace, en montrant ce que, dans le présent comme dans le passé, sa civilisation et son art devaient au génie latin. Enfin par cent exemples tirés de l'histoire et des mœurs, il me fit voir que ceux-là calomniaient cruellement l'Alsace qui la disaient infidèle au souvenir de la France.

Quand je le quittai, je savais ce qu'il fallait penser de la germanisation des provinces annexées. J'étais tombé dans les rets du plus infatigable des chasseurs d'hommes. Bien d'autres, depuis, furent, comme moi, séduits, et captivés. Nul ne pouvait se dérober au charme de cette nature volontaire et persuasive.

I

Lorsque je fis la connaissance de Pierre Bucher, ses desseins s'étaient déjà précisés en quelques formules nettes et limpides. La *Revue alsacienne illustrée* résumait ainsi sa doctrine :

Il y a un bien-être physique et moral à se plonger dans son milieu naturel.

Et en effet, tous, nous sentons ce que nous voulons exprimer quand nous définissons l'un d'entre nous en disant : « C'est un vieil Alsacien ! C'est un type de la vieille Alsace ! » Et nous sentons également qu'un de nos compatriotes est diminué si l'on est amené à dire de lui en secouant la tête : « Ce n'est plus un Alsacien. »

Chez tous les Alsaciens, ce sentiment inné de pitié ancestrale et d'attachement au sol existe, mais c'est insuffisant de demeurer, vis-à-vis de l'Alsace, dans cette phase sentimentale : il faut que nos raisons d'aimer notre terre et nos morts nous soient tangibles, et il faut que nous comprenions de quelle manière nous pourrions le mieux dégager, maintenir et prolonger la tradition alsacienne.

...Nous voudrions surtout que, mieux renseigné sur sa nationalité, chaque fils d'Alsace contribuât plus sûrement à l'enrichir encore.

Car l'assertion qu'une chose est bonne et vraie a toujours besoin d'être prouvée par une réponse à cette question : « Par rapport à quoi cette chose est-elle bonne ou vraie? »

Les choses ne sont bonnes ou vraies pour les Alsaciens que si elles sont le développement d'un germe alsacien. Du moins, si elles ne sont pas le fruit de notre race, il faut qu'elles acceptent les conditions de notre climat moral ; oui, qu'elles se modifient, selon l'aspect, selon le climat, il n'y a pas d'autre mot, que nous ont fait des siècles de civilisation alsacienne...

On est frappé de l'accent *barrésien* de ces proposi-
tions. C'est qu'en vérité la thèse nationaliste de
M. Maurice Barrès s'accordait à merveille avec les
aspirations du jeune Alsacien. S'attacher à la terre
natale, continuer l'œuvre des morts, *s'enraciner,*
n'étaient-ce pas les objets que Bucher proposait à
ses compatriotes? Le hasard d'une rencontre mit un
jour l'Alsacien en présence du Lorrain : ils eurent vite
fait de ses comprendre et de s'aimer. En lisant et en
écoutant M. Maurice Barrès, Bucher vit plus clair
en lui-même et sut trouver ces brefs mots d'ordre sans
lesquels il est impossible de discipliner les imagina-
tions, de coordonner les volontés. En échange, il
fournit à Barrès la vivante matière d'un chef-d'œuvre.
Quand dans de longues promenades, sous les hêtres
et les sapins de la Hohenburg, il livra à son ami les
confidences d'Ehrmann, Alsacien au service de l'Alle
magne, et qui n'était autre que lui-même, il lui permit
de communiquer à une belle idéologie le frémissement
de la passion et de l'héroïsme. Tous deux savaient
très bien ce qu'ils se devaient l'un à l'autre.

Ce que voulaient dire Bucher et ses amis, quand ils
parlaient de fidélité au sol et aux morts, tous les Alsaciens l'avaient compris, beaucoup l'avaient approuvé,
du moins au fond du cœur. De cette « doctrine » dé-
coulaient deux conseils pratiques : 1º N'émigrez plus
en France, car votre nationalité déjà appauvrie est
maintenant en péril ; 2º Demeurez attachés aux traditions de l'ancienne Alsace, c'est-à-dire de l'Alsace
française. Un grand nombre de Français et surtout

d'Alsaciens passés en France depuis 1871, répugnaient à accepter la première de ces deux maximes. Bucher leur répondait : « Si quelque jour l'Alsace revient à la France, vous serez heureux de la retrouver peuplée de bons Alsaciens ; si elle reste rivée à l'Empire, est-il inutile au prestige de la France que votre langue continue d'être parlée et votre souvenir respecté de l'autre côté des Vosges? » Aux Alsaciens qui jugeaient ses efforts vains et dangereux, il se gardait de répondre et il continuait inlassablement son ouvrage.

Il publia la *Revue alsacienne illustrée* et lui adjoignit, quand il crut le moment venu d'une action directe, les *Cahiers alsaciens*. Il seconda toutes les tentatives des artistes alsaciens, pour s'affranchir des influences d'outre-Rhin. Il contribua à la fondation du *Musée alsacien* de Strasbourg où sont rassemblées avec un goût parfait toutes les reliques de la vie populaire et campagnarde. Il organisa des représentations théâtrales françaises et encouragea la création des « Cercles des Annales. » Il appela des conférenciers français et provoqua des expositions françaises. Il forma un « Cercle d'étudiants alsaciens », et quand celui-ci eut été dissous par les autorités allemandes, il groupa les « anciens étudiants. » Il élargit l'œuvre des *Cours populaires de langue française* fondée par Mlle Wust. Durant les dix années qui précédèrent la guerre, il ne perdit jamais une occasion de combattre le pangermanisme, de réveiller jusque dans les plus petites villes d'Alsace le goût des choses françaises.

On s'est souvent étonné qu'il ait pu mener un pareil combat sans encourir les rigueurs de la police allemande ; mais ce grand batailleur montrait le sang-froid et la prudence d'un politique consommé. Il avait à ses côtés des juristes qui savaient le Code, et ne risquait aucune manifestation, aucune publication, sans s'être assuré qu'il était dans la légalité ; s'il y avait un doute, il prenait les devants et prévenait de son projet l'administration allemande. Celle-ci hésitait, temporisait, mais Bucher tenait bon, et, de guerre lasse, pour éviter un mouvement d'opinion, les bureaucrates finissaient presque toujours par accorder l'autorisation que réclamait cet Alsacien tenace et courtois. S'il en résultait quelque scandale, la meute pangermaniste hurlait, mais le gouvernement du Reichsland l'invitait à se taire, sachant qu'à Berlin on redoutait, par-dessus tout, d'attirer l'attention publique sur les affaires d'Alsace-Lorraine : puisqu'il était officiellement convenu que la germanisation était acquise, il eût été fâcheux de révéler au monde entier qu'il y avait à Strasbourg un inextinguible foyer de mécontentement. Bucher savait la situation, et en jouait. On a parlé sans raison de sa souplesse et de ses ruses. Il se moquait de ceux qui lui prêtaient les allures d'un « conspirateur ». En réalité, il combattit toujours les Allemands à visage découvert. Il attendait beaucoup de leur coutumière sottise, il était rarement déçu.

Il ne fut pas seul dans le combat. Une partie du public le suivait ; une autre, la plus nombreuse, le regardait faire et comptait les coups en riant. Pour chacune des parties de sa tâche, Bucher trouva d'excellents et courageux collaborateurs ; il les entraîna, il leur communiqua sa flamme et sa persévérance. Il plaça chacun au poste où il pouvait le mieux servir. Sans lui, auraient-ils osé jouer la partie? On ne sait ; mais, sans eux, il ne l'eût jamais gagnée. M. Fernand Dollinger mit au service de la cause sa haute intelligence, sa vaste connaissance de l'histoire de l'Alsace, son dévouement silencieux et acharné. De jeunes Alsaciennes se donnèrent, — et avec quelle abnégation ! — à l'œuvre des cours populaires. Lors de la grande bataille pour l'enseignement du français dans les écoles, bataille qui passionna l'Alsace trois ans avant la guerre et où Hansi et M. l'abbé Wetterlé eurent l'impérissable honneur d'être condamnés par des tribunaux allemands, la *Revue alsacienne illustrée* publia une magnifique défense de la langue française par M. Eccard, avocat à Strasbourg, aujourd'hui sénateur du Bas-Rhin. Un professeur allemand de l'Université de Strasbourg, à demi Alsacien par ses goûts et ses amitiés, et qui prévoyait quelles suites aurait en Alsace le déchaînement de la folie pangermaniste, fut un des plus précieux auxiliaires de Bucher.

Ce fut en France même que Pierre Bucher remporta sa plus grande victoire.

Tous les Français venus en Alsace avant la guerre, journalistes, écrivains, hommes politiques, artistes, conférenciers, ont été ses hôtes ; tous ont été reçus

commes des amis dans le charmant logis de l'hôtel
de Marmoutier, et ils y ont goûté la bonne grâce de
l'accueil alsacien. Avec sa vive intuition des hommes,
il puisait dans son trésor d'anecdotes celles qu'il
jugeait les plus propres à toucher ou amuser son interlocuteur. De sa voix grave et ardente, il disait la ba-
lourdise des Allemands, la fidélité des Alsaciens. Par
une historiette gentiment contée il écartait l'objection qui ne s'était pas encore formulée, réfutait le
préjugé qu'il avait deviné. Il proposait — impérieusement — des programmes d'excursions. S'il le croyait
utile, il se transformait en cicerone : il connaissait tout
de son pays, l'âme et les mœurs, les monuments et les
paysages, les sentiers et les routes, les châteaux et
les auberges. Et toujours causant, battant le pavé de
Strasbourg ou escaladant les Vosges, il poursuivait
son but : conquérir un Français de plus à l'Alsace.
Qui saura le nombre d'études pittoresques ou historiques, de romans, de poèmes, d'articles de journaux
qui furent inspirés par lui? Quelquefois, sa pensée était
transmise à la France par des interprètes un peu trop
ignorants des vicissitudes de l'histoire alsacienne : il
ne s'en plaignait pas, car il voyait clairement l'opinion française sur les choses d'Alsace se modifier
d'année en année. Grâce à lui, à la veille de la guerre,
la légende de la germanisation était morte.

Cependant, en Alsace même, tout le monde ne partageait pas son « illusion patriotique ». Quelques-uns
nous avertissaient de nous méfier : « Cette fidélité
au souvenir de la France, disaient-ils, est le fait d'une

partie de la bourgeoisie. Le peuple tient à sa « petite patrie », et son particularisme qui, d'ailleurs, est un des traits du caractère national, a été largement développé par la maladresse des fonctionnaires prussiens, mais il demeure attaché à l'Empire qui lui a donné l'ordre et la richesse. Il a oublié la France, il l'ignore. » Mais, déjà, ces voix ne trouvaient plus d'écho chez nous. Bientôt, l'événement allait montrer que Bucher avait vu plus clair et plus loin que les sages. Avec une étonnante perspicacité, il avait discerné ce que recélait l'âme populaire et ce qu'elle ignorait elle-même. Que par son apostolat il ait fait lever quelques-uns des germes mystérieux laissés par l'hérédité au plus profond des consciences, c'est sa gloire ; mais admirons sa clairvoyance, plus encore que son action. Il avait deviné l'Alsace *française*, celle qui allait se révéler à elle-même au cours de la guerre, et saluer d'une clameur d'allégresse la défaite de l'Allemagne.

II

Quand l'affaire de Saverne eut jeté une aveuglante lumière sur la toute-puissance du parti pangermaniste, Pierre Bucher crut la guerre inévitable. Des voyages à Rome et à Vienne avaient alors élargi l'horizon de sa pensée. A la Robertsau, dans le salon de la comtesse de Pourtalès, il avait rencontré des hommes d'État informés de la situation de l'Europe. Il ne mettait pas en doute que cette guerre imminente ne dût se terminer par la libération de l'Alsace-Lorraine. Au printemps de 1914, il confiait à l'un de ses amis ses prévisions et ses espérances. Cependant, à la fin de juillet, quand éclata le conflit austro-serbe, il refusa de penser que l'Allemagne tenterait l'aventure dans des conditions diplomatiques aussi défavorables pour elle. D'ailleurs, à Strasbourg même, les officiers avaient reçu le mot d'ordre de rassurer la population en feignant de ne pas ajouter foi aux bruits de guerre.

Le 30 juillet, Bucher voit entrer chez lui un homme de police dont il a naguère soigné et sauvé la fille, et qui, par reconnaissance, le vient supplier de partir ; son nom figure sur la liste des suspects à incarcérer. Il remercie le policier, mais ne veut pas admettre que le péril soit aussi pressant. A cinq heures du soir l'homme revient : il n'y a plus une minute à perdre l'ordre d'arrestation sera exécuté dans la soirée. Bucher ferme sa valise et se dirige vers la gare. Il juge dangereux de passer par Avricourt où son signalement est peut-être déjà entre les mains de la police ; mieux vaut gagner la Suisse. Il débarque, dans la nuit, à la station-frontière de Saint-Louis au milieu d'une cohue de Suisses et d'Allemands pressés de rentrer chez eux. La foule s'écoule par un étroit passage entre deux gendarmes : il faut éviter à tout prix d'être reconnu. Il avise une Allemande affolée qui traîne un enfant en larmes, prend l'enfant dans ses bras, ordonne à la femme de marcher devant lui, puis se met à l'injurier dans le plus pur idiome de Berlin : les gendarmes sont

pleins de miséricorde pour ce Prussien mal embouché.
Ayant rendu l'enfant à sa mère, il traverse Bâle pour
rentrer en Alsace... Mais voici ce que, sept mois plus
tard, le 18 février 1915, il écrira à l'un de ses amis.

MON CHER AMI,

Pardonnez-moi de ne vous donner signe de vie qu'aujour-
d'hui, mais j'avais complètement interrompu toute corres-
pondance pour me consacrer exclusivement à la tâche qui
m'était prescrite. Voici brièvement mes tribulations : j'ai
quitté Strasbourg le 20 juillet, au moment d'être arrêté.
J'ai gagné la Suisse par le dernier train régulier, et, après des
péripéties tragi-comiques que je vous conterai, je suis rentré
en Alsace à pied, j'ai fait déserter des jeunes gens, et j'ai gagné
la France avec difficulté à travers le cordon des soldats allemands. Trains militaires jusqu'à Paris où j'ai été attaché à
l'armée du général Pau. Je me suis engagé et fait naturaliser
Français, j'ai été nommé adjudant et j'ai rendu quelques
services comme guide et informateur. Ainsi j'ai parcouru
toute la Haute-Alsace, souvent au delà des avant-postes,
quelquefois en missions téméraires. J'ai échappé deux fois
au trépas en tuant de mon revolver les Allemands qui me
poursuivaient. J'ai été jusqu'au Rhin ; j'ai été à Ensisheim,
souvent à Mulhouse ; j'ai bu à la France avec Hansi à
Turkheim ; je suis entré dans ma ville natale à Guebwiller
avec les premiers dragons.

Puis, après l'évacuation de l'Alsace, en août, j'ai été attaché
à la place de Belfort. J'ai été nommé sous-lieutenant et chef
de secteur du service des renseignements, d'abord à Thann où
j'ai pris part à tous les combats, puis à Massevaux ; enfin je
dirige le secteur de Massevaux à Pfetterhouse. J'ai sous mes
ordres Paul Acker (1) et quelques jeunes Alsaciens, tous de
vieilles familles, engagés et Français comme moi.

Nous assurons l'information, nous faisons des plans des
défenses allemandes, nous rédigeons des bulletins sur l'état

(1) Quelques mois après, il eut la douleur de voir Paul Acker
périr victime d'un lamentable accident.

militaire, moral, économique des Allemands. Enfin nous interrogeons les prisonniers et les déserteurs, et nous protégeons nos malheureux compatriotes contre l'incompréhension et les mépris souvent invraisemblables des chefs français.

L'Alsace n'a pas cessé de souffrir. Tiraillés en tous sens, ruinés, affamés, hébétés, nos pauvres Alsaciens ne savent ce que l'avenir leur réserve et gardent quand même, par miracle, la foi en notre victoire. Nous faisons l'impossible pour les renseigner, les soulager, les expliquer.

Après mon départ de Strasbourg, de nombreuses perquisitions ont été faites dans toute la maison, puis elle fut saccagée. J'ai subi deux condamnations, comme déserteur et pour haute trahison. Ma fortune, celle de ma femme et de mes filles confisquées. Ma belle-mère et mon beau-frère surveillés. On attend la mort de ma belle-mère pour confisquer l'héritage. Me voici nu comme un ver et réduit à ma solde. Tout cela, bien entendu, m'est indifférent. Je réalise le rêve de toute ma vie : être officier français. Je vis dans le bonheur, parce que je fais exactement la tâche qui me donne le plus de joie.

Après l'effrondrement de ma vie passée, elle n'avait plus grand sens. Si nous avions été battus, je me serais fait tuer. L'Alsace m'eût été fermée, et je n'ai pas de goût pour une existence de patriote honoraire en France.

Maintenant, mon devoir est tout tracé : préparer l'Alsace à redevenir française. Devoir simple et discret, tâche délicate et qui absorbera le reste de ma vie. A nos enfants ensuite de jouir du bonheur d'être Français.

Ma femme, le 22 juillet, était par hasard à Lyon. Elle y est restée avec les fillettes et dirige l'hôpital de l'Arbresle près de Lyon. Résignée tout à fait. Vous la connaissez, elle n'a pas eu une plainte. Mais je ne voudrais pas témoigner publiquement de mes fonctions françaises pour sauver, si possible, l'héritage de mes enfants. J'évite de fournir aux Allemands un nouvel argument dont ils puissent se servir contre la famille de ma femme. De là mon pseudonyme de B... J'ai réussi à empêcher jusqu'ici des notes saugrenues. Il sera toujours temps de les publier, quand on m'accusera d'avoir été tiède dans mon action en Alsace avant la guerre.

Notre armée active vaut mieux que l'allemande, notre

réserve se fait, notre territoriale ne vaut rien. Les Alleman[d]
ne sont ni minés, ni en famine, ni démunis militairement ; o[n]
exagère beaucoup. Ils s'usent très lentement. Les chefs de l[a]
pensée se sentent perdus, l'armée croit toujours à la victoir[e.]
Sans facteur nouveau, ce sera long et dur d'en avoir raison[.]
On a fait des gaffes nombreuses en Alsace, mais on s'appliqu[e]
à les corriger. Au fond le tact français s'en tire toujours aima[-]
blement....

Je me porte très bien. Un obus de 150 allemand n'a réuss[i]
qu'à me renverser...

J'ai voulu transcrire cette page d'une si poignante
simplicité. Nous savons maintenant dans quelles dispositions Pierre Bucher a revêtu l'uniforme français.

Le service qu'il dirigeait, était établi à Réchésy,
village situé à quatre kilomètres du front, au point où
se rencontraient autrefois les trois frontières, suisse,
française et allemande. C'était une annexe du service
des renseignements de Belfort, lequel dépendait
du G. Q. G. Dans l'été de 1915, Bucher développa
et organisa le bureau qui fonctionna jusqu'à la fin
de la guerre sous la même forme, avec les mêmes collaborateurs, tous officiers de complément. Son rôle
essentiel était d'informer le G. Q. G. de l'opinion allemande sur tous les événements militaires, politiques
et économiques. Une centaine de journaux et de revues
lui parvenaient chaque jour ; ils étaient immédiatement lus, traduits, et, accompagnés de brèves syn-
thèses, les principaux documents formaient la matière
de Bulletins qui, chaque soir, étaient expédiées
au G. Q. G.

Comment Bucher gouverna le temporel et le spirituel de la maison, comment il sut communiquer à ses compagnons, en même temps que son ardeur et sa foi, le goût d'un travail attentif et bien réglé, comment il les fit profiter de son expérience du germanisme, comment lui-même tirait des conclusions rapides et sûres des documents innombrables qui chaque jour passaient sous ses yeux, ceux qui l'ont vu à l'œuvre, jamais n'en perdront le souvenir. Il avait la passion de l'ordre et, malgré la haine implacable qu'il avait vouée à l'Allemagne, il ne cessait de louer sa faculté d'organisation. L'amour de la France ne l'empêchait pas de s'élever contre les incohérences et les improvisations.

A Réchésy, il continua cette manière d'apostolat grâce à laquelle il avait naguère converti tant de Français à la cause alsacienne. La jolie maison du dix-huitième siècle où étaient installés les bureaux du service a vu passer bien des visiteurs : des journalistes français ou étrangers, des écrivains en promenade sur le front, des administrateurs de l'Alsace occupée, des officiers dont les troupes étaient cantonnées dans la région. A ces hôtes de passage Bucher se gardait bien de prêcher l'optimisme, mais tous ses propos respiraient une inébranlable confiance dans la victoire. Par la sérénité de ses pronostics il stupéfiait et finalement réconfortait ceux qui arrivaient de l'intérieur angoissés ou sceptiques. Il réfutait brutalement les opinions trop souvent répandues sur le prochain épuisement de l'Allemagne ; mais, comme, dans la conversation, il glissait un tranquille : « Quand nous serons à Strasbourg... » les plus pusillanimes reprenaient courage.

Le thème sur lequel il revenait avec le plus d'insistance, c'était l'Alsace. Depuis le début de la guerre, il cherchait à défendre ses malheureux compatriotes contre le préjugé et la calomnie. On a vu ses premières plaintes dans la lettre que j'ai citée. Jamais il ne cessa de s'élever contre une funeste légende qui, née au début de la guerre, avait trouvé trop de crédit en France.

On racontait qu'au moment où nos soldats avaient, en août 1914, franchi la frontière, des Français avaient été surpris de la froideur et de la réserve des Alsaciens et qu'au moment où nous avions dû évacuer Mulhouse, des civils avaient tiré sur les troupes en retraite. Accusation absurde. C'était oublier qu'il y avait en Alsace-Lorraine quatre cent mille immigrés mêlés à la population indigène et prêts à toutes les délations, à tous les assassinats. Sachant combien la fortune des armes est changeante (l'événement l'a bien montré), certains Alsaciens devaient réprimer leurs véritables sentiments dans la crainte d'être dénoncés par les ennemis qui les entouraient et les surveillaient : était-ce à nous de leur reprocher leur prudence, quand nous savions de quel prix tant d'autres avaient payé leur joie téméraire? Quant aux civils qui, par le soupirail d'une cave ou à l'abri d'une haie, avaient fusillé nos soldats, leur nationalité n'était pas douteuse : avant de quitter les lieux, les autorités allemandes avaient prescrit aux fonctionnaires, no-

tamment aux forestiers, de rester sur place, de brûler
leurs uniformes et de garder leurs fusils. Ajoutez à
ces fables le préjugé populaire qui fait de la langue le
signe même de la nationalité : tout Alsacien qui ne
savait pas le français devenait un « boche » ; cependant à qui la faute si pendant quarante-quatre ans
on n'avait enseigné que l'allemand dans les écoles
d'Alsace? Et Bucher, avec une douloureuse obsti-
nation, opposait à cette légende l'attitude héroïque
de l'Alsace restée sous le joug allemand ; l'Allemagne
obligée d'envoyer sur le front russe les Alsaciens-
Lorrains de son armée pour leur épargner la tentation de passer à la France ; les conseils de guerre
extraordinaires institués dans toutes les grandes villes
afin de juger les personnes coupables de « sentiments
hostiles à l'Allemagne » ; les prisons encombrées de
braves gens appartenant à toutes les classes de la
société, ouvriers, bourgeois, prêtres, fonctionnaires,
qui payaient de leur liberté la joie d'avoir bafoué
l'oppresseur et souhaité sa défaite.

L'Alsace, jamais aucun de ses enfants ne l'a aimée
et défendue comme le fit Pierre Bucher durant les
quatre années de la guerre. Et il ne se contentait point
de parler, d'écrire, d'animer tous ses collaborateurs
du même zèle et de la même indignation. Il se préoccupait anxieusement du sort de tous ceux de ses compatriotes qui, las de servir dans l'armée allemande,
souhaitaient de redevenir Français, et risquaient la
mort pour franchir les fils de fer électrifiés tendus le
long de la frontière suisse.

On ne dira jamais assez la part que les Alsaciens ont eue dans la victoire de la France. Ce service des renseignements de Belfort, dont dépendait celui de Réchésy, a été le plus utile des auxiliaires du deuxième bureau du Grand Quartier. Or, l'officier qui, grâce à son intelligence, son caractère, sa puissance de travail, était parvenu à créer cet inestimable instrument d'information militaire, était Alsacien d'origine. Il avait su réunir une équipe d'Alsaciens qui, dans des postes secrets et périlleux, ne cessèrent de surveiller l'ennemi. C'est à eux que le haut commandement dut de connaître la date et l'heure d'un grand nombre des offensives de l'armée allemande, notamment de l'attaque du 15 juillet 1918.

Ces magnifiques services rendus par des Alsaciens à la France, Bucher les connaissait et les célébrait en toute occasion. Que de fois, depuis la paix, il s'est plu à les rappeler !

Lorsque M. Clemenceau eut pris le pouvoir, Bucher fut mandé à Paris. Le président du Conseil l'interrogea longuement sur la situation économique et politique de l'Allemagne. Frappé de la puissance de son esprit et de l'étendue de son savoir, il l'attacha à l'ambassade de Berne qu'il venait de confier à M. Dutasta. Le milieu diplomatique convenait mal à cet Alsacien épris de simplicité et d'indépendance, et qui redoutait toutes les servitudes, hormis la servitude militaire qu'il avait acceptée avec tant de joie. Cependant il eut vite fait de gagner la confiance de son chef, et, dans ce nouveau poste, il poursuivit l'enquête sur l'Allemagne qu'il menait depuis trois ans à Réchésy avec des collaborateurs de son choix. De Berne il put observer les progrès de la débâcle allemande.

Le 11 novembre, son rêve était accompli. Le 22 novembre, les soldats de Gouraud défilaient devant le Palais impérial de Strasbourg.

III

Placé par M. Clemenceau auprès de M. Maringer, haut commissaire de la République à Strasbourg, Bucher vécut ces journées inoubliables où l'Alsace célébra sa délivrance. Il n'avait jamais douté de son pays, mais cette explosion d'amour, de reconnaissance et d'enthousiasme dépassait tous ses espoirs. Il parcourait en riant les rues de sa ville retrouvée ; il embrassait les amis dont quatre années de guerre l'avaient séparé et qui parfois hésitaient à le reconnaître sous son uniforme bleu horizon, car les Allemands avaient annoncé sa mort ; il faisait aux Français les honneurs du palais du statthalter où le gouvernement de la France venait de s'installer ; il s'amusait de la surprise des soldats émerveillés du spectacle qu'offrait Strasbourg en liesse. Et le mâle visage de cet homme impassible se contractait pour cacher l'émotion dont son âme était transportée.

Sans tarder, il se remit à la tâche. Son labeur fut alors formidable et, à son grand désespoir, à peu près stérile. Son rôle était d'aider et d'éclairer l'administration française qui débarquait à Strasbourg. Ignorante des choses et des gens d'Alsace, elle s'imaginait, — le délire même de l'Alsace excusait un peu son erreur, — qu'on allait, avec des harangues sentimentales et des effusions patriotiques, résoudre tous les problèmes que posait cette brusque reprise par la France de deux provinces ayant vécu pendant près d'un demi-siècle sous le régime allemand.

Le délire se prolongea tout un mois. Quand MM. Poincaré et Clemenceau vinrent à Strasbourg et y reçurent l'hommage de l'Alsace (Bucher avait été l'ordonnateur de cette fête grandiose), ce fut comme un renouveau de l'enthousiasme qui avait salué la venue des armées de la République. Mais, dès la fin de décembre, il fut manifeste que le moment était venu de « gouverner. » Cette nécessité, Bucher l'avait sentie, dès le premier jour. Sans doute, à chaque difficulté nouvelle, on le consultait, mais on l'interrogeait beaucoup sur les personnes, et là-dessus il lui était impossible de donner son opinion sans risquer de compromettre son autorité et son crédit auprès de ses compatriotes ; quant aux questions d'ordre général, si par hasard on adoptait ses avis, les ridicules lenteurs de la machine administrative faisaient tout avorter : ce fut alors un terrible gâchis. Cependant personne à Strasbourg ne doutait de sa toute-puissance, on le traitait volontiers d' « Éminence grise », on lui imputait des bévues, des maladresses auxquelles il assistait, désarmé, impuissant.

Un jour, il crut de son devoir d'avertir M. Clemenceau ; pour éviter une catastrophe, il fallait changer les hommes, le régime et les méthodes. M. Clemenceau l'écouta. Ce fut M. Millerand qui, muni des pleins pouvoirs du gouvernement, vint à Strasbourg pour mettre de l'ordre dans les affaires de l'Alsace. On sait qu'il y a réussi.

M. Millerand témoigna à Bucher la confiance la plus affectueuse. Dans l'œuvre qu'il a accomplie à Strasbourg, il n'a jamais caché quelle part revient à ce « collaborateur incomparable. » De son côté, Bucher voua une amitié sans réserve au chef qui le mit à même de poursuivre son action française en Alsace.

Il ne s'est pas en effet contenté d'être le conseiller discret et avisé de la politique de la France à Strasbourg, il a voulu utiliser toutes les expériences de sa vie, créer des œuvres nouvelles qui fussent la suite de celles qu'il avait entreprises pendant et avant la guerre. Il les avait d'ailleurs, toutes, méditées et projetées à Réchésy, dans les brefs loisirs que lui laissait son écrasante besogne.

Il savait que, la paix conclue, la France aurait plus que jamais besoin de surveiller les événements d'Allemagne. Il avait donc élaboré le plan d'une revue spéciale qui, rédigée à Strasbourg, présenterait au public français tout ce que peuvent apprendre non seulement les journaux et les revues d'outre-Rhin, mais aussi des enquêtes approfondies conduites sur place. Le coût du papier l'obligea d'ajourner son projet : il fonda un *Bulletin de la presse allemande* où sont chaque jour résumés les principaux articles de journaux, **et** qui offre un tableau complet de la vie publique **en** Allemagne.

Il voulut aussi reprendre ce métier de propagandiste qu'il avait exercé autrefois avec une telle maîtrise. Il organisa des *Cours populaires* et l'œuvre du *Livre français* où de zélées collaboratrices l'aidaient à répandre dans toute l'Alsace des ouvrages français de science, d'histoire et de littérature. Mais la création à laquelle il donna la plus grande part de son activité, fut celle de la Société des Amis de l'Université de Strasbourg. Il jugeait nécessaire que la nouvelle Université française, si fortement constituée et si largement dotée par l'État, fût encore soutenue par une grande association. Celle-ci devait faire appel aux Alsaciens et à toute la France, l'éclat et la prospérité de l'Université de Strasbourg intéressant la nation. Il obtint de M. Millerand que le gouvernement assurât à la Société un riche patrimoine immobilier. Ensuite, il demanda à M. Raymond Poincaré d'en accepter la présidence, le jour où il quitterait l'Élysée. Quand M. Raymond Poincaré vint à Strasbourg pour inaugurer l'Université, il annonça, au cours d'une magnifique harangue, la fondation de la nouvelle Société et promit de la patronner. Bucher savait quelles garanties de succès apportait un tel concours ; mais, en même temps, quelle joie, quelle fierté pour ce patriote de voir son dévouement à la France reconnu, affirmé par le grand Français, qui avait « bien mérité de la patrie ! » Dès lors il s'ingénia, comme il savait le faire, à recruter des membres et à accroître les ressources de la Société. De tous les amis de l'Université, il n'y en a pas eu de plus fervent.

Il y a quelques mois, il quitta le poste qu'il occupait au commissariat général. Il pensa que, dans l'état où M. Millerand avait laissé les affaires d'Alsace, il pouvait sans inconvénient reprendre sa liberté afin de fonder une publication indépendante où il travaillerait, comme toujours, au bien de l'Alsace.

Les destinées de l'Alsace étant liées à celles de la France, leurs intérêts sont désormais confondus ; il ne saurait y avoir une politique alsacienne et une politique française : une telle dualité serait sacrilège. Les cœurs battent maintenant à l'unisson, mais il faut renouer le commerce des intelligences. Lorsque deux amis furent longtemps séparés, ils ont besoin de se regarder, de s'interroger pour retrouver les raisons de leur sympathie ancienne. C'était à cette mutuelle étude que Bucher entendait convier l'Alsace et la France.

Durant cinquante ans l'Alsace s'est fait de la France une image qui diffère quelque peu de la réalité : illusions de l'absence, mirages du souvenir, désir de créer une antithèse au germanisme. D'autre part, pour des causes à peu près semblables, le visage de l'Alsace s'est déformé dans l'imagination française, et surtout on a oublié, en France, que l'Alsace vient de passer un demi-siècle sous un régime allemand qui n'est pas sans avoir modifié les manières de penser et de vivre. Tâchons donc de nous accepter les uns les autres, tels

que nous sommes ; enrichissons-nous des enseignements que nous pouvons trouver, les Français en
Alsace, les Alsaciens en France ; efforçons-nous de
nous bien connaître. Que les Français écoutent les
voix venues d'Alsace, quand il s'agit des grands
problèmes de l'heure présente : exécution du traité
de Versailles, relations avec l'Allemagne, question
rhénane. Personne, et pour cause, ne connaît mieux
que l'Alsacien le tempérament, le caractère, les méthodes de l'Allemagne. Strasbourg doit être désormais notre « poste d'écoute ». En outre, il existe en
Alsace des institutions et des coutumes régionales
dont la France peut faire son profit. Que l'Alsace, de
son côté, puisqu'elle est résolue à entrer dans le cadre
de la vie française (l'affluence de ses enfants dans les
collèges et de ses étudiants à l'Université en est la
preuve irréfutable), tourne ses regards au delà des
Vosges et connaisse toutes les ressources économiques,
industrielles et intellectuelles que lui offre la France
d'aujourd'hui. Mieux renseignée, elle enverra ses fils
dans sa patrie retrouvée, et ceux-ci reviendront
au foyer, convaincus que si la France n'est point
tout à fait celle qu'ils ont cru accueillir en novembre 1918, elle n'est pas non plus la France débile,
dévergondée et dégénérée de la légende pangermaniste. Enseigner l'Alsace à la France et la France à
l'Alsace, c'était tout le programme de *l'Alsace française* dont Bucher publia le premier numéro le 1er janvier 1921.

Le 15 février, il mourait emporté par une maladie

consécutive à une blessure reçue pendant la guerre en service commandé.

L'effort de Bucher ne sera pas perdu. Son *Alsace française* sera continuée par un jeune Alsacien dont il avait fait son disciple, puis son gendre, car il avait reconnu en lui deux de ses plus éminentes qualités : une intelligence lucide et une volonté opiniâtre. Et chacune de ses autres œuvres vivra, fidèle à l'esprit de son fondateur. Mais qui maintenant les rassemblera toutes dans une collaboration étroite? Le lien du faisceau est à jamais rompu. On ne remplacera pas cet homme qui fut, selon le mot de M. Millerand, *l'incarnation vivante de l'Alsace pour les Français et de la France pour les Alsaciens.*

Certains l'envieront parce qu'une triomphante victoire a couronné son labeur, qu'il a vu les trois couleurs flotter à la flèche de sa cathédrale, que son corps repose en terre française, à Strasbourg. Mais des passions comme celle qui l'animait, ne sont jamais apaisées. Cent projets inachevés ou ébauchés sont ensevelis avec lui.

Il réunissait les qualités les plus contraires : il était prévoyant et résolu, clairvoyant et passionné, discret et enthousiaste, il avait le don de commander et celui de suggérer, toutes les vertus d'un chef et la plus véritable modestie. Tant de contrastes déconcertaient souvent à la première rencontre, et, comme le regard profond de ses yeux sombres ajoutait encore à la singularité de sa personne, faute de pouvoir démêler tant de complexités, on le déclarait « mystérieux », on l'appelait « Cagliostro ». Il en était, selon son humeur, amusé ou agacé ; mais qui a vécu dans son intimité, sait qu'il n'y eut jamais, en lui, ni aucun mystère, ni aucune affectation de mystère. Nul ne fut plus simple et plus sincère. Une passion unique a possédé son être, celle de la France ; elle mettait en jeu tous les ressorts de cette nature puissante et diverse. Comme tous ceux qu'obsède une idée maîtresse, il s'oubliait lui-même. Son désintéressement était fabuleux. Sa vie fut droite comme une épée.

Il a été parfois méconnu et même calomnié. Il fut trop grand sur un trop petit théâtre. L'Alsace d'avant la guerre, repliée sur elle-même, était en proie à des dissensions intestines que l'Allemand prenait soin de cultiver et d'exaspérer. Bucher fut souvent exposé à la jalousie des coteries minuscules qui s'étaient formées dans la société alsacienne. Puis son intransigeance gênait un peu les tièdes et les souples. Dans l'Alsace d'aujourd'hui, les rancunes d'autrefois n'ont point toutes désarmé. Certains trouvent importun le spectacle d'une existence sans compromission. Le mot désintéressement fait sourire l'Alsacien positif... Maintenant qu'il n'est plus, tous vont mesurer la place qu'il occupait, et les jeunes gens, étrangers aux misérables querelles de leurs pères, comprendront la magnifique leçon d'idéalisme que leur a donnée Pierre Bucher.

Quant à ceux, Alsaciens ou Français, auxquels il fit l'honneur de les appeler ses amis, de les associer à ses pensées, à ses travaux, ils garderont de lui un pieux souvenir, se rappelant surtout ces lointaines années où il leur rendait confiance dans le destin de la France et les invitait à méditer la parole inscrite sur une des vieilles portes de la ville d'Obernai :

Omnia si perdas, verbum cæleste reserva.

16

XLII

Franzelé.
La Vie, 15 mars 1921.

Le docteur Pierre Bucher vient de mourir à Strasbourg. Chef incontesté du nationalisme intellectuel en Alsace, créateur de la *Revue alsacienne*, du *Musée alsacien*, des représentations théâtrales, des conférenrences françaises, des cours populaires de français, en territoire annexé, il fut la figure la plus originale de l'Alsace d'avant guerre. Son œuvre immense et multiple est impossible à exposer en quelques lignes. D'autres diront — ont dit déjà sur sa tombe — ce que fut cette œuvre, et quels fruits magnifiques la France en a tirés. Ce que nous voudrions fixer ici sommairement, c'est la physionomie et le rôle *uniques* de celui qui s'en va, dans l'admirable lutte de l'âme alsacienne contre le germanisme, au cours des vingt dernières années de l'annexion allemande.

Bucher n'était ni un orateur politique, ni un tribun populaire, ni un journaliste, ni un humoriste, comme Preiss, Wetterlé, Laugel, Hansi ou Zislin. Il n'a jamais fait figure de héros, d'apôtre et de martyr du patriotisme bravant la prison, l'exil et la ruine. Et à tout prendre, il fut quand même une façon de héros : le héros taciturne, patient et muet de cette haine sainte qui est le suprême recours et la dernière dignité des vaincus. Tout enfant, la grossièreté vexatoire du joug prussien, blessant mortellement sa fierté et sa passion d'indépendance, avait allumé en lui cette haine. Pour elle et par elle, il sut dompter sa révolte, taire son indignation, se faire un front de marbre et un cœur de bronze.

Pendant vingt ans, sur le terrain intellectuel, il fit à la pangermanie bouffie de sa victoire une véritable *guerre de taupe* qui n'est comparable qu'à celle que nous avons connue dans les tranchées de 1914 à 1918, avec ses mines, ses sapes et ses bombes à retardement. Il fut le chef occulte, le lutteur masqué dont le Deutschtum frôlait partout la main sans pouvoir la saisir nulle part. L'ennemi connaissait de lui ce que le chasseur connaît du fauve aux aguets : l'éclair rapide d'une prunelle aussitôt voilée, la griffe d'acier sous la patte de velours. Conspirateur né, il goûtait une joie maligne à enserrer la brutalité germanique dans un filet d'intrigues menues et inextricables où elle s'empêtrait rageusement, comme un rhinocéros dans un réseau de fil de fer barbelé (1). Il se délectait à opposer l'astuce à la ruse, l'ironie glacée à la fureur. Violent et autoritaire par nature, il devenait, selon

(1) Il y a plus qu'une similitude fortuite et un rapprochement arbitraire entre Pierre Bucher et ce Philippe Buchez, autre médecin, qui fut sous la Restauration le rédacteur de la Charbonnerie française et son actif organisateur en Alsace. Qui pourrait dire jusqu'à quel point le souvenir et l'exemple du carbonaro français ont inspiré et influencé la tactique du nationalisme alsacien?

l'heure et le besoin, impassible et impénétrable, souple
et cajoleur. Nul homme ne sut mieux user pour sa
cause de son ascendant personnel, fait tour à tour de
froideur dédaigneuse, de séduction câline, et d'âpreté
menaçante. Il fut impossible aux Allemands de le
prendre en flagrant délit d'illégalité, tant son attitude
extérieure gardait de prudence, de correction impec-
cable, d'apparent respect du fait accompli. Même pendant ses séjours en France s'il rencontrait nos patriotes
les plus connus : les Déroulède, les Barrès, c'était
chez des tiers, en terrain neutre, comme par hasard,
et — en dehors du tête-à-tête — les propos qu'il leur
tenait restaient assez voilés et circonspects pour ne
donner aucune prise à la délation.

Comme d'autres ont l'amour de l'étalage et du
tapage, Bucher avait le parti pris de l'ombre et du
silence. Ses photographies étaient introuvables, ses
écrits rares. En revanche, il ne craignait pas de se
compromettre aux yeux des Français et de certains
Alsaciens, par la fréquentation de milieux douteux,
et même de *Vieux Allemands* qu'il attirait volontiers
chez lui pour les avoir mieux en main et les faire,
malgré eux, servir à sa tactique. Car tout lui était
bon pour servir son idéal et il ne laissait pour ainsi
dire pas perdre une miette de tout ce qui pouvait être
utilisé contre le germanisme. C'est ainsi qu'il réalisa
ce tour de force de rallier à lui des Allemands honnêtes
et de bonne foi, Werner Wittich, Otto Flake, qui dans
les colonnes de la *Revue alsacienne,* donnaient aux
furieux germanisateurs les plus judicieux avertisse-

ments. Il eut même un temps à sa dévotion (par un bon office discrètement rendu) un rédacteur influent de la *Frankfürter Zeitung*.

Pour conquérir une sympathie, un appui important, il mettait en œuvre toutes les ressources de la plus ingénieuse diplomatie et de la psychologie la plus subtile. Il avait le don de parler à chacun sa langue. Son magnifique appartement de la rue Brûlée — presque face au palais du Statthalter — tout meublé d'objets de prix, d'un goût délicat, d'un luxe à la fois somptueux et discret, avait l'harmonie d'un décor savamment composé. Ses dîners même étaient des œuvres d'art où le choix des mets — des vins surtout — la décoration de la table, la physionomie patriarcale, libre ou solennelle de la réception, étaient minutieusement réglés, détail par détail.

André Lichtenberger, dans son beau livre : *Juste Lobel, Alsacien*, a tracé de Pierre Bucher (sous le nom de Muller) un portrait d'une vie et d'une justesse parfaites.

« Mince et svelte, le teint mat, les cheveux très noirs, une moustache fine ombrageant à peine la lèvre rouge, M. Muller n'avait rien du type germanique. N'eût été la rareté de son geste, la froideur métallique de sa parole, on l'eût pris d'abord pour un Italien... Lobel remarqua ses mains nerveuses, robustes, où les doigts maigres se crispaient en forme de serres... M. Muller eut un sourire mince qui retroussa sa lèvre, découvrit une mâchoire inférieure un peu proéminente, aux dents aiguës... une lueur rose marbrait ses joues pâles... Svelte dans son costume d'excursionniste aux culottes courtes, une cape de montagne rejetée sur l'épaule, M. Muller faisait songer à un Aramis, subtil et alerte, onctueux et guerrier, mieux : à un prélat espagnol déguisé en cavalier, à quelque jésuite impénétrable, destiné par une volonté supérieure à une œuvre redoutable de haine ou d'amour. ».

Un tel homme ne pouvait être indifférent : il suscita des adorations passionnées, des amitiés ardentes, des haines furieuses. Mais tout cela — jusqu'aux succès féminins que lui valaient sa grâce élégante et féline et la séduction impérieuse qui émanait de tout son être — il le muait en moyens d'action, en armes de combat. « Je sais, nous disait-il un jour, que j'ai des ennemis en France, même dans les milieux patriotes ; j'en suis ravi. Je cultive ces précieuses haines. Elles trompent les Allemands, portés à me considérer comme un agent soldé du gouvernement de Paris, elles les déroutent, les désarment parfois à mon égard. Quand vous m'entendrez attaquer *là-bas*, surtout *ne me défendez jamais!* Qu'importe ce qu'on pense de moi? Une seule chose m'importe : faire mon œuvre. »

Il l'a faite jusqu'au bout, et il a eu la joie suprême de vivre son rêve : d'applaudir au défilé des troupes françaises victorieuses, dans les rues de Strasbourg fleuri et pavoisé, de savourer l'écrasement du germanisme dans sa plus fière forteresse intellectuelle : cette *Université Empereur-Guillaume* où nos maîtres français enseignent aujourd'hui la jeunesse d'Alsace et de Lorraine.

Ne, le plaignons pas de disparaître au lendemain du succès ! La rentrée de la France dans ses provinces reconquises avait mis à l'œuvre de Pierre Bucher le point final. Ses merveilleuses facultés de conspirateur et de guerillero n'eussent plus trouvé leur emploi dans une Alsace libre et prospère sous les trois couleurs. Certes, il nous rendait, il nous eût rendu encore d'éminents services. Mais l'unité de son rôle, l'originalité de sa haute et saisissante figure gagnent, à cette fin discrète et brusquée, un trait qui achève et complète la vie par la mort. Est-il en ce monde plus rare, plus enviable fortune que de ne pas survivre à sa raison de vivre, de disparaître avant que soient éteintes les torchères du triomphe, effeuillées les fleurs de l'apothéose ?

XLIII

Achille SEGARD.
*Bulletin mensuel de la conférence
au village*, mars 1921.

De taille moyenne, svelte, la taille bien dessinée
par son dolman bleu horizon, la croix de commandeur de la Légion d'honneur dépassant la commissure
de son collet, les yeux extraordinairement vifs, pénétrants, et naturellement interrogateurs, tout son visage
constamment grave et attentif se détendant aussi
parfois dans un bon sourire d'homme bon, tel m'a
paru le docteur Bucher dans la grande et haute pièce
qu'il s'était réservée au Commissariat général de la
République, à Strasbourg, et dans laquelle, derrière
un paravent, il avait dressé un lit afin de pouvoir ne
pas rentrer chez lui, lorsque ses travaux l'avaient
engagé à travailler jusqu'au delà du milieu de la nuit.
Ainsi demeurait-il, aux moments de crise, à la portée
de toutes les dépêches et de tous les coups de téléphone. Il donnait une impression de calme et de force.
A peine avait-on causé avec lui qu'on se rendait
compte qu'il avait pénétré toute votre psychologie,
vous avait jugé, classé à votre rang et qu'il allait
essayer de vous utiliser, selon vos forces et vos moyens,

pour le plus grand bien de l'Alsace et de la cause française.

Tous les journaux ont raconté quel fut, avant la guerre de 1914, son rôle de mainteneur de la langue et du prestige français en Alsace. On a rappelé quelles furent les revues qu'il fonda, les journaux qu'il inspira, les innombrables manifestations sportives, musicales, littéraires, gymnastiques, sociales et autres qu'il suscita comme des prétextes constamment renouvelés. Pendant plus de vingt ans, on peut dire qu'il organisa la réaction morale contre l'assujettissement à l'Allemagne et à la Prusse de nos deux provinces enchaînées. On a rappelé la création du *Musée alsacien*, charmante et vieille maison sur le bord de la rivière, et dans laquelle pendant des années il recueillit tous les objets et tous les souvenirs de la vieille Alsace française, afin que fût toujours présent à l'esprit des habitants de toute la province le souvenir de ce qu'avaient été la prospérité, l'indépendance, le prestige et le rayonnement, en France et dans le monde, de l'Alsace avant le funeste traité de Francfort. On a rappelé quelles étaient à l'égard de ce mainteneur de la fidélité française la colère et la haine de l'Allemagne impériale. Les inaugurations successives des diverses salles de ce musée et les fêtes de charité qui y furent données furent de nouveaux prétextes au rassemblement des forces morales qui s'opposèrent irréductiblement à l'emprise allemande sur les âmes alsaciennes. Aussi complète et aussi significative que le Musée de Mistral à Arles, cette maison alsacienne

en elle-même, mais plus encore par les manifestations
dont elle fut l'occasion, rendit à l'Alsace et au monde
des services infiniment précieux.

Le grand mérite du docteur Bucher, avant la guerre
de 1914, fut d'avoir compris que le péril le plus grand
que la France ait eu à redouter, en ce qui concerne la
Lorraine et l'Alsace, était l'accroissement du prestige
intellectuel de l'Allemagne dans le monde et l'emprise
méthodique et persévérante de la *Kultur* sur les étudiants, les élèves de l'enseignement secondaire, les
écoliers de l'école primaire et par eux sur les parents
eux-mêmes. Sa réaction, aussi méthodique et persévérante que l'était l'action de l'Allemagne, s'exerça
dès le début dans l'ordre intellectuel. Et c'est dans ce
domaine, qu'il avait à juste titre senti être l'essentiel,
qu'il obtint les résultats surprenants dont nous béné-
ficiâmes aux jours inoubliables qui suivirent l'armistice. Nous lui serons indéfiniment redevables.

Pour étendre et faire pénétrer profondément sa
propagande, il avait à sa disposition des éléments de
succès que l'expérience démontra avoir été décisifs.
Sa profession de médecin lui permettait de pénétrer
au cœur des familles les plus humbles comme aux
foyers de la plus ancienne bourgeoisie. Ce fut pour
ainsi dire l'instrument matériel de son action. Rien
ne lui fut cependant plus précieux que ses qualités
de psychologue et l'esprit méthodique qui lui permettaient de juger et de classer, avant d'en tirer les conclusions les plus audacieuses et les plus justes, tous les
renseignements moraux que sa qualité de médecin le

mettait en situation de connaître et de recueillir.
Amateur et connaisseur d'âmes, apte à comprendre
toutes les nuances de la sensibilité, plus particulièrement des sensibilités féminines, sensitif qui devinait et pressentait tout ce que les circonstances ne
lui permettaient pas de comprendre au sens rigoureux
de ce mot, collectionneur des paroles, des faits et des
gestes par lesquels se révèle le profond des âmes
humaines, il fut l'observateur constant et méthodique de toutes les nuances par lesquelles se trahissent
les âmes les plus dissimulées. Doué d'une mémoire
prodigieuse et d'un tour d'esprit qui lui permettaient
d'ordonner chaque jour les éléments épars d'une
appréciation d'ensemble qu'il ne se permettait ensuite
de formuler, en manière de conclusion, qu'après avoir
vérifié soigneusement tous les éléments du calcul,
le docteur Bucher se consacra presque exclusivement
à connaître dans leurs caractères les plus généraux et
les plus essentiels, ces trois entités si difficiles à saisir :
l'âme allemande, l'âme alsacienne et l'âme française.
Dissocier l'une de l'autre les deux premières, rassem-
bler et unir étroitement l'âme alsacienne et l'âme
française, en précisant et même en accentuant leurs
individualités propres mais en montrant constamment
ce qu'elles avaient de fraternel et de complémentaire ;
voilà quel fut le but que se donna le docteur Bucher.
Les conséquences de ses efforts continus et prolongés,
pendant plus de vingt-cinq ans, furent incalculables.

Psychologue ! on ne dira jamais assez que ce fut sa
qualité principale. Il sentait, pressentait, devinait et

pénétrait, jusque dans leurs replis les plus obscurs, les sensibilités et les intelligences. On ne le trompait pas. Personne ne le trompait. Il jugeait les hommes et les femmes, les jeunes filles, les adolescents et jusqu'aux enfants eux-mêmes. Il savait d'avance comment chacun se comporterait dans telle ou telle circonstance donnée. Dans toute la mesure de ses efforts et de sa puissance, qui fut de jour en jour plus grande, *il utilisait* chacun vers le but qu'il s'était assigné. Grâce à ces qualités psychologiques, à cet ordre dans l'esprit et à cette continuité dans l'effort, le docteur Bucher était l'homme qui connaissait le mieux et le plus complètement tout le personnel politique allemand, français et alsacien. De quel secours devait nous être cette connaissance des hommes et des choses dans les circonstances tragiques de la guerre et de l'après-guerre !

On a raconté qu'à la fin d'août 1914 il fut prévenu par un Alsacien appartenant à la police secrète allemande, et dont il avait jadis sauvé l'enfant, de l'ordre d'arrestation qui avait été lancé contre lui, de sorte qu'il put se sauver à travers bois et forêts pour passer en Suisse et revenir s'engager dans les troupes françaises. L'histoire est trop sommaire pour être tout à fait vraie. Le docteur Bucher avait sauvé ou soigné quantité d'enfants et de parents. Dans chaque foyer il avait jugé la psychologie du père et de la mère, senti ou suggéré ce qu'il y avait à attendre d'eux. S'il est vrai qu'un ordre d'arrestation fut lancé contre lui à Strasbourg, il a dû être prévenu de plusieurs côtés et par plusieurs personnes. Il put vérifier les uns par les autres ces renseignements, et je suis sûr qu'il n'a quitté Strasbourg qu'après avoir acquis la certitude absolue que son arrestation ne dépendait plus en effet que de quelques heures. Ce n'est pas à lui que la police allemande, qui pendant si longtemps désira vainement son départ, aurait pu faire le coup que le ministre français Constans fit autrefois au général Boulanger, le faisant prévenir par un faux rapport d'une arrestation à laquelle personne n'aurait osé procéder et qui détermina la fuite lamentable du général pour la Belgique et le cimetière d'Ixelles. Le docteur Bucher connaissait à merveille la plupart des secrets de la police officielle et de la police secrète allemandes. Il avait le goût des renseignements exacts. Il savait les provoquer et en tirer des conclusions.

C'est cette connaissance des choses secrètes d'Allemagne et d'Alsace qui permit au docteur Bucher de nous rendre au cours de la guerre des services incomparables. Pendant des mois et des mois, il s'installa à Réchésy, nœud géographique d'un réseau de renseignements dont il avait lui-même disposé les fils. Aidé de plusieurs officiers d'état-major, mais aidé aussi de la complicité avouée ou secrète d'innombrables personnes de toutes nationalités et de toutes catégories, il reçut, jugea, groupa dans un ordre logique et transmit à nos ministres de la Guerre et de l'Intérieur les renseignements confidentiels les plus précieux sur l'état réel des forces allemandes, sur leur situation économique, sur le moral fléchissant de leurs militaires et de leurs civils. Personne, je crois, n'a encore dit que lorsque M. Clemenceau prit en des circonstances tragiques la responsabilité des décisions qui devaient faire de nous un peuple de vainqueurs ou une nation d'esclaves, ce fut le docteur Bucher qu'il appela d'abord auprès de lui et que ce fut le docteur Bucher qui osa lui affirmer de toutes ses forces, avec des preuves persuasives, qu'en tenant jusqu'au bout la France était sûre de la victoire. A chaque mauvaise nouvelle qui semblait démentir ses affirmations, M. Clemenceau faisait appeler d'urgence le docteur Bucher et lui disait de sa voix brusque : « Alors, vous vous êtes trompé? » Et le docteur Bucher reprenait sa démonstration, apportant de nouveaux renseignements caractéristiques et concordants, répétant sans se lasser : « Il peut y avoir des à-coups et sans doute y en aura-t-il encore, mais si la France tient jusqu'au bout de ses forces elle est sûre d'être victorieuse. » Les renseignements venaient de sources si précieuses et se trouvaient à si bref délai confirmés par les événements que M. Clemenceau en était rasséréné malgré les échecs partiels, si douloureux qu'ils fussent. Et le docteur Bucher repartait pour son poste d'écoute, n'ayant passé que quelques heures à Paris mais y ayant exercé dans le silence du cabinet présidentiel un rôle décisif, de beaucoup le plus important qui ait été joué à ce moment par n'importe quel Français. On ne l'a pas encore dit, et M. Clemenceau confirmera un jour ce que j'affirme, parce que je le sais : l'un des états principaux de la conviction inébranlable et de l'énergie farouche du sauveur de la France furent les renseignements que lui apportait le docteur Bucher et la façon convaincante dont ils lui furent présentés par cet interrogateur incomparable qui parlait si peu, comprenait tant de choses et ne disait que juste le nécessaire pour atteindre au but qu'il s'était proposé.

Quand l'armistice eut été conclu, le docteur Bucher s'installa au Commissariat général de la République sans avoir de titre officiel et dans un rang en apparence subordonné, mais tous nos Hauts-Commissaires, plus particulièrement M. Millerand, aujourd'hui Président de la République, diront qu'il fut l'âme et l'organisateur-né de la lutte contre le germanisme, de la reprise méthodique, tenace, enveloppante et aussi douce que ferme, de la totalité des âmes alsaciennes dans le sentiment commun de reconnaissance et d'amour pour la France. Quels services il eût encore rendus si la mort n'avait tranché brusquement le fil de cette carrière qui put à peine s'étendre au delà de la cinquantième année ! Pour ma part, ne causant avec lui que de loin en loin, mais pensant à lui très souvent dans le silence de mon cabinet de travail, j'avais une tendance à ne considérer toute sa vie antérieure que comme une préparation à de plus hautes destinées. Il voulait se consacrer exclusivement à l'Alsace et prétendait à ne pas la quitter, mais nous l'eussions vu un jour, malgré lui, par ordre du Président de la République, apparaître à l'un des grands postes dont le salut de la France peut dépendre. Malgré ses résistances, en cas de crise ou de conflit social, il

aurait pu apparaître d'abord à la préfecture de police
(quel contrôle il eût organisé des émigrés et des
étrangers à la solde de nos ennemis !). Presque tout de
suite après il aurait pu être nommé au ministère de
l'Intérieur. En cas de crise ou de conflit extérieur, il
aurait pu apparaître pendant quelque temps au sous-
secrétariat du ministère des Affaires étrangères puis,
peu de temps après, se trouver installé dans ce ministère lui-même. Il n'y a pas de poste d'ambassadeur
qu'il n'eût tenu avec un tact, une finesse et un sens
des réalités garants des résultats les plus précieux. Il
n'y a pas de poste de commissaire spécial aux Conférences interalliées ou à la Société des nations où il
n'eût réduit à sa merci ses adversaires éventuels si on
lui avait donné les moyens de réussir. C'était un diplo-
mate-né, un homme énergique et doux, destructeur
patient et persévérant de ceux de ses ennemis qui se
trouvaient être aussi les ennemis de la France. Il fut
détesté par ceux qui nous détestaient, trop ignoré,
hélas ! d'un grand nombre de Français, méconnu
peut-être par un trop grand nombre d'Alsaciens qui
ne savaient pas quels services il avait rendus. Mais
il était apprécié à sa valeur par les trois ou quatre
personnes dont tout dépend, et je suis convaincu que,
dans le petit nombre des hommes nouveaux qu'il doit
garder en réserve pour les cas de crise grave et de
situation imprévue, M. Millerand pensait au docteur
Bucher comme à l'un de ceux qu'il aurait fait surgir,
même malgré eux, mais au moment opportun, pour le
salut de la France.

La *Conférence au village*, qui doit tant au docteur Bucher et qui, dans son dernier numéro, lui exprimait encore sa gratitude la plus profonde et la plus vive, s'incline avec la plus profonde émotion et dépose sur cette tombe à peine refermée l'hommage profondément ému de son admiration, de son respect et de la reconnaissance de tous les Français.

XLIV

Jean SCHLUMBERGER.
La Nouvelle Revue française, 1ᵉʳ avril 1921.

La France vient de perdre un des hommes qui ont fait le plus pour la défense de sa culture ; mais, dans le chagrin que nous cause un coup si soudain, comment distinguer entre le deuil national, celui de notre amitié et le simple regret humain devant la disparition d'un si actif et brillant génie?

Non seulement le docteur Bucher représenta l'âme de l'Alsace pendant les années difficiles qui précédèrent la guerre, mais il redressa cette âme tourmentée que tout contribuait à faire languir dans une attitude fausse et déjetée. Avant lui, les jeunes Alsaciens n'avaient le choix qu'entre deux maux : ou, pour rester Français, quitter leur province à l'âge de dix-sept ans, sans intention de retour, abandonnant le sol, les usines, la fortune et l'influence aux immigrés allemands ; ou bien racheter le droit de rester dans le pays en passant par la caserne prussienne. Dans les deux cas, ils avaient le sentiment de trahir ; et si les premiers pouvaient assez vite oublier leurs regrets dans la plénitude de la vie française, les seconds restaient atteints d'une sourde gêne, d'une courbature qui peu à peu détruisait les plus belles qualités de la race. Pour opérer le rétablissement, pour transformer en détermination active, en ruse de guerre, ce qui n'avait été jusque-là que capitulation, en geste de conquête ce qui avait semblé compromis de vaincus, il fallait le courage d'une de ces natures passionnées qui, sans le savoir elles-mêmes, ont dès l'âge de vingt ans l'étoffe des meneurs d'hommes. On peut aujourd'hui désigner de son vrai nom le jeune Ehrmann qui, dans *Au service de l'Allemagne*, se décide à plier sous la loi de l'ennemi, afin de s'accrocher au sol et d'y organiser la résistance ; la fière détermination de Pierre Bucher fut celle de tout un pays qui passait avec lui à une défensive méthodique.

Si l'on ne connaît pas le poids qu'une caste dirigeante, jalousement fermée, fait peser en Alsace sur tout ce qui n'est pas de son bord, on ne saurait comprendre quel couvercle un homme jeune devait soulever avant d'oser avoir foi en lui-même, puis avant de pouvoir faire respecter cette foi par autrui. Et il faut se représenter l'infériorité où un enseignement en langue étrangère peut mettre un provincial, les efforts qu'exige l'acquisition d'une culture même moyenne, il faut mesurer toutes ces difficultés surmontées, pour comprendre ce qu'il y avait d'âpre et d'impératif dans la passion de Pierre Bucher pour ce qui est français. Au temps où il était engagé dans la lutte contre les autorités allemandes, lutte souvent morne et épuisante, que de fois est-ce lui qui trouvait moyen de redonner du cœur aux Parisiens, alors qu'il aurait dû pouvoir s'appuyer sur eux ! Et tel était le rayonnement de sa personnalité que c'est, en quelque sorte, l'Alsace qui par lui reconquérait la France, plus encore que la France qui reprenait pied en Alsace.

Pendant les dernières années de la guerre, on put voir ce spectacle inouï : des généraux venant écouter avec déférence un simple major de deuxième classe, se faisant expliquer par lui les forces respectives de l'Allemagne et de la France, le laissant, exaltés par la merveilleuse lucidité de sa parole, détruire tantôt leurs illusions, tantôt leurs doutes secrets. Une autorité naturelle mettait Bucher de plain-pied avec les plus grands chefs.

Il ne peut être question de dessiner ici cette complexe et belle figure. Ceux qui l'ont approchée ont pu voir à l'œuvre les ressources, les souplesses, le coup d'œil prompt, les prudences jointes au goût du risque, les calculs et la fougue, le calme parfait dans le danger qui appartiennent au grand homme d'action, et ce dévouement total à sa cause qui fait, si l'on peut dire, sa sainteté. Après le grand essor de la victoire, nous l'avons vu se remettre avec abnégation à sa tâche d'avant-guerre et consacrer à la parfaite soudure entre la France et les provinces récupérées les forces qu'il avait jadis employées à protéger les liens menacés. La lutte que la *Revue alsacienne illustrée* avait menée souterrainement, il l'avait reprise dans *l'Alsace française,* mais cette fois avec une contre-partie : montrer l'influence que l'Alsace peut exercer sur la France en échange de ce qu'elle en reçoit. Avec le docteur Bucher disparaît notre meilleure sentinelle sur le Rhin. La *Nouvelle Revue française* perd en lui un des hommes qui lui avaient marqué la plus fidèle amitié.

XLV

Henri ALBERT.
La Revue Universelle, 1ᵉʳ avril 1921.

Le trait dominant, chez Pierre Bucher, c'était l'énergie persuasive. Ce grand Alsacien, qui vient de disparaître à cinquante et un ans, possédait à un rare degré l'art de convaincre. Tous ceux qui, avant la guerre, ont passé dans son cabinet de la rue Brûlée, à Strasbourg, se rappellent la chaleur de sa parole et la flamme de son regard. Les plus tièdes et les plus indifférents, quand ils sortaient de là, étaient convaincus. La cause que défendait leur hôte ne pouvait être qu'une cause sacrée. Médecin, il s'était spécialisé dans le traitement des maladies nerveuses. Et il traitait ses interlocuteurs, comme il soignait ses malades. Aucun effort ne lui paraissait négligeable, dès lors qu'il s'était fixé un but à atteindre. Nous l'avons vu courir quatre fois par jour chez une cliente, dont le cas paraissait désespéré, et qu'il parvenait à remonter par des petits soins et des petites attentions. Avec la même persévérance, il promenait à travers toute l'Alsace tel voyageur de marque, dont il se proposait d'orienter l'activité vers le problème alsacien. Les conférenciers français qu'il appelait à Strasbourg ne devaient pas seulement affirmer devant leur auditoire la suprématie de notre civilisation, Pierre Bucher entendait encore qu'ils revinssent à Paris avec la certitude que le travail de l'Alsace était du bon travail. Ainsi chaque conférencier, aussi bien que chaque journaliste « enquêteur », devenait un témoin, quelquefois un prosélyte.

Mais de quoi fallait-il témoigner? Quelle doctrine s'agissait-il de répandre? A la fin du siècle dernier l'Alsace et la Lorraine semblaient abandonnées à elles-mêmes. L'écho de nos déchirements intérieurs se répercutait au delà des Vosges et la protestation n'apparaissait plus que comme une vaine formule apanage de quelques politiciens attardés. On parlait encore de l'Alsace, on n'y pensait pour ainsi dire jamais. La scandaleuse expulsion de l'abbé Delsor devait montrer quelques années plus tard, en 1903, à quel point, dans les milieux gouvernementaux, on se désintéressait du sort des provinces perdues. Cet abandon avait été largement exploité par les Allemands. Économiquement, grâce à leur essor industriel, le pays était prospère et ils s'apprêtaient à enrégimenter dans leurs partis politiques les successeurs des anciens « protestataires » alsaciens-lorrains. C'était compter sans la vitalité de l'Alsace, méconnaître la force morale qu'elle tirait du souvenir de trois siècles de vie française. Les jeunes générations, qui n'avaient pas connu les tristesses de l'annexion, se montraient combatives, ardentes, indépendantes, décidées à défendre envers et contre tous leur patri-

moine. A Paris, dans les milieux des Alsaciens émigrés
on pouvait traiter de « Prussiens » les représentants
de cette jeunesse qui, tout en se soumettant aux dures
obligations que commandaient les circonstances, enga-
geaient la lutte pour l'indépendance. Nulle part mieux
qu'en Alsace on ne comprenait la justesse de cette
affirmation que *la patrie, c'est le sol*. A la doctrine
stérile de « l'exode », empruntée à la métaphysique
juive, allait se substituer l'attachement au foyer natal
et la défense des traditions. Ce fut dès lors sur des
réalités vivantes que put s'appuyer la résistance alsacienne.

Pour préciser la position de Pierre Bucher il fallait
indiquer en quelques lignes l'orientation de l'Alsace,
au moment où il entra dans la lutte. Aussitôt qu'il
commença d'agir, il devint un chef. Laissant à d'autres
la direction politique du mouvement, il se fit l'âme
de cette renaissance alsacienne qui devait préparer
le retour du pays à la France.

Des personnalités comme la sienne ne prennent
toute leur ampleur qu'à la faveur des circonstances.
Il aurait pu être un grand médecin. Il voulut être,
avant tout, un grand patriote. Lorsqu'il vint se fixer
à Strasbourg en 1897, après un an d'études complé-
mentaires à Paris, il était assez incertain de la marche
qu'il devait suivre. Ses amis d'alors l'imaginaient assez
mal pratiquant la médecine dans le cadre étroit d'une
ville de province. Il avait fréquenté les milieux littéraires et s'intéressait à la peinture. Mais, dans la
capitale alsacienne, il devait retrouver précisément

un groupe de jeunes artistes, de musiciens, de poètes qui cultivaient le dialecte alsacien, et qui se réunissaient chez son beau-frère, M. Georges Haehl. C'est de ce milieu que sortit la *Revue alsacienne illustrée*, fondée par Charles Spindler et dont le docteur Bucher devait assumer la direction deux ans plus tard ; c'est encore là que naquit le *Théâtre alsacien*, qui garde à son répertoire un tableau de mœurs locales, dont on peut dire que c'est, dans son genre, un chef-d'œuvre, le *Maire*, de Gustave Stoskopf.

J'avais souvent rencontré Pierre Bucher pendant son séjour à Paris ; je le revis ensuite en Alsace, chaque année, durant les mois d'été. En juillet 1899 (exactement le 30), je lui fis faire la connaissance de Maurice Barrès. Ce fut certainement une des dates les plus importantes dans la vie de notre ami, car c'est grâce à Barrès qu'il entrevit, dès ce moment, la tâche magnifique qui s'offrait à son activité. Tous les problèmes qui préoccupaient alors l'auteur des *Déracinés*, il les développa devant lui. On devine ce que furent pour ce jeune provincial les conversations de Barrès. Il lui parla de l'œuvre de Mistral, du culte de la terre, de l'éternel conflit des races dans la vallée du Rhin... Comment s'organisa, dans la suite, leur collaboration, Barrès nous le dira peut-être un jour. On sait que Bucher servit de modèle pour le volontaire Ehrmann, le héros d'*Au service de l'Allemagne*, mais ce que l'on ne sait pas assez, c'est le rôle que jouèrent les idées barrésiennes dans l'évolution de Pierre Bucher. Jamais une énergie latente ne trouva animateur plus magnifique ! Quand Barrès écrivit, pour le *Figaro* (16 novembre 1901), son célèbre article :« Il ne fallait pas émigrer », recueilli plus tard dans la brochure *Alsace-Lorraine*, c'est au rôle de serviteur de la France assumé par Pierre Bucher qu'il songeait. N'est-ce pas à Bucher et aux disciples formés par lui, que s'adresse cette injonction qui fut pendant quinze ans la formule même de la jeune Alsace :

Je ne vous demande point d'agir, mais seulement de vivre. Je ne vous demande même point de protester, mais naturellement chacune de vos respirations sera une respiration rythmée par deux siècles d'accord avec le cœur français. Demeurez un caillou de France, sous la botte de l'envahisseur. Subissez l'inévitable, et maintenez ce qui ne meurt pas.

De toute sa volonté concentrée, Pierre Bucher voulut être ce « caillou de France », sur lequel les Allemands allèrent plus d'une fois se casser le nez. Il ne lui suffisait pas cependant d'affirmer ses sentiments. Cet apôtre était un homme d'action. Mais il savait agir lentement, continûment. Aucune de ses entreprises n'était soumise au hasard. Les multiples créations qu'il inspirait ou qu'il dirigeait ne voyaient le jour qu'après avoir été longuement étudiées, méditées. La *Revue alsacienne* ne devint que peu à peu le puissant instrument de propagande qu'elle était à la veille de la guerre. Chaque article qui figurait à son sommaire répondait à une intention déterminée et manquait rarement son but. Quand fut conçu le projet du *Musée alsacien*, de longs mois se passèrent avant que l'entreprise ne fût publiquement connue.

Les conférences françaises, les représentations théâtrales françaises, les cours populaires de français, furent inaugurés sans fracas, et il fallut toute la maladresse de l'administration allemande pour que le public se rendît compte de l'importance qu'avaient prise ces œuvres dans la vie publique. Du reste, jamais Pierre Bucher ne chercha à tirer un avantage personnel de ses créations. Dans sa Revue, qui n'existait que par lui, il signait modestement comme gérant. Jamais il n'y écrivit une ligne, mais combien d'articles, fruit d'interminables discussions avec ses rédacteurs, portent la marque de son esprit. Par ses correspondances et ses conversations, il attisait le feu sacré. Les énergies se trempaient à son contact. Pour beaucoup de ses collaborateurs, il restait mystérieux et ses amis les mieux informés de la multiplicité de son activité n'étaient pas avertis de certains projets qu'il gardait jalousement jusqu'à ce que le moment lui parût propice à leur application.

Pour durer, dans les conditions exceptionnelles où vivait l'Alsace allemande, il fallait agir avec une extrême circonspection. Pierre Bucher s'en était vite rendu compte. Son anonymat et son désintéressement le servirent mieux, dans maintes circonstances, que n'eût fait l'intrigue ou l'audace irréfléchie. Les plus graves conflits, grâce à la prudence de sa diplomatie, n'eurent pas de contre-coup fâcheux sur les œuvres qu'il dirigeait. Au moment où l'effervescence politique atteignit son comble en Alsace, pendant les procès retentissants de 1912 et de 1913, il sut conserver son sang-froid et résister à la sollicitation d'amis parisiens qui lui demandaient d'entrer ouvertement dans la lutte. Je retrouve dans une lettre de lui, datée du 6 novembre 1912, ce reflet des préoccupations du moment : « Si beaucoup, m'écrivait-il, voulurent promener les tisons enflammés, il fallait que d'autres gardassent le feu. J'ai toujours pensé que c'était là notre tâche et je ne crois pas que nous l'ayons compromise. »

Subordonner toutes choses à l'œuvre d'action française qu'il avait entreprise en Alsace, telle fut l'idée directrice qui anima tous les actes de Pierre Bucher. Et il réalisa ce prodige de faire, autour de lui, l'union de tous les Alsaciens. Si divisé que l'on fût en matière religieuse et sociale, quand il s'agissait de témoigner de son attachement à la France, dans une de ces manifestations discrètes comme lui seul savait les organiser, aucune fausse note ne se faisait entendre. Aussi avait-il pour principe de ne rejeter aucun concours. Des Allemands sont venus à lui, et il alla jusqu'à rechercher la collaboration de certains d'entre eux, quand cette collaboration pouvait contribuer à affirmer cette idée qui lui était chère entre toutes ; la supériorité de la civilisation française en Alsace. On n'a pas oublié le retentissement qu'eut, en 1909, cette judicieuse étude du professeur Werner Wittich, de l'Université de Strasbourg, « Civilisation et patriotisme en Alsace ». Précieuse recrue, enrégimentée par Pierre Bucher dans le bataillon des patriotes d'Alsace, Werner Wittich doit à la consécration qu'il reçut alors l'avantage de pouvoir poursuivre, aujourd'hui encore, son activité bienfaisante dans Strasbourg, ville française.

Mais, dans les rapports que devaient entretenir avec les représentants de l'ennemi les champions de la cause française en Alsace, il y avait une infinité de nuances. Là encore, l'esprit pénétrant de Pierre Bucher s'affirmait dans toute sa lucidité. Vis-à-vis du vainqueur les rapports devaient être courtois, sous peine de rendre l'existence des Alsaciens impossible. Où devait s'arrêter cette courtoisie? Je me rappelle un incident qui peint au vif l'attitude de notre ami. Quelques années avant la guerre, dans une des rues les plus fréquentées de Strasbourg, il se trouva un jour en face de M. de X..., gentilhomme bavarois qu'il avait connu à Vienne, chez la princesse de Metternich. Salutations cordiales que le docteur Bucher accueillit avec cette froide politesse que ce galant homme savait affecter quand il le jugeait nécessaire. M. de X..., qui était l'hôte du prince de Wedel, voulait à toute force l'entraîner avec lui et le présenter instantanément au statthalter impérial d'Alsace-Lorraine. Mais Pierre Bucher sut se dérober aux plus pressantes sollicitations. Il n'allait pas chez le prince de Wedel et son intelocuteur bavarois n'a jamais été capable de comprendre pourquoi...

Il faudrait ajouter d'autres traits pour compléter la belle figure de cet Alsacien qui, dans le moment même où la France semblait se dérober, aida à maintenir son pays dans le culte des traditions françaises. D'autres ont dit comment, pendant la guerre et depuis le retour de l'Alsace à la France, il sut parachever sa tâche et démontrer par le succès la fécondité de l'œuvre à laquelle il s'était attaché. Les jeunes générations ont connu le Bucher du bureau d'informations de Réchésy, le capitaine de chasseurs alpins attaché au commissariat général d'Alsace et de Lorraine, le fondateur de la Société des Amis de l'Universités, du *Bulletin de la presse allemande* et de *l'Alsace française*. Compagnon de lutte de Pierre Bucher, aux heures héroïques de la résistance alsacienne, nous avons voulu leur montrer par quels magnifiques états de service cette sentinelle avancée sur le Rhin (le mot est encore de Barrès) avait inauguré une carrière, dont la parfaite harmonie s'est poursuivie jusqu'à la mort.

XLVI

M. F. Dollinger.

Bulletin des Amis de l'Université de Strasbourg.

Le docteur Bucher, le fondateur et le premier secrétaire général de la Société des Amis de l'Université,
est né à Guebwiller (Haut-Rhin) le 10 août 1869. Il
fait ses études secondaires au collège de sa ville natale,
puis ses études de médecine à l'Université de Strasbourg où il est reçu docteur. Après un stage dans les
cliniques de Paris, il s'établit en 1897 à Strasbourg
pour y pratiquer la médecine.

Il prend une part active au mouvement artistique
et littéraire de la « Jeune Alsace ». En 1901, il assume
la direction de la *Revue alsacienne illustrée*, fondée
en 1899 par Charles Spindler. Il provoque la création
du *Musée alsacien*, dont il partage la gestion avec
M. Léon Dollinger. Successivement, il fonde ou appuie
un grand nombre d'œuvres, toutes destinées à maintenir et à fortifier en Alsace la culture et la conscience
françaises : les *Conférences françaises*, la *Société dramatique* (présidée par M. Frédéric Eccard), les *Cercles
des Annales*, les *Cours populaires de langue française*,
la *Veillée alsacienne*. Il patronne le *Cercle des étudiants*
et après la dissolution, en 1911, de cette association,

il contribue à la fondation du *Cercle d'anciens étudiants.*
Il collabore activement à la *Société des Amis des Arts.*
Il s'associe aux promoteurs du *Monument français
de Wissembourg* (1909). En 1912, il détache de la
Revue alsacienne illustrée la *Chronique d'Alsace-Lorraine* et en fait une publication indépendante qui porte
le nom de *Cahiers alsaciens* et qui prend une part plus
active aux luttes politiques.

Il reçoit chez lui de nombreux écrivains français
désireux de mieux connaître l'Alsace et d'intéresser
les Français aux efforts des Alsaciens : MM. René
Bazin, Maurice Barrès, André Hallays, Georges Delahache, Paul Acker, Pierre de Quirielle et bien
d'autres.

En 1914, au moment où la guerre est imminente,
il passe la frontière et s'engage dans l'armée française.
D'abord attaché à l'état-major du général Pau, il
est placé plus tard à la tête du service d'informations
de Réchésy qui rend à l'armée et au gouvernement
les plus grands services. En 1918, M. Clemenceau,
président du Conseil, l'adjoint à M. Dutasta, ambassadeur de France à Berne.

Revenu à Strasbourg au lendemain de l'armistice,
il est investi d'un poste de confiance auprès de
M. Maringer, Haut-Commissaire de la République,
puis de M. Millerand, Commissaire général, et de
M. Alapetite, successeur de M. Millerand. En même
temps, il reconstitue certaines œuvres d'avant-guerre
et en crée de nouvelles : les *Cours populaires de langue
française,* considérablement élargis ; le *Livre français ;*

puis, sous le patronage de M. Alexandre Millerand et la présidence de M. Raymond Poincaré, la *Société des Amis de l'Université de Strasbourg*, enfin le *Bulletin de la presse allemande* et la revue *l'Alsace française*.

Le docteur Bucher est mort à Strasbourg le 15 février 1921 des suites d'une blessure contractée pendant la guerre en service commandé.

Il semble que, sur Pierre Bucher, il ne reste, pour le moment, rien à dire. De nombreux journaux, plusieurs revues ont parlé de lui, parfois en termes excellents. Il convient de distinguer les pages de M. André Hallays (*Revue des Deux Mondes* du 15 mars 1921) et l'article (*Journal des Débats* du 25 février) du comte de Pange, tous deux vice-présidents de la Société des Amis de l'Université. On relira aussi les discours émouvants que M. André Hallays et M. Maurice Barrès ont prononcés sur sa tombe. Tous ont montré l'harmonieux développement de ce grand caractère, la plénitude magnifique de cette existence consacrée tout entière à la patrie française.

Il sera permis à un ami des jours lointains de remonter aux germes de cette splendide moisson, de tenter de dégager les éléments et les conditions qui en ont déterminé ou activé l'éclosion. On n'en voudra pas à cet ami d'évoquer çà et là des souvenirs personnels.

Pierre Bucher est né à Guebwiller et il y a passé les vingt premières années de sa vie. C'est donc là qu'il reçut toutes ses impressions d'enfant et d'adolescent, c'est-à-dire l'empreinte définitive. Lui-même a conté à Édouard Schuré, et, par l'entremise de Paul Ehrmann, à Maurice Barrès, les premières rencontres avec les représentants du germanisme. Un esprit combatif s'y révèle et une véritable crânerie. C'est que Pierre Bucher ne fut pas, à vrai dire, un enfant de la défaite. Plus heureux que ses aînés, il n'est venu au monde qu'à la veille de « l'année terrible ». Il n'a pas ressenti les épouvantes de l'invasion. Il n'a pas lu sur la physionomie des grands le désespoir du désastre de Sedan, de la chute de Metz. Dans le temps où son jeune esprit s'éveillait à la conscience, les Alsaciens disaient : « Dans deux ans les Français reviendront. » Il a été de ceux qui se sont promis d'y aider... et il a tenu parole.

Guebwiller, c'est la vigne et c'est l'usine. Or, en Alsace, l'industriel, le vigneron, c'était, pour l'Allemand, le concurrent, donc, par excellence, l'ennemi. Dans un pareil milieu, la protestation était, pour ainsi dire, dans l'air. Mais là, aussi, l'attachement au métier traditionnel, non moins qu'au sol, s'est opposé à l'émigration que prêchaient les patriotes de 1871. A qui parlait de passer les Vosges ou le Jura, le père de Bucher n'objectait pas (comme nous le faisions plus tard) : » Et l'Alsace? » Il usait d'une formule plus immédiate, plus saisissante : « Et la fabrique? » Ce trait, je le tiens du fils. La fabrique, dans ces vallées du Haut-Rhin, c'était plus que le moyen de vivre, c'en était la raison et la fierté !

Ce culte atavique, Pierre Bucher, plus tard, l'étendra

à toute l'Alsace. Il comprendra bientôt que son devoir est d'y rester. Les obligations ainsi assumées ne sont pas légères. Ce n'est pas ici un terrain propice au dilettantisme, ni, quoi qu'en dise une légende falote, le paradis de la vie facile. Les promesses d'avenir, pour un homme de sa trempe, sont des perspectives de combat. Il les accepte avec une joie virile. Le but de sa vie sera la défense contre l'envahisseur du sol et des âmes, le maintien de la conscience française en Alsace. Il se révélera, dans la suite, merveilleusement armé pour la lutte : à la fois audacieux et circonspect, tenace et avisé, lucide et enthousiaste. Mais il n'a pas, dès l'abord, de programme arrêté. Il est trop bon stratégiste pour ne pas adapter constamment sa tactique aux manœuvres de l'adversaire. Et, nécessairement, les circonstances parfois sont plus fortes que sa volonté. Ce que Paul Ehrmann a dit des tribulations du volontaire, peut s'appliquer à toute sa campagne : « Les circonstances m'ont dirigé. Du dedans et du dehors, j'avais mes empêchements. Ce qui m'a soutenu, c'est une constante exaltation de l'âme. »

Une constante exaltation de l'âme : retenons cette formule qui dit tout. L'exaltation de l'âme, d'autres l'ont connue. Ce qui distingue Pierre Bucher, ce qui a fait de lui l' « animateur » incomparable, c'est la *constance* de cette exaltation. Les circonstances qui l'ont dirigé, ce fut, notamment, le réveil de l'âme alsacienne succédant à la torpeur de ce que Jacques Preiss, d'une formule empruntée à *Don Carlos,* a appelé la « paix du

cimetière » ; l'Alsace, à son tour, allait recevoir de lui
des directions et, pour tout dire, un chef !

C'est du printemps de 1896 que date ma première
rencontre avec Pierre Bucher. Je l'ai vu à cette époque
dans la maison familiale de celle qui fut plus tard
l'admirable compagne de sa vie et dont on n'a pas dit
assez l'influence bienfaisante, le charme discret qui
ajouta l'attrait du foyer à l'attirance personnelle de
Bucher. Il venait de terminer ses études de médecine et s'apprêtait, avant de s'établir, à aller accomplir à Paris le stage traditionnel. Il me fit l'impression
d'un jeune homme sûr de lui-même, trop sérieux pour
son âge, totalement inaccessible à la « blague », ce qui,
à cette époque, paraissait plus surprenant qu'aujour-
d'hui. Je fus frappé encore de la ferveur qu'il profes-
sait pour les beaux-arts : c'étaient là des penchants
assez étrangers à mes camarades de promotion. Bref,
j'emportai de ces premières entrevues l'image d'un
garçon peu banal.

Je ne le revis que l'année suivante, lorsqu'il se fixa
à Strasbourg et qu'il se maria. Nos relations furent
cordiales, sans aller tout de suite jusqu'à l'intimité.
Nos tempéraments ne se ressemblaient guère et nous
différions d'avis sur bien des questions. Je fus surpris,
entre autres, et presque choqué tout d'abord, de l'importance qu'en médecine et en psychologie il attachait
à *l'intuition*. Je n'avais pas encore dépouillé complètement le matérialisme pseudo-scientifique qui régnait
en souverain à l'époque où je passais sur les bancs de

l'École. J'avais poussé plus loin que lui les études de micrographie et suivi avec ardeur l'apparition, alors récente, des rayons X. Je fus donc tenté de dénier à mon jeune confrère « l'esprit scientifique ». J'ai compris plus tard que le défaut de ce soi-disant esprit scientifique était une de ses supériorités et non des moindres. Que fût-il devenu, grands dieux, s'il eût été possédé de ce dissolvant et desséchant esprit d'analyse que d'aucuns tenaient pour la marque même du génie !...

Je connus un autre côté de sa nature : sa sincérité et sa franchise, qui parfois était rude. Je ne puis me défendre de rire lorsque j'entends de profonds psychologues parler de sa « souplesse ondoyante » ou de quelque chose d'approchant. J'en ris parce qu'il me souvient combien je fus interloqué, une fois ou l'autre, des vérités qu'il me décocha en pleine poitrine. Je vis bientôt que ces compliments à rebours ne constituaient pas, de sa part, des certificats de dissemblance, ainsi qu'en délivrent souvent des gens qui se piquent de franchise. Mais il se défendait de certaines complaisances à l'égal d'une mauvaise action.

C'était un crime aussi, à ses yeux, de flatter les illusions des médiocres qui se croient artistes ou écrivains. Mais ce n'est pas qu'il prétendît à l'infaillibilité. Il était tout le contraire de l'homme qui se figure tout savoir. Avec une clairvoyance qu'aucun retour sur lui-même ne venait obscurcir, il discernait les aptitudes d'autrui, s'entendait à les mettre en valeur. Et il savait faire partager le bénéfice du succès. Nul plus

que lui n'était soucieux de ménager certaines suscep-
tibilités et prompt à pardonner les offenses. C'est
que, pour lui, les questions de personnes disparaissaient
devant la cause à servir, devant le résultat à atteindre.
Il a plus que tout autre payé de sa personne ; s'il pré-
férait ne pas se mettre en avant, ce n'est nullement
pour les motifs qu'ont imaginés des esprits superficiels
ou prévenus. Il se connaissait des imperfections (ou
ce qu'il jugeait tel) et il lui arrivait de se défier de son
tempérament. — « Votre conseil, toujours réfléchi,
m'écrivait-il un jour, met un frein utile parfois à mon
ardeur trop enthousiaste. » On ne saurait, de meilleure
grâce, avouer le défaut de ses qualités. Si je cite ce
mot, ce n'est pas, certes, pour en tirer vanité, c'est
pour montrer combien peu ont su pénétrer notre ami
ceux qui, au lendemain, de sa mort, pouvaient écrire :
« De caractère entier, il souffrait difficilement auprès
de lui d'autres hommes de volonté et d'opinion différente. » — Quelle erreur ! Maintes fois jadis, il m'est
arrivé de n'être pas d'accord avec lui au sujet du programme de la *Revue alsacienne* ou des *Cahiers alsaciens.*
Il a toujours accueilli mes objections avec une attention infinie et souvent s'est rendu à mes raisons ou,
simplement, à mes désirs. O souvenirs déjà lointains
et pourtant si vivants ! Entretiens passionnants et
obstinés dans le cabinet de travail de l'Hôtel de Marmoutier, dans les forêts des Vosges et sur les routes
qui mènent aux villages de la plaine ! Que de leçons
de ténacité nous avons prises, quels trésors de vigueur
nous amassions au contact de la terre maternelle !

Pierre Bucher était bien éloigné (et d'ailleurs fort peu désireux) de réaliser le type du « charmant garçon qui n'a que des amis ». Des amis, certes, il en a eu, nombreux et fidèles. Mais il eut aussi des ennemis acharnés. Que sa supériorité lui ait suscité des envieux, des détracteurs, il n'y a là rien que de naturel. Il n'est pas donné à chacun de « se sauver de l'envie par l'admiration ». D'autres, disposés aux compromissions, lui en ont voulu de se savoir jugés avec sévérité. Mais ni l'envie, ni la petitesse, ni les rancunes ne suffisent à expliquer certaines aversions. La défiance qu'il lui est arrivé de rencontrer, aussi bien que la confiance qu'il inspirait, il faut les attribuer, l'une et l'autre, à sa vertu dominante : le désintéressement. Cette vertu, qui faisait de lui l'ami le plus sûr, elle a le don d'exaspérer ceux qui en sont dépourvus. Ils l'ignorent et la nient. Sans être toujours sots ou méchants, ils acceptent d'en donner l'impression plutôt que de courir le risque de paraître dupes. Il m'est arrivé, devant mon ami, de m'indigner de ces partis pris de dérigrement. Sa sérénité n'en était pas entamée. « Qu'importe, disait-il ; la meilleure, la seule réponse à donner à ces gens-là, c'est de prouver publiquement qu'ils se trompent, c'est de faire œuvre utile. Il faut agir, agir... »

Agir ! Ce fut sa qualité maîtresse. L'action, chez lui, n'était pas seulement un moyen, c'était une fin. C'était un besoin de son corps et de son esprit. C'était la résultante des forces que dégageaient le jeu de ses muscles, l'impulsion de son cœur, la tension de son cerveau. La *constante exaltation* de Paul Ehrmann, c'était l'ardeur de son âme qui, en vertu d'une loi physique. ne cessait de se muer en travail, en action. Il agissait pour servir la cause qu'il aimait, il agissait pour rendre service aux hommes, il agissait pour conserver la santé du corps et de l'esprit — il agissait parce qu'il ne pouvait faire autrement. Heureux qui, comme Pierre Bucher, est animé de cette constante exaltation ! Il n'aura pas vécu en vain. Et il sera demeuré étranger aux satisfactions vulgaires, aux calculs mesquins, aux sentiments bas...

J'ai tort de m'évertuer à fixer, par des mots rebelles, les contours et les traits de cette grande figure. Mieux eût valu emprunter quelque formule lapidaire à un maître de la pensée et du verbe. Pour exprimer dignement mon sentiment sur Pierre Bucher, il suffisait de transcrire ici l'immortelle parole d'Hamlet : « C'était un homme... Je ne reverrai jamais son pareil ! »

XLVII

SIMONNOT.
L'Alsace française, 16 juillet 1921.

Le 16 juin, lors de l'Assemblée générale des cours populaires de français, M. Simonnot, directeur de l'enseignement post-scolaire, a prononcé les solennelles paroles suivantes :

Une année s'est écoulée depuis la dernière assemblée générale de notre Société, qui a été présidée en juin 1920 par M. le docteur Bucher. Aujourd'hui, nous avons la profonde douleur d'ouvrir cette réunion dans un deuil de famille. Le fondateur des cours populaires de français à Strasbourg nous a été arraché en pleine activité par la perfide maladie et c'est à cette cruelle circonstance que je dois d'occuper cette place pour quelques instants. Je suis sûr de répondre au sentiment unanime de notre assemblée en saluant pieusement la mémoire du vénéré chef que nous avons perdu et en adressant à sa famille l'expression de nos regrets les plus émus et les plus affectueux.

Les funérailles du docteur Bucher ont donné lieu à d'importantes manifestations de sympathies et de patriotisme dont vous avez été les témoins. D'éminents orateurs ont retracé devant sa tombe l'œuvre française à laquelle il s'est voué en Alsace pendant plus d'un quart de siècle. Ils ont dit la diversité et la fécondité de cette œuvre. Mais, de toutes les créations originales par où elle s'est affirmée, vous me permettrez, mesdames et messieurs, de ne retenir que celle qui nous touche de plus près et qui sans doute aussi tenait la

"

première place dans les préoccupations du docteur Bucher, depuis la rentrée de l'Alsace dans la mère patrie : je veux dire la rééducation française des milieux populaires de notre chère province retrouvée.

Le docteur Bucher savait qu'on peut compter sur l'école à tous les degrés, depuis l'humble école primaire de village jusqu'à l'Université, en passant par le lycée ou l'institut technique, pour doter rapidement les jeunes enfants du pays de la culture française. Mais il se demandait avec inquiétude ce qu'allaient devenir les milliers d'adolescents et d'adultes qui n'avaient pu jouir des bienfaits de la scolarité française. Seraient-ils condamnés à rester pour toujours étrangers à notre langue, c'est-à-dire à notre culture nationale dont cette langue est la plus parfaite expression. A cet égard, une seule possibilité s'offrait de tendre la main aux nombreuses bonnes volontés qui se présentaient de toutes parts : créer à l'usage des adultes de quinze à cinquante ans des cours de français qu'ils puissent suivre après l'achèvement du travail quotidien.

De là naquirent à Strasbourg, sous l'impulsion du docteur Bucher, les cours populaires dont vous avez été et restez les meilleurs ouvriers. En quelques mois, ces cours recueillirent plus de deux mille auditeurs. Mais bientôt Strasbourg fit école. Les cours conçus par le docteur Bucher ne tardèrent pas à s'étendre à toute l'Alsace et à la Lorraine. Devenu, au lendemain de l'armistice, directeur du service de la propagande, votre chef infatigable en profita pour élargir son champ d'action, appelant à lui de nouveaux collaborateurs, stimulant le zèle des sociétés locales, communiquant à tous son ardent patriotisme et sa foi dans l'avenir de l'Alsace française.

Quand, après une année de cet immense labeur, il quitta la propagande pour d'autres tâches, les cours d'adultes d'Alsace et de Lorraine comptaient plus de trente mille élèves de tout âge. Résultat magnifique dont le docteur Bucher avait le droit d'être fier.

Cet héritage qu'il nous a légué, nous avons le devoir de ne pas le laisser péricliter. Ceux de ses amis qui ont recueilli ses dernières recommandations, à l'heure grave où il pressentait l'imminence du péril, nous ont confié que son vœu suprême était de voir se prolonger après lui l'œuvre qu'il avait entreprise, tel le général frappé mortellement sur le champ de bataille, qui laisse à ses plus proches officiers le soin d'achever la victoire. Ce dernier désir du grand chef nous dicte notre conduite. Le meilleur hommage que nous puissions rendre à sa mémoire sera de redoubler de dévouement dans notre mission d'enseigner le français aux adultes de l'Alsace.

XLVIII

Henri GALLI,
député de Paris.
Extraits des *Souvenirs* d'Henri Galli.
L'Alsace française, 5 novembre 1921.

En une heure, à travers les cantonnements du
40ᵉ corps, une auto de la 7ᵉ armée nous conduit à
Réchésy, sur les confins de l'Alsace et de la Suisse
et où fonctionne l'un des bureaux de renseignements
les plus importants de l'armée, dirigé par le docteur
Bucher de Strasbourg, avec un dévouement, une
science, une perspicacité qui s'affirment par des résultats. Bucher réunit autour de lui une équipe remarquable : MM. André Hallays, des *Débats*, Maillard,
avocat, spécialiste des questions économiques, le capitaine Braun, le sous-lieutenant Hepp, un jeune du
monde des lettres, originaire d'Alsace, grand blessé
de guerre, et plusieurs autres officiers jurisconsultes
ou professeurs. Le regretté Paul Acker faisait partie
de ce groupe d'intellectuels.

Le bureau est installé dans la partie du territoire de
Belfort qui confine à l'Alsace et à la Suisse. C'est un
poste d'écoute incomparable.

Nos amis habitent, loin des indiscrets et des raseurs

une vieille maison bourgeoise alsacienne parfaitement isolée au milieu d'un jardin, sorte de thébaïde protégée par sa situation même contre les entreprises des agents de l'ennemi et où il fait bon travailler.

Le docteur Bucher, par son caractère, par son passé de militant, par son esprit d'organisation, de méthode et d'initiative, par ses relations alsaciennes et la connaissance qu'il a des hommes, des dispositions et des ressources du pays, s'imposait comme chef de ce bureau de renseignements idéal. Il est accepté par tous et incontesté. Ses collaborateurs servent, comme il sert lui-même, animés d'une passion et d'une foi agissantes ; ils se donnent de tout cœur à l'œuvre dont les services sont hautement appréciés du G. Q. G. et à laquelle le général en chef doit des renseignements de première importance. Bucher la perfectionne chaque jour.

Les témoignages, les correspondances, les documents de toute nature, les journaux allemands et autrichiens parviennent à Réchésy par la Suisse. Deux fois par jour, aux heures et aux rendez-vous convenus, les agents secrets apportent à la frontière les informations recueillies. Les unes sont transmises d'urgence par dépêches chiffrées ; les autres par feuilles autographiées envoyées au Grand Quartier et au ministère de la guerre. Ces notes précieuses sont d'ordre militaire, moral, politique, économique et diplomatique. Elles font autorité.

J'ai donc appris beaucoup de choses, au cours du déjeuner amical avec le chef et le personnel du bureau, et j'ai pris connaissance, au repas, de documents édifiants sur certaines intrigues menées contre la France, sur les complicités qu'il faudra punir, enfin sur l'état des esprits en Allemagne.

Nous sommes à ce sujet à Paris beaucoup trop dans l'ignorance de ces dispositions. Nous tendons, par esprit critique, à ne rien voir de ce qui fléchit au dehors et à exagérer au contraire nos fautes, nos erreurs, nos défaillances et nos pertes.

Celles de l'ennemi sont d'importance.

L'Autriche, assure Bucher, est au bout de ses forces ; elle réclame de son alliée la paix aussi prompte que possible. Elle a donc contribué activement aux diverses manifestations ayant pour objet d'amener la fin de la guerre, à toutes les tentatives d'armistice. Les dernières interventions du Vatican se firent d'accord avec la cour de Vienne (1).

A Berlin, tous les moyens sont bons pour remonter le moral de la population et pour la tromper. Certains journaux français, défaitistes, comme le *Bonnet rouge*, fournissent les arguments nécessaires à la propagande boche. Les citations d'articles sont présentées comme exprimant la vérité sur les sentiments de Paris et de la province aux abois, sur la révolution imminente chez nous. Il s'agit de ranimer à tout prix à Berlin une confiance ébranlée. A l'heure actuelle, l'opinion en Allemagne compte sur nos querelles intérieures et considère comme imminente la démission du président de la République !

(1) Les révélations et publications faites depuis 1918 prouvent combien les renseignements de Bucher étaient exacts.

Les observateurs de **Réchésy** suivent de près les menées et les trahisons qui s'ébauchent en Suisse dans le but de décourager la France, de la désarmer et de briser ses alliances. Comment et pourquoi le gouvernement tolère-t-il ces complots?

XLIX

Maurice LANGE.
Revue de France, 15 novembre 1921.

...Un autre nom, plus connu, se présente ici à mon souvenir, une autre figure, celle-ci, hélas ! déjà environnée de l'ombre de la mort : je veux parler du docteur Bucher. Physionomie complexe, où se reflétaient d'abondantes richesses intérieures, où la méditation du savant ne nuisait pas à l'élégance et au charme de l'homme du monde, où les impressions délicates de l'artiste et du lettré n'étaient pas recouvertes par la forte empreinte d'une volonté intrépide, où le regard direct, perçant, du manieur d'hommes et du chef, se voilait parfois d'une rêveuse et mélancolique douceur. Physionomie qui, par sa complexité même, ne laissait pas de déconcerter ceux qui aiment à lire dans un visage comme à livre ouvert ; et d'aucuns lui ont fait un grief de ce que ces traits, de ce que cette âme avaient pour eux d'énigmatique. Mais ceux qui le connaissaient bien savent ce qui, sous ces apparences diverses et sous cette grâce ondoyante, faisait l'unité profonde et la noblesse de cette vie ; ils savent que, Français avant tout, il n'est rien ni personne que le docteur Bucher ait aimé autant que la France. Ceux-là même qui l'ont moins connu lui savent gré d'avoir été en Alsace, sous la domination étrangère, le plus actif, le plus avisé mainteneur des traditions nationales, et l'homme qui a le plus patiemment, le plus efficacement besogné au service de l'Alsace française.

L

Frédéric ECCARD,
sénateur du Bas-Rhin.
L'Alsace française.

EN SOUVENIR DU DOCTEUR BUCHER

La dernière fois que je vis le docteur Bucher, c'était au commencement de cette année, dans mon cabinet d'étude à Strasbourg, avant mon départ pour la session parlementaire du Sénat.

Nous éprouvions le besoin d'examiner ensemble, à intervalles réguliers, les problèmes de l'heure présente, et de nous communiquer, dans la confiance réciproque d'une longue amitié, nos robustes espoirs et nos préoccupations passagères.

Il me disait sa foi dans la pénétration féconde de l'esprit français et de l'esprit alsacien ; parlant incidemment des députés alsaciens, il affirmait que leur solide érudition, leur esprit appliqué et consciencieux en faisaient un des meilleurs éléments de la Chambre française et que, s'ils ne possédaient pas le verbe éloquent d'une grande partie de leurs collègues, ils étaient en mesure d'acquérir, par leurs qualités de fond, une influence toujours grandissante.

Tout en causant, je remarquai au milieu de ses cheveux noirs et touffus, la trace d'un pansement et comme je lui en demandais la cause, il me répondit négligemment qu'il avait subi une petite opération sans importance, et qu'il s'était arrangé de manière à ne pas être gêné dans ses occupations journalières, qui sollicitaient plus impérieusement que jamais sa présence continuelle.

Après son départ, je ne pus m'empêcher de ressentir une certaine inquiétude et j'évoquais dans ma mémoire le souvenir de son passage à mon domicile, à Paris, en octobre 1917, après l'accident d'automobile dont il avait été victime peu de temps auparavant. Il avait à ce moment une figure si émaciée et si fatiguée que je l'avais à peine reconnu. Et le plus naturellement du monde, il nous raconta qu'il avait été appelé de son poste de Réchésy au quartier général anglais pour accomplir une mission importante, qu'au passage d'un caniveau il avait été projeté violemment contre le plafond de sa voiture, qu'il avait été gravement blessé à la tête, mais, qu'après un pansement sommaire, il avait continué sa route et fait son rapport au général anglais, qu'il avait ensuite recueilli les renseignements nécessaires pour faire son contre-rapport à l'état-major français, qu'il était retourné à Belfort, que sa mission terminée, il avait dû s'aliter, mais, qu'après quelques jours de repos indispensable, il reprenait intégralement son service.

Son énergie et sa volonté lui avaient permis de résister miraculeusement là où tout autre aurait succombé, mais **maintenant,** hélas, le mal perfide qui le guettait eut raison de sa nature indomptable.

Homme de devoir avant tout, rien ne pouvait l'arrêter quand il considérait qu'il devait obéir à un commandement supérieur. Sa nature était d'obéir, non pas à une volonté étrangère, mais à la loi qu'il s'était imposée, à la règle de vie qu'il avait impérieusement adoptée pour sa laborieuse existence.

C'est dans le laboratoire d'énergie, qu'était l'Alsace sous la domination allemande, que le docteur Bucher a trouvé le principe directeur de sa vie et la force d'en poursuivre la réalisation sans défaillance. M. Édouard Schuré raconte dans son livre *l'Alsace française,* en termes saisissants, comment son jeune ami eut la révélation de sa mission. Plusieurs incidents qui frappèrent tout particulièrement sa jeune imagination lui donnèrent déjà comme enfant et comme élève du Gymnase de Guebwiller, la vision très nette du péril que le germanisme envahissant faisait courir à la civilisation européenne ; deux séjours qu'il fit ensuite à Paris et à Berlin pour compléter ses études de médecine précisèrent l'imminence du danger et le devoir pour les Alsaciens de consacrer leur vie à le combattre.

En Allemagne prussifiée, déclarait-il à M. Schuré, s'incarne et s'accumule un demi-siècle de matérialisme. S'il l'emporte, c'en est fait de nous et de la France, que dis-je, de la liberté du monde. Pour nous défendre d'une telle attaque, ce n'est pas assez de toutes les forces françaises, de tout notre passé de gloire, de beauté et d'héroïsme. Il faut encore une foi invincible en la mission libératrice de la France et en la justice divine qui veille sur le monde. »

Dans cette tâche élevée, qu'il poursuivit avec ardeur et patience depuis le commencement de ce siècle, il trouva des collaborateurs fidèles, tout aussi obstinés et convaincus que lui-même, mais c'est lui qui sut centraliser les efforts, enseigner à chacun la tâche qui lui convenait le mieux, et gagner, grâce à l'étendue de ses relations et à la finesse de sa psychologie, les concours nécessaires en France et à l'étranger.

Souvent au cours de la lutte engagée, le but à atteindre paraissait éloigné et incertain, mais l'énergie qu'il puisait dans ses traditions alsaciennes et démocratiques, et la souplesse de son caractère, le préservait des découragements. « Quel soulagement, écrivait-il en 1911, de pouvoir lutter pour une idée qui vous est chère, et qu'il faut plaindre ceux qui se détruisent de rage stérile ! Souvent je pense à une sentence que nous répétait Édouard Schuré et qui est imitée de la parole sublime du Taciturne : « L'essentiel n'est pas de réussir, mais d'avoir une haute volonté. Si nous ne pouvons être des moissonneurs joyeux, soyons au moins des semeurs hardis et confiants. » Le docteur Bucher a eu l'immense joie d'assister au triomphe éclatant de la cause dont il s'était fait le champion. Mais il ne considérait pas sa tâche comme terminée, et sa préoccupation constante pendant la terrible lutte qu'il eut à soutenir contre la mort, fut d'assurer la continuation de son œuvre. Il savait que la France, après la victoire de ses armées, aurait à soutenir un combat opiniâtre et prolongé pour assurer à son peuple les réparations et les restitutions auxquelles il avait droit et pour empêcher que le relèvement de l'Allemagne ne se transformât en une revanche économique. L'expérience que les Alsaciens ont faite, pendant leur long contact avec l'Allemagne, leur a enseigné que le péril de la puissance allemande ne saurait être définitivement conjuré que si la France fait preuve dans la vie civile des mêmes qualités de vaillance, de méthode, et de sacrifice, qui lui ont assuré la victoire dans la guerre et si elle concentre toutes ses énergies en leur assurant le maximum de rendement. La revue que le docteur Bucher venait de créer sous le titre de *l'Alsace française*, était destinée à maintenir dans l'âme française la conscience du péril germanique, et à donner à la France une collaboration constante de la pensée et de la vigueur alsaciennes. C'est, parmi ses œuvres, celle qui tenait le plus à cœur au défunt et nous devons à sa mémoire, nous devons à la patrie, d'en garantir la durée et d'en continuer, par tous les moyens, la bienfaisante action.

PIERRE BUCHER
ET SA SŒUR Mlle JEANNE BUCHER

LI

Édouard SCHURÉ.

*Ces pages sont tirées du livre de M. E. Schuré,
l'Alsace française, publié à la librairie Perrin.*

> Rien n'est plus émouvant que
> l'éclosion d'une grande volonté.

Mon dessein est d'esquisser ici le portrait d'un
caractère original et d'une personnalité puissante
qui a joué, dans l'ombre, un rôle de premier ordre.
En elle s'est réalisée plus profondément qu'en aucune
autre ce qu'on pourrait appeler *la cristallisation de
l'âme alsacienne par son invincible attachement à la
patrie française*. J'hésitais un instant devant l'exécution de mon projet. En montrant au grand jour le
secret de cette âme, qui s'est révélée involontairement
et comme malgré elle à ma sympathie, je crains de
commettre une indiscrétion et d'abuser de sa confiance. Si grande est la modestie de cet homme, formé
par la discipline du silence et de l'effacement, qu'il ne
se résoudra peut-être jamais à dire ce qu'il porte en
lui-même de plus tendre et de plus fort. Mais voici
qu'une pensée fait taire mes scrupules. Sans lui l'Alsace
n'eût peut-être jamais su l'effort dont elle est capable,

ni la France, quels enthousiasmes et quelles volontés elle suscite parfois sans le savoir. Je voudrais donc faire connaître à la France l'amour ardent que son image idéale peut inspirer de loin — et à l'Alsace tout ce qu'elle doit à ce fils pétri de sa plus forte moelle et de son sang le plus pur.

Ce sera mon excuse auprès de lui, et je suis sûr qu'il me pardonnera.

*
* *

Aux environs de l'année 1900, je reçus, à Paris, la première visite de Pierre Bucher, jeune médecin, natif du Haut-Rhin et fixé depuis peu à Strasbourg, où il s'était acquis déjà une brillante clientèle.

Je ne l'avais jamais vu, j'ignorais même son nom, mais j'avoue que, dès son entrée, je fus séduit par le charme subtil et la distinction qui se dégageaient de toute sa personne. Extérieurement il n'avait rien d'alsacien. Figure élancée et mince visage. Cheveux bruns et yeux noirs, aigus et pénétrants. Sous les traits délicats se dessine un menton énergique. Les sourcils touffus et contractés trahissent la tension d'une volonté qui veille toujours. Les gestes sont rares et mesurés, mais d'une parfaite élégance. Malgré le regard défiant, l'atmosphère du personnage est magnétique et bienfaisante. Il y a en lui un singulier mais très harmonieux mélange de l'artiste, du thérapeute et de l'homme d'action.

Pierre Bucher m'exposa très simplement le but de sa visite. Il désirait me mettre au courant du

périodique qu'il dirigeait à Strasbourg, *la Revue
alsacienne illustrée.* Il s'agissait d'une œuvre d'art
à la fois littéraire et hautement patriotique, destinée
à rendre le courage et la confiance de sa mission historique à l'Alsace comprimée dans l'étau prussien.
Œuvre sociale aussi, car il fallait créer un foyer vivant
pour les jeunes Alsaciens ; organiser dans ce but, autour
et à côté de la revue, un musée alsacien et des conférences faites par des Français appelés de Paris, des
cours populaires de langue française et des bibliothèques ; ne pas faire de politique, mais maintenir
avant tout, dans ce malheureux pays, la tradition et
surtout la langue française. Car la langue c'est le
génie ailé de la nation, c'est la lyre vibrante de la
patrie dans les poitrines humaines.

Pierre Bucher avait trouvé, dans les *Grandes
légendes de France* et dans ma *Légende de l'Alsace,*
un excitant pour sa pensée et venait me demander
mon concours. Quoique plongé, à ce moment, dans
un autre courant d'idées et de travaux, j'acceptai
d'enthousiasme.

J'éprouvais une surprise délicieuse. J'avais devant
moi le type de l'Alsacien rêvé et jamais rencontré,
celui qui joindrait aux qualités fondamentales de sa
race l'étincelle celtique et toute l'élégance française.
Oui, Pierre Bucher réalisait l'idéal de Maurice Barrès,
le maître écrivain et l'ardent patriote de l'heure
actuelle : « un homme plein de sa terre et de sa race. »
Il le réalisait avec une plénitude de dévouement et de
sacrifice que le brillant auteur de *Au service de l'Alle-*

magne n'aurait peut-être pas osé espérer. Il était le héros obscur qui s'oublie lui-même dans l'action.

Tout ce que je vis par la suite de l'effort et de l'œuvre de ce patriote discret, mais infiniment ingénieux ne fit que confirmer cette première impression. Toujours j'eus lieu d'admirer les ressources et la souplesse de son esprit, la sûreté de son jugement, l'indomptable énergie et la foi qu'il mettait au service de sa cause.

Quelques années après, je me trouvais chez mon jeune ami, à Strasbourg. Nous avions dîné copieusement à cette table, présidée par une femme charmante qui écoute les conversations animées de son mari et de ses hôtes d'un sourire intelligent tout en surveillant le service avec la gravité d'une Alsacienne, pour qui le ménage est un art et un sacerdoce.

Bien des Français et des Françaises de marque sont venus s'informer là des choses d'Alsace, dont pas un détail n'échappe au maître de la maison.

— Vous accomplissez, lui dis-je, une œuvre de patriotisme local et national d'une haute importance : arracher les Alsaciens à l'étreinte germanique en les groupant autour de la culture française, tout en restant sur le terrain légal. Dans cette œuvre difficile, vous avez réussi à force d'énergie, d'abnégation et de persévérance. Mais il est impossible que vous n'ayez pas traversé des moments terribles. On ne résiste pas impunément à la botte prussienne. Or, en toute chose, c'est le commencement qui fait comprendre la fin, et rien n'est plus émouvant que l'éclosion d'une grande volonté. Dites-moi donc, je vous prie, comment vous est venue l'idée de votre mission. En un mot comment la conscience française s'est-elle cristallisée dans votre âme d'Alsacien?

— J'y consens puisque vous l'exigez, me répondit le docteur Pierre Bucher, mais ne vous attendez à rien de romanesque. Je ne dirai que la stricte vérité. Trois épisodes de mon enfance et de ma première jeunesse répondront, je crois, à votre question.

De sa voix insinuante et bien scandée, où les mots expressifs se détachaient avec un relief saisissant, qui contrastait avec la douceur des intonations nuancées, mon ami me fit alors le récit suivant.

I. — La Tante Élise.

Je n'ai pas connu ma mère, qui mourut peu après ma naissance. Mon père occupait un poste dans une usine de Guebwiller, la riche ville industrielle blottie à l'orée d'un joli vallon, au pied des Vosges. En fait de conscience française, ma première éducatrice fut ma tante Élise. C'était une grande Haut-Rhinoise brune, sèche et osseuse, aux traits énergiques et fortement taillés. Avec ses cinquante ans, elle marchait dans la rue comme un grenadier en regardant tout le monde en face, de ses yeux un peu durs et qui n'avaient jamais froid. La brave femme n'était pas douce pour les timides et les couards, mais comme elle gâtait son unique neveu ! Dans son petit salon, grelottaient

de vieux meubles Empire, débris d'une famille éteinte
et d'une fortune perdue. Il y avait aux murs des portraits militaires, ornés de petits bouquets d'immortelles et de feuilles séchées. Tout cela essayait encore
de sourire et parlait d'un passé lointain si cher. Sur
une petite étagère, brillaient, sous leurs reliures démo-
dées aux somptueuses dorures, l'*Histoire du Consulat
et de l'Empire* de Thiers, un La Fontaine et même les
Feuilles d'automne de Victor Hugo à côté de son
paroissien. Une fois, elle me mena à Colmar pour voir
l'église Saint-Martin et le musée. Une autre fois nous
allâmes à Strasbourg, où elle me montra le statue de
Kléber. Ce mâle visage me plut, il m'inspira une fierté
nouvelle. Me souvenant plus tard de cette impression,
je compris ce mot de Michelet : « Kléber avait une
expression si militaire que les poltrons devenaient
courageux en le regardant. » La tante Élise me fit
admirer aussi la cathédrale dans tous les détails,
depuis la fameuse horloge jusqu'à la plate-forme et à
la flèche. Elle se promena longtemps avec moi le long
de la rampe qui domine, à deux cents mètres, l'immense
plaine d'Alsace. Enfin elle me dit :

— Regarde, Pierre, là-bas. Ce ruban argenté, c'est
le Rhin, et de l'autre côté, cette ligne bleue, ce sont
les Vosges. Un jour, toi et tes camarades vous aurez
à reprendre tout cela aux Allemands. Je ne le verrai
plus, mais vous le verrez.

J'avais sept ans alors et je ne comprenais pas encore
bien ce que cela voulait dire, mais j'allais comprendre
bientôt grâce à la petite scène que je vais vous narrer.

C'était à la mi-carême. La tante Élise m'avait invité pour ce jour en me promettant une surprise, ce qui m'intriguait fort. Je partis de grand matin pour Mulhouse et montai, le cœur palpitant, les quatre escaliers d'une vieille maison dans la rue de l'Espérance. Je trouvai ma tante en sa chambre à coucher, assise dans un vieux fauteuil de soie damassée, aux ramages défraîchis. Elle tenait à la main un portrait en médaillon qu'elle avait détaché du mur. Je le connaissais bien, elle me l'avait souvent montré. C'était celui d'un capitaine de cuirassiers mort tout jeune à la charge de Reichshoffen. Ma tante ne bougeait pas. Absorbée dans ses souvenirs, elle ne m'avait pas vu entrer. Je me taisais instinctivement pour ne pas la gêner dans sa méditation, lorsqu'en tournant la tête j'aperçus coquettement étalés sur le lit blanc, sous son ciel bleu et ses rideaux de mousseline, un petit pantalon rouge à raies noires, une jaquette d'officier à boutons d'or, un petit sabre et un képi à trois galons.

— Qu'est-ce que cela? m'écriai-je.

— Un costume d'officier de chasseurs.

— Pour moi?

— Pour toi. Tu vas le mettre et nous allons faire ensemble un tour dans la ville. N'est-ce pas jour de carnaval?

Je poussai un cri de joie et bondissant sur mon costume, j'en jetai toutes les pièces sur les genoux de ma tante en vociférant :

— Habille-moi! Habille-moi! Sinon, il sera trop tard.

— Allons, allons, nous avons le temps. Il n'est que onze heures du matin ; tout le monde n'est pas encore sorti.

Ma bonne tante m'habilla avec une lenteur solennelle et un soin minutieux.

Dans ce costume de chasseur français acheté à Nancy, je devais être parfait, selon l'ordonnance et tiré à quatre épingles. Je me laissai faire, impatient mais heureux comme un prince et fier comme Artaban. Quand je fus prêt, ma tante mit son châle noir sur sa robe sombre, un bouquet tricolore de fleurs artificielles (coquelicot, marguerite et bleuet) à sa ceinture, et nous partîmes.

Nous marchions gravement dans la rue. Elle me tenait de sa forte main et je me sentais bien protégé. D'abord personne ne nous remarqua ; il y avait beaucoup d'autres enfants déguisés dans la rue, les uns en pierrots, les autres en paysans d'Alsace, les petites filles en marquises poudrées ou en bergères. Quand nous débouchâmes dans la rue de Colmar, plusieurs enfants crièrent : « Un pantalon rouge ! » Quelques passants s'esclaffèrent : « Bravo, le petit chasseur ! » — « Ce n'est pas lui qui fera la revanche ! » grommelèrent quelques Allemands. « Vive la France ! » répondit le groupe d'enfants, de femmes et d'hommes qui déjà nous suivaient.

Nous atteignîmes ainsi la rue de Bâle. Le bruit augmentait autour de nous, toutes les fenêtres s'ouvraient et il en sortait çà et là des drapeaux français. Quand nous atteignîmes la place de la Bourse, une centaine de personnes nous entouraient en poussant des cris séditieux. Mais il fallut s'arrêter : nous étions devant le bureau de police. Un homme habillé de vert, avec un large baudrier blanc et un casque à pointe en sortit et cria d'une voix de crécelle à la foule : « Rentrez chez vous, ou je vous fais coffrer tous ! — puis s'adressant à ma tante : Vous, entrez ici avec votre stupide gamin ! »

Sans se déconcerter, ma tante suivit le sbire prussien. Elle me serrait la main plus fort pour me rassurer. Deux sergents de ville nous escortaient d'un air menaçant dans un long corridor.

Nous trouvâmes le commissaire de police assis devant une table couverte de paperasses et coiffé de cette large casquette bleue qui ressemble à une marmite. C'était un gros homme blond, à face blanche et grasse, les yeux gris, le regard aigu et soupçonneux. Après avoir demandé nos noms d'une voix rude, il continua sur un ton administratif et autoritaire :

— Les costumes militaires français sont défendus en Alsace-Lorraine, vous le savez bien. Pourquoi donnez-vous à cet enfant l'habit de notre ennemi héréditaire? Espérez-vous par là provoquer une émeute? c'est une plaisanterie ridicule ; vous savez bien que vous n'y réussirez pas. Notre brave population alsacienne est déjà gagnée à l'Allemagne, elle connaît ses intérêts, elle ne vous suivra pas. Pourquoi avez-vous commis cet acte contraire à la loi et fâcheux pour vous?

— Je ne pensais pas qu'il était contraire à la loi, dit ma tante. N'est-ce pas aujourd'hui jour de car-

naval? Je croyais que tous les costumes étaient permis
ce jour-là en Alsace comme en Allemagne

— Ah ! permettez, l'Alsace et l'Allemagne sont
deux. Il faut vous surveiller, vous autres. Je vois,
ma chère dame, que vous êtes une mauvaise tête
française ; vous mentez comme tous les Français.
Pour ce que vous venez de faire, vous seriez passible
de trois ans de forteresse, mais j'userai d'indulgence
pour cette fois-ci et consens à vous pardonner à cause
de ce pauvre enfant. Voyons un peu... je parie que ce
gentil petit garçon n'est pas aussi méchant que vous.

Ce dit, le gros homme blond fit le tour de la table,
vint à moi, posa d'un air aimable sa lourde main sur
mon épaule, puis prenant brusquement ma tête entre
ses grosses pattes, me dit avec un large sourire qu'il
s'efforçait de rendre aimable :

— Que signifie donc cette mascarade? (*Was soll
denn da der Schabernak?*) N'est-ce pas que tu seras
un jour un bon soldat allemand?

La face cauteleuse du commissaire m'était plus
désagréable que son air menaçant. Sa question me
bouleversa. Je sentis un frisson courir le long de mon
dos. Dans mon angoisse je tournai la tête vers ma
tante : elle avait un air terrible. Ses yeux fixés sur
moi me regardaient flamboyants. Les sergents de ville
prenaient des airs de bourreaux, et le commissaire
fouillait toujours ma pauvre âme de ses yeux insis-
tants, de son affreux sourire... J'avais la gorge serrée ;
impossible de dire une parole... Tout à coup ma tante
dit en français d'une voix frémissante :

— Eh bien ! Pierre, dis ce que tu veux devenir !

Aussitôt je sentis une onde libératrice monter de mon cœur à mon cerveau. Mes bras se raidirent contre mes flancs et je m'écriai de toutes mes forces :

— Officier français, monsieur !

Le commissaire lâcha ma tête comme si elle lui avait brûlé les mains et fit un bond en arrière. Il marcha dans la chambre et tempêta comme un fou, puis se retournant vers ma tante, il glapit :

— Votre cas est mauvais. Vous avez perverti ce garçon. Prenez garde ! Vous êtes déjà mal notée. A votre prochain délit, j'en référerai au *Kreisdirektor*. Aujourd'hui je me contente de retenir de l'incident deux pièces à conviction, qui serviront plus tard contre vous.

D'une main, il prit le képi sur ma tête, de l'autre, il arracha le bouquet tricolore à la ceinture de ma tante et les jeta sur la table. Puis il ajouta : « Sergents, reconduisez ces gens-là chez eux. Si on fait du bruit sur leur chemin, vous arrêterez les délinquants. »

Nous sortîmes accompagnés des deux sergents de ville, raides comme des piquets. La foule attroupée, qui nous attendait, ne criait plus, elle nous regardait silencieuse, émue. Les petits garçons déguisés en pierrots et en paysans alsaciens, les petites bergères et les petites marquises poudrées, croyant qu'on allait nous mener en prison, avaient les larmes aux yeux et m'envoyaient des baisers. Ma tante et moi, nous rentrâmes muets entre les deux policiers, qui restèrent à la porte jusqu'au soir comme des plantons pour empêcher une nouvelle sortie du costume incendiaire.

Quand nous fûmes dans sa chambre, ma tante me dit : « Pierre, tu seras un homme, et il n'y en a pas beaucoup. Je suis contente de toi. » Je l'étais aussi sans me rendre un compte exact de ce qui venait d'arriver, mais j'avais le sentiment d'avoir fait tomber une montagne de mes épaules.

*
* *

— Ah ! le joli souvenir ! m'écriai-je en interrompant le récit du docteur. Je commence à comprendre les fortes racines de votre nature sensitive et les origines de votre vocation. Dans son cadre provincial et presque idyllique, cette petite scène fait penser au serment d'Annibal.

— N'exagérons rien, reprit Bucher d'un ton modeste. Ma conscience française était bien vague encore. Vous allez voir par quelles épreuves je dus passer pour me connaître entièrement.

II. — L'INSPECTEUR.

L'année suivante, mon père me mit à l'école. Il y avait encore à Guebwiller une école française où je devais commencer mes études. Dès l'annexion, le but de l'administration allemande avait été d'effacer le plus vite possible le souvenir de la France dans l'esprit des nouvelles générations. On réduisit les leçons de français à un minimum dans les gymnases (enseignement secondaire), où il fut confié à des Allemands qui faisaient généralement de notre langue un effroyable charabia, fait pour en dégoûter les élèves. On le supprima tout à fait dans les écoles primaires et on décréta que les écoles privées seraient soumises à la même loi et placées sous la surveillance du gouverenement. Mais quelques-unes avaient échappé jusqu'alors à la griffe de l'inspecteur, redouté comme le loup-garou. De ce nombre était la petite école privée. Des garçons et des filles de cinq à douze ans y recevaient des leçons de français, données par Mlle Brillot, une vieille institutrice en retraite, qui par amour pour la pauvre Alsace abandonnée, avait consenti à reprendre le harnais et s'efforçait tant bien que mal à nous initier aux secrets de la grammaire.

Mlle Brillot était l'idéal d'une épave touchante et distinguée. Petite, fluette et un peu voûtée par la soixantaine qu'elle portait allégrement, on la voyait, hiver comme été, longer les murs dans sa robe violette et son manteau de velours usé. Légèrement posé sur ses cheveux blancs, son chapeau de tulle noir orné de quelques roses pâles ne manquait pas d'élégance. Mais le chef-d'œuvre de sa personne discrète, qui semblait toujours vouloir se dérober, était son visage jauni par le temps, aux traits menus et fins, aux petits yeux intelligents. Il donnait d'abord l'impression d'un vieux parchemin racorni, mais aussitôt qu'elle souriait, ses mille petites rides semblaient les feuilles minuscules d'un rosier naissant, dorées d'un beau soleil,

et un printemps éternel, vierge comme l'espérance,
rayonnait à travers ses beaux yeux bruns. Quelle fut
sa destinée? Je l'ignore. Elle avait connu, sans doute,
bien des traverses et bien des déceptions, avant de
venir s'échouer dans un coin d'Alsace. Mais elle n'était
pas malheureuse ; on devinait en elle une riche vie
intérieure et cette vie éclairait nos jeunes âmes par sa
présence. Quand nous avions bien fait nos devoirs,
nous l'écoutions avec délices nous lire une fable de
La Fontaine, ou une poésie de Lamartine. Elle ne savait pas punir, mais ses mauvaises notes nous faisaient peur. Quand elle nous disait : « C'est très mal ce
que tu fais là, » on rougissait. Quand elle murmurait :
« Si tu continues à être paresseux, je ne t'aimerai plus, »
on avait peine à ne pas sangloter. On lui obéissait
parce qu'on l'adorait.

Donc, un beau matin, une trentaine de petites
filles et de petits garçons étaient assis sur leurs bancs,
dans notre paisible salle du rez-de-chaussée, au fond
d'une cour tranquille. Mlle Brillot occupait une chaise
en face de nous. Jamais je ne la vis monter dans la
chaise placée au fond de la salle, par modestie sans
doute et pour être plus près de nous. On voyait sur
un des murs de l'école une carte de France, qui comprenait l'Alsace-Lorraine, sur l'autre une carte d'Europe, sur le troisième une carte du monde en planisphère. Une seule gravure ornait la salle. Elle était
suspendue au-dessus de la chaire et semblait planer
dans l'espace.

C'était la Jeanne d'Arc de Chapu, la plus belle

que je connaisse. Elle rêve, assise, un genou serré
entre ses mains, la tête droite, les yeux perdus dans
une vision radieuse, immobilisée et radieuse elle-
même de son reflet. Tel le petit univers dans lequel
Mlle Brillot nous promenait délicieusement de sa voix
suave.

Ce jour-là, elle nous faisait répéter une leçon, quand
soudain la porte s'ouvrit et, sur le seuil apparut
une sorte de géant, longue redingote grise à deux
rangs de boutons, culotte collante, bottes courtes,
tête carrée, cheveux roux, yeux gris et durs sous des
lunettes d'or. Appuyé sur un gros gourdin, il se tint
un moment immobile sous la porte pour nous observer
et jouir de l'effet qu'il avait produit. Effarés, nous ne
bougions pas. Nous avions flairé l'ennemi, le loup-
garou. Il referma la porte avec précaution, et marchant droit sur l'institutrice s'arrêta devant elle et
lui dit dans un allemand du Nord très pur, d'un accent
net tranchant comme l'acier :

— Je suis l'inspecteur.

Il s'attendait sans doute à nous faire lever tous
comme un ressort par ce mot magique. Mlle Brillot
restait assise et répondit en allemand, d'un accent
français, qui semblait plutôt affiner que défigurer
l'idiome tudesque.

— Monsieur l'inspecteur, nous sommes à vos
ordres.

— En quelle langue enseignez-vous ici?

— Je suis Française, monsieur l'inspecteur, et il
y a vingt ans que j'enseigne ici le français pour les

familles qui le désirent. Il me serait impossible d'enseigner dans une langue étrangère.

— Comment étrangère? C'est l'allemand qui est la langue du pays et la seule. Vous ignorez donc le nouveau programme? Ah ! vous ne pouvez enseigner qu'en français? Alors, allez ailleurs, que diable !

L'inspecteur botté paraissait de plus en plus furieux de ce que personne ne bougeait devant sa haute dignité et son puissant personnage. Il ajouta d'une voix irritée :

— Puisque vous faites la sourde oreille et que vous avez l'air d'ignorer ce que vous savez très bien, je vais vous montrer ce que vous avez à faire.

Ce disant, il marcha d'un pas bref vers la gravure de Jeanne d'Arc et l'abattit d'un grand coup de gourdin. Il arracha ensuite la carte de France, la mit en morceaux et en jeta les lambeaux par terre. La carte d'Europe et la planisphère eurent le même sort. Puis il s'approcha de la table sur laquelle traînaient quelques livres français. Il les saisit, les parcourut des yeux, puis les lança sur le plancher et les foula aux pieds avec une véritable rage. Après ce brillant exploit, qui n'avait pas encore assouvi sa colère, le colosse poméranien ou brandebourgeois, s'écria d'un air de triomphe en montrant les chiffons de papier et les livres écrasés par sa botte qui gisaient à terre :

— Aujourd'hui c'était comme cela... dans huit jours je reviendrai... et ce sera autrement !

Pour appuyer son dire, il souligna le dernier mot de sa phrase en assénant sur la table un si formidable coup de gourdin que les vitres en tremblèrent. Sur quoi, M. l'inspecteur sortit majestueusement en faisant claquer la porte.

*
* *

Voilà, pour vous servir, ma seconde initiation à l'âme prussienne, ajouta mon interlocuteur d'un ton narquois. Vous voyez qu'elle fut assez éloquente pour laisser en moi une trace indélébile et pour exercer une influence décisive sur le reste de mon existence.

— J'espère, répondis-je, qu'au cours de votre jeunesse, vous avez pris une belle revanche sur cette. Bête malfaisante que représente dans le monde actuel l'âme collective de cette nation !

— Hélas, reprit mon ami, dans les circonstances actuelles, nous pouvons si peu. Nous avons les pieds et les poings liés. J'ai fait ce que j'ai pu, vous allez voir.

III. — LE PROFESSEUR GERHARDT.

Sautant par-dessus plusieurs années, j'arrive au troisième et dernier épisode de mon adolescence qui fut pour moi la mise au point de l'Allemagne contemporaine. A travers ces trois leçons de choses me vint, en effet, par contre-coup, la révélation intensive et, en quelque sorte, foudroyante de l'âme française. Avez-vous jamais reçu un coup de poing sur l'œil? On est d'abord plongé dans la nuit noire, puis s'irradie sur la rétine un soleil éclatant aux mille rayons.

J'avais quinze ans quand mon père m'envoya au gymnase allemand, son intention était de me préparer à une carrière libérale et de me frayer le chemin de l'Université. Il m'engagea donc à bien travailler et à rester en bons rapports avec mes maîtres. Je n'eus pas de peine à remplir la première de ces conditions, car j'avais l'esprit curieux et j'aime l'étude. Quant à la seconde, vous verrez ce qu'il en advint. La scène entre l'inspecteur et l'institutrice avait fait sur moi une impression profonde. J'avais senti la chape de plomb du terrorisme allemand tomber sur moi. Je ne marchais plus librement dans la rue. Les sergents de ville me semblaient des sbires épiant mes pensées. Les soldats prussiens, qui traversaient la ville de leur pas automatique et lourd comme de grandes machines humaines, précédés de leurs fifres criards comme des croassements d'oiseaux de proie, n'étaient-ce pas les rouleaux compresseurs de notre infortuné pays? Les Vosges elles-mêmes, avec leurs vignobles verdoyants et leurs forêts splendides, en devenaient grises et maussades. Je me sentais prisonnier dans mon propre pays, entravé dans tous mes mouvements et jusque dans mes pensées. Cette tristesse s'augmenta encore par le départ de Mlle Brillot qui avait continué à me donner des leçons particulières, mais qui fut expulsée d'Alsace bientôt après, et par la mort subite de ma tante qui succomba à une embolie. Je passai une année d'affreuse solitude, mais mon père possédait une petite bibliothèque. Ce fut mon salut. Je pu lire à loisir plusieurs histoires de

France, l'*Histoire du Consulat et de l'Empire* de Thiers, Victor Hugo, Michelet et quelques autres. Silencieusement, mais ardemment, pendant mes veillées ou mes promenades à la montagne, se nourrissait ainsi ce que vous appelez ma conscience française. Les vieux livres français furent la sauvegarde de ma sensibilité naissante, le palladium de ma pensée.

J'avais comme intime, le fils d'un ami d'enfance de mon père, aussi Français de cœur qu'il l'était lui-même. Nous faisions collection d'images de soldats français, et notre rêve était de nous parer un jour d'un de ces beaux uniformes qui faisaient notre admiration. Nous faisions constamment des niches à la police allemande. Un jour anniversaire de Sedan, celle-ci ne fut pas peu surprise de voir flotter tout en haut du clocher de notre belle église Notre-Dame un énorme drapeau tricolore français. Nous avions profité de l'amitié des fils du sonneur pour hisser l'emblème de grand matin, avec quelle peine et au risque de nous casser le cou.

Une autre fois, nous fîmes un poème patriotique, où les Allemands étaient flétris avec une grande violence. Grâce à un polycopiste « emprunté » nuitamment au comptoir d'un de mes oncles nous en tirâmes de nombreux exemplaires que nous adressâmes sous enveloppe à tous les Allemands de la région. Ce fut à l'occasion de l'anniversaire de Bismarck, et l'on devait baptiser de ce nom un chêne géant aux abords de la ville.

Vous pouvez vous imaginer la rage des Allemands et le bruit que fit l'affaire. Des perquisitions furent faites par toute la ville qui connut des semaines de terreur. On soupçonna tout le monde, sans découvrir personne. Je me souviendrai toujours de la figure de mon père. Il me regarda de ses bons yeux graves, auxquels rien n'échappait, puis, ayant attendu qu'une domestique eut quitté la pièce, il me dit simplement : « Avez-vous du moins pris vos précautions? »

J'eus envie de lui sauter au cou.

Bientôt après j'eus un grand chagrin. Mon ami fut atteint de la fièvre typhoïde et mourut. Je ne quittais pas son lit. Au moment de mourir, en présence de sa famille en larmes, il réclama le drapeau tricolore que l'on tenait soigneusement caché dans les greniers. On l'enleva de sa hampe, et mon ami exigea d'être couché dans les plis de l'étoffe. De ses pauvres bras amaigris, il les ramena sur sa poitrine, et jamais je n'oublierai la joie qui illumina son visage. Il l'embrassa une dernière fois, et il perdit connaissance.

Ce spectacle fut une des plus fortes impressions de ma jeunesse.

C'est alors que je rencontrai un Allemand dans lequel je crus trouver un protecteur et presque un ami, mais qui trompa si bien mon attente qu'il acheva l'œuvre de ma première éducatrice.

J'avais quinze ans quand j'entrai en troisième. Le maître de cette classe s'appelait le professeur Gerhardt. C'était un Saxon, homme fin et distingué. Figure allongée, poitrine mince, un nez d'oiseau, œil inquiet, toujours agité et sujet à des crises de nerfs, mais excellent pédagogue, d'études solides et non sans éloquence, quand il s'animait. Son enthousiasme pangermaniste était d'une sincérité parfaite. Je crois que, s'il n'avait pas été soumis dès sa naissance au dressage de l'orthopédie prussienne, le professeur Gerhardt aurait pu faire un esprit hors ligne. Il offrait, en somme, le type achevé de l'intellectuel allemand, hypnotisé par la grandeur prussienne et à genoux devant la botte des hobereaux.

Le professeur Gerhardt me distingua tout de suite comme un élève appliqué et attentif. Il me mit hors pair, et je devins visiblement l'élève qui l'intéressait le plus. Je ne lui cachai pas mes sympathies françaises. Il commença par s'en amuser tout en me raillant à l'occasion. Il m'appelait familièrement *Franzosenkopf* (tête de Français), et *Protestler* (petit protestataire). Cela ne l'empêcha pas de me traiter en privilégié, au contraire. Au grand scandale des fils d'immigrés allemands, qui me jalousaient, il m'invitait quelquefois à faire avec lui un tour de promenade après la classe. Évidemment, le professeur Gerhardt voulait me convertir, et il y mettait toute son ambition. Mais j'étais sur mes gardes. A ses questions obliques, à ses sollicitations insidieuses, je répondais par des aphorismes évasifs qui réservaient toute ma liberté. Un jour, je lui posai moi-même une question embarrassante.

— Pourquoi, lui dis-je, vous autres Allemands du centre et du midi, qui avez produit les plus beaux génies de la race, admirez-vous à ce point la Prusse, qui en a produit bien moins?

— Bien moins? s'écria le professeur Gerhardt avec indignation. Et que faites-vous du grand Électeur, de Frédéric II, de l'empereur Guillaume Ier, et enfin du grand, du sublime, de l'incomparable Bismarck? Voilà de bien autres colosses que Gœthe et Schiller, qui, sans eux, ne nous serviraient de rien. Sans ces grands réalistes de génie, nous ne serions que de pauvres hères. Ils ont fait de nous une grande nation, ce qui nous permettra de conquérir le monde et de soumettre les races inférieures à notre *Koultour*. Car nous sommes la race élue... et c'est là notre grande... notre divine mission.

Il était monté sur son cheval de bataille, et je le regardai voyager toute une heure. Car il était éloquent. Enfin il se calma, et après avoir parlé des autres nations, toutes *inférieures*, il en revint à la France, une nation remarquable, mais de *demi-culture* seulement et déjà en pleine décadence. « La France, dit-il, a des artistes et de grands écrivains, oui, sans doute, mais pas de grands caractères. Ses poètes mêmes, que sont-ils à côté des nôtres? Victor Hugo? Un déclamateur. Alfred de Musset? Quel débauché! Et George Sand? Une femme de mauvaise vie !...

— C'est possible, hasardai-je, mais ils possèdent *un charme* qu'aucun Allemand n'aura jamais.

— Ceci, prononça doctoralement le professeur, est une opinion de *dégénéré*.

— Ou d'indépendant, répondis-je. Il se tut, piqué. Nous étions devant sa porte et froidement il prit congé de moi. Ce fut notre dernière promenade.

A partir de ce moment, le professeur Gerhardt changea complètement d'attitude et de système avec moi. Plus de sourires aimables, plus d'attentions délicates. Il parut m'avoir oublié. De temps à autre seulement, pendant son cours d'histoire, il me lançait un regard ironique, quand, par certaines allusions ou par certains raisonnements il croyait avoir démontré l'écrasante supériorité morale et intellectuelle de l'Allemagne sur la France. Était-ce une représaille d'amour-propre blessé ou une tactique? Voulait-il m'exaspérer ou me convertir? Je ne sais, mais il me criblait de traits furibonds. Je restai impassible, content plutôt d'être délivré de sa protection obséquieuse, qui me compromettait vis-à-vis de mes camarades alsaciens.

Au bout de huit jours, l'affaire se gâta. A la fin de chaque semestre, le professeur Gerhardt nous délivrait des notes sur notre conduite et notre travail pour nos parents. Je m'aperçus que ces notes, jadis excellentes, étaient devenues beaucoup moins bonnes. Pourtant j'avais fait scrupuleusement tous mes devoirs et su toutes mes leçons. Les notes empirèrent de semaine en semaine. A la fin du mois, j'étais devenu l'un des plus mauvais élèves de ma classe. Mon père, qui tenait à mes progrès comme au but principal de son existence, en fut désolé. J'eus beau lui dire que c'était une injustice criante, que j'avais travaillé plus que jamais. Il ne voulait pas me croire. Je pensai devenir fou ; j'allais jusqu'à me demander si je n'avais pas perdu toutes mes facultés et si je n'étais pas devenu idiot. De guerre lasse, je résolus d'affronter mon persécuteur dans son antre et de lui demander raison.

Un dimanche après-midi, le cœur gros, je montai le large escalier d'une maison neuve conduisant à l'appartement du professeur. Je le trouvai vêtu d'une robe de chambre grise descendant jusqu'aux talons, assis à sa table de travail, dans une pièce claire et nue, décorée seulement d'un plâtre de la grosse Germania. Il était en train de déguster son journal officiel, la *Strasburger Post*, et de fumer une de ces longues pipes, chéries des professeurs allemands et qui vont jusqu'à terre.

— Bonjour, mon cher ami, clama-t-il d'un ton protecteur en me voyant entrer. Je suis charmé de vous voir. Qu'est-ce qui me vaut le plaisir de votre visite ?

— Mon père, lui dis-je, s'est irrité des mauvaises notes que vous m'avez données. Je viens vous demander la raison de cette injustice, car j'ai conscience d'avoir fait plus d'efforts et d'avoir mieux travaillé que de coutume.

Il ne répondit pas tout de suite, mais il m'enveloppa d'un regard à la fois caressant et malicieux, un regard sournois et câlin, un regard de satisfaction profonde. Il fit tomber soigneusement la cendre de sa pipe dans un vase et la ralluma lentement avec un long fidibus en papier. Puis il me lança, d'une voix insidieuse, la question suivante en faisant ressortir avec insistance les deux mots essentiels :

— Croyez-vous par hasard, mon cher Bucher, qu'avec *vos* sentiments vous pourrez jamais arriver à quoi que ce soit *chez nous?*

Ce *vos* était plein d'un indicible mépris, mais le *chez nous* sonnait d'une majesté incomparable.. Je restai muet d'étonnement, complètement ahuri. Je crois vraiment qu'il me crut maté, car toute son ancienne amabilité lui revint dans un flot d'éloquence qui se termina par ces mots :

— Vous n'êtes pas un sot, mon cher Bucher, vous êtes même très intelligent, et, si vous savez profiter des circonstances, une carrière magnifique s'ouvre devant vous. C'est un avis paternel que je vous donne pour tout votre vie future. *Réfléchissez à cela.*

J'étais devenu de glace. Je ne pus que balbutier : « Je vous remercie » et je sortis sans dire un mot de plus. Dans l'escalier, je faillis tomber, car j'avais le vertige, mais, en respirant le grand air dans la rue, je sentis tout à coup mon cerveau devenir un volcan. Donc on me proposait tous les succès et un bel avenir au prix d'un viol de ma conscience et de mes sentiments les plus intimes, les plus désintéressés et les plus purs ! Je pourrais devenir un homme heureux, un esclave, un Allemand comme les autres, en m'arrachant le cœur de la poitrine et en le foulant aux pieds ! N'était-ce pas monstrueux? L'injustice cynique, l'hypocrisie doucereuse et maligne de ce professeur me parut pire qu'une gifle ou un coup de bâton. Pour la première fois, je voyais se dresser devant moi avec brutalité l'injustice, et derrière elle je devinais, sans bien m'en rendre compte, la dure contrainte du vainqueur. Il me fallait, à tout prix, échapper à cette humiliation, me venger de ce violateur de consciences, de ce bourreau d'âmes. Pendant huit jours, je caressai cette idée.

J'avais un couteau sous mon oreiller. Mais un matin je m'éveillai avec un grand éclat de rire : « Quoi, m'écriai-je, faire un martyr de ce plat valet de la Prusse, qui ne songe qu'à faire de ses élèves d'autres valets semblables à lui-même... Ce serait vraiment trop beau pour ce pauvre pédant. Il me faut une plus belle vengeance ! »

Cette fois-ci, le hasard, me servit à merveille. Le lendemain était l'anniversaire de l'Empereur et on le fêtait chaque année avec une grande solennité dans l'aula du gymnase. Les élèves étaient tenus d'y assister en habits du dimanche. Je convainquis quelques camarades de s'en abstenir et de faire avec moi une excursion au ballon de Guebwiller. Dans la forêt, exhibant nos cocardes et nos rubans tricolores, nous chantâmes des chansons patriotiques françaises. Nous rencontrâmes un garde forestier allemand qui nous dénonça.

Le lendemain, je m'attendais à une verte semonce et à quelque punition exemplaire. Mais le pédagogue saxon n'était décidément pas un magister banal. Il avait de la subtilité et voulut me combattre avec ses armes professionnelles. Au lieu de nous morigéner à propos de notre escapade, il nous servit une leçon sur le rôle de l'Empereur dans le nouvel Empire et sur

la régénération que ce concept transcendant promettait à l'univers. Je le vois encore debout dans sa chaire,
le geste large, le visage illuminé. Au-dessus de lui,
brillait accroché au mur un assez mauvais chromo de
Guillaume Ier, dont la tête, moins arrogante que celle
de son petit-fils Guillaume II, exprime cependant la
ruse et la fausseté des Hohenzollern. Le professeur
nous fit l'historique de l'idée impérialiste et de ses mé-
tamorphoses à travers les siècles, depuis Charlemagne,
à travers les empereurs saxons, les Hohenstaufen et les
Habsbourg jusqu'aux Hohenzollern et à Guillaume Ier
le victorieux, le fondateur du Grand Empire et le
glorieux conquérant de l'Alsace-Lorraine. En lui se
résumaient toutes les vertus allemandes, la prudence
et le courage, la droiture et la mansuétude.

Bientôt il allait venir en Alsace. Alors une période
nouvelle de prospérité et de bonheur commencerait
pour le pays. Les vieux châteaux des Vosges recons-
truits se peupleraient de gentilshommes allemands,
vraiment allemands — et peut-être alsaciens — (car
avec un pareil empereur que ne peut-on pas espérer?)
et l'Alsace redeviendrait ce qu'elle avait été jadis,
ce qu'elle aurait dû rester toujours — le joyau de
l'Empire !...

A cette péroraison, les fils d'immigrés firent retentir
la salle d'une formidable et triple salve : *Der Kaiser
hoch!* Le groupe des Alsaciens resta silencieux avec un
chuchotement narquois. Moi, je ne bougeai pas, immobile à ma place, ramassé dans ma citadelle intérieure.
Se tournant alors de mon côté et m'interpellant direc-

tement, le professeur me dit d'une voix solennelle :

— Eh bien, Pierre Bucher, vous qui n'avez pas voulu venir hier à la fête de l'Empereur, reconnaissez-vous votre faute et comprenez-vous maintenant tout ce que vous avez perdu?

Cinglé par ces paroles comme par un coup de fouet, je me levai en criant d'une voix de stentor, dont l'énergie, j'ose le dire, surpassait celle de notre maître :

— *Votre* empereur n'est pas *mon* empereur !

A ce défi, les Allemands firent entendre un nouveau *Hoch der Kaiser!* mais les Alsaciens bondissant sur les pupitres s'écrièrent d'une seule voix : *Vive la France!* La bataille allait s'engager sous les yeux du maître, quand un spectacle inattendu nous cloua tous sur place. Blême de rage et débordé par l'événement, le professeur Gerhardt se tenait cramponné à sa chaire dans une véritable attaque de nerfs ; les plus fidèles élèves accoururent pour le soutenir. Il les écarta violemment du geste et trouva la force de balbutier d'une voix haletante :

— « Si l'élève qui s'appelle Pierre Bucher n'est pas retiré du gymnase, jamais je ne remonterai dans cette chaire. » — Sur quoi le professeur, pris d'une congestion subite, s'en alla en chancelant, comme fou...

Lui parti, la sortie s'effectua dans une bagarre effroyable. On se battit dans la salle, on se battit dans les corridors, on se battit dans la rue, et la police nous sépara au moment où les couteaux allaient sortir des poches. A la suite de cet incident, mon père dut me retirer du gymnase de Guebwiller et j'allai ter-

miner mes études à Strasbourg. Quant au professeur
Gerhardt, je ne sais pas ce qu'il est devenu et je ne
m'en suis jamais inquiété. Je l'ai vu moralement et
physiquement effondré ; cela suffit.

Ce récit terminé, je m'élançai vers mon ami en lui
serrant la main.

— Vous avez remporté là, lui dis-je, la première
et la plus belle victoire de votre être et elle m'explique
la superbe énergie que vous apportez à votre œuvre,
dont la devise pourrait être : « Au commencement était
l'action. »

— Ne me louez pas trop, dit Pierre Bucher, en
reprenant le ton mélancolique et grave Cette victoire
n'était peut-être qu'une résurrection mystérieuse du
pauvre bouquet tricolore, arraché à la ceinture de ma
tante par le suppôt stupide d'un pouvoir oppresseur...

Ce bouquet venait de refleurir en moi.

LII

L'Alsace française, 20 avril 1921.

TÉMOIGNAGES RENDUS A LA MÉMOIRE
DU DOCTEUR BUCHER

M. Petrovitch, président de l'Association d'étudiants yougoslaves, ayant, par télégramme, fait part au prince régent de Serbie de la mort du docteur Bucher, a reçu la réponse suivante :

Belgrade, le 18 février.

Son Altesse Royale le Prince Régent prend une vive part au deuil causé par la mort du grand patriote, le docteur Bucher.

Signé : Le ministre YANKAWITSCH.

Séance de la Chambre du 21 février 1921.

Au cours de son intervention, Maurice Barrès, par une brève et éloquente allusion à l'œuvre admirable de Pierre Bucher, fait applaudir unanimement par la Chambre la mémoire du grand patriote alsacien, mort récemment à Strasbourg.

Le ministre se déclare d'accord avec Maurice Barrès.

Au cours d'un article (1) consacré à l'exposition d'art français au Palais du Rhin, M. Samuel Rocheblave, professeur à l'Université de Strasbourg, rappelle l'intérêt patriotique que portait aux choses de l'art le docteur Bucher :

Ce que nous ne saurions omettre, avant cette inauguration du 23 avril qui rattachera par un anneau d'or le passé artistique de l'Alsace à son prochain avenir français, c'est de mentionner ceux qui, sous « l'occupation allemande », défendirent avec un patriotique acharnement l'art alsacien contre le goût germanique et arrachèrent à la lourde hégémonie de Munich tous les artistes qu'ils purent maintenir, soit en Alsace, soit à Paris, par des moyens dont l'ingéniosité, l'abnégation même n'en sont que plus admirables pour être demeurées secrètes. Mais aujourd'hui, la mort de deux d'entre eux permet de parler et de fleurir de quelques immortelles de plus leur tombe encore fraîche. Au docteur Bucher, défenseur inviolable de l'art alsacien, — et par là même de l'art français, — doit aller notre hommage particulièrement reconnaissant et attendri. Celui qui trace ces lignes sait, pour sa part, ce que lui dit, il y a dix ans, cet homme si secrètement bienfaisant, et qui projetait alors, au moyen de « bourses » demandées à l'État français (en l'espèce à M. Dujardin-Beaumetz), de diriger vers Paris les artistes alsaciens qu'il tenait en main, et dont la plupart collaboraient à sa *Revue alsacienne illustrée*, et en vivaient en

(1) *Journal d'Alsace et de Lorraine* du 16 avril.

partie. Et il avait pour complice, dans cette utilisation
généreuse des jeunes talents et dans les sacrifices spon-
tanés faits pour les enraciner au terroir (quand l'argent
manquait pour les envoyer à Paris), cet autre homme
de bien, ce cœur délicat, exquis, qu'était Georges Spetz.
Nous devons notre salut ému à ces deux disparus, au
moment où va se couronner, par l'Exposition prochaine, l'œuvre à laquelle ils avaient travaillé de toutes
leurs forces, la maintenance artistique de l'âme alsacienne sous le drapeau français.

M. Raymond Kœchlin a remis le 7 avril à Mme Bucher, au nom du Comité directeur de l'*Alliance française*, dont le président est M. Raymond Poincaré,
la grande médaille de vermeil, décernée à la mémoire
du docteur Pierre Bucher, en séance du Comité de
cette association, réuni le 19 mars dernier.

LA RUE PIERRE-BUCHER

La municipalité a décrété la semaine dernière que la
rue du Cercle porterait désormais le nom de rue
Pierre-Bucher. Cette décision a été accueillie à *l'Alsace-
française* avec un sentiment de reconnaissance émue.
C'est en effet dans cette rue que notre fondateur avait
établi les bureaux des deux journaux qu'il avait créés :
notre Revue et *le Bulletin de la presse allemande*, où
il venait passer une partie de ses journées.

L'Alsace française, 27 septembre 1921.

Notre présence rue Pierre-Bucher prend désormais une double signification : celle de demeurer dans une maison pleine de son souvenir et celle d'habiter le coin de Strasbourg choisi par la Ville pour commémorer sa mémoire.

DISCOURS PRONONCÉ

PAR

M. LE DOCTEUR BUCHER

A L'INAUGURATION DE L'UNIVERSITÉ DE STRASBOURG

LE 22 NOVEMBRE 1919

« Monsieur le président,

« Messieurs,

« Si j'ai l'honneur, aujourd'hui, de prendre la parole devant vous, c'est en ma qualité de président du Cercle d'anciens étudiants alsaciens et lorrains.

« Les étudiants furent, pendant l'occupation allemande, les plus fidèles gardiens de la tradition française dans les provinces annexées, et leur Cercle fut un foyer d'amour pour la France. Ce n'était pas chose facile que de braver le despotisme d'un maître autoritaire comme l'Allemagne, et plus d'un parmi ces jeunes gens paie de son avenir son attachement trop manifeste à l'idée française. Mais chacun d'avance en avait accepté le sacrifice. Il en est bien peu dont leurs camarades aient eu à rougir.

« Les générations d'étudiants se sont succédé, des périodes de dure contrainte ont alterné avec d'autres, où le vainqueur s'efforçait de séduire la jeunesse des écoles. Il en a été pour ses frais ; jamais leur résistance n'a faibli ; en 1914 comme en 1880, leurs réunions retentissaient de discours enflammés, de chansons et de monologues où leur verve s'exerçait sans pitié aux dépens des maîtres du pays. A l'issue de ces réunions, l'on pouvait voir leur long cortège silencieux se diriger vers la place Kléber, défiler tête nue autour de la statue du guerrier symbolique et renouveler ainsi, solennellement, la promesse de fidélité de la jeunesse alsacienne et lorraine à la France. Et quand ensuite ils abordaient les carrières civiles auxquelles les avaient préparés leurs études, ils apportaient, chacun dans sa profession, cette manière de sentir et de penser française qui opposait à la germanisation le plus infranchissable obstacle.

« On aurait pu croire que ce lien spirituel qui rattachait à la France les Alsaciens et les Lorrains allait se relâcher au cours des années. Bien au contraire ! Plus l'Allemagne, enivrée par sa prospérité, se laissait aller à un brutal matérialisme et s'adonnait au seul culte de la force, plus elle devenait étrangère à l'esprit de l'Alsace.

« C'est avec stupeur que les Alsaciens-Lorrains entendaient célébrer « la vocation divine du peuple « allemand », chargé de « crucifier l'humanité, afin « d'en assurer la rédemption ». Ils n'éprouvaient que de l'horreur pour les doctrines impies des théoriciens

militaires qui, au mépris de l'humanité, recomman-
daient la cruauté systématique de la guerre, en vue
d'en écourter la durée. Ils voyaient les Allemands se
griser de ces dogmes redoutables qui font de l'État
l'arbitre de la morale, et ramènent à l'intérêt de l'État
la notion même du devoir.

« Il nous souvient d'une discussion que nous eûmes
à la veille de la guerre avec un célèbre romancier allemand : « Sous prétexte de sauver le monde de l'amol-
« lissement, lui disions-nous, vous le ferez retourner
« à la barbarie, » et nous lui citions l'admirable mot
de Pascal qui définit si bien la spiritualité française :

« En toutes choses il faut faire le propre : le propre
de la force, « c'est de protéger ! »

« Aussitôt l'Allemand éclata :

« Ah ! dit-il, nous en avons assez de cette dialec-
« tique fumeuse, propagée par les Français. Vous
« aimez les mots sonores comme *humain, généreux,*
« *chevaleresque.* Ils sont pour nous vides de sens !
« Il faut en finir une bonne fois avec cette sentimen-
« talité anémique. Elle empêche cette forte tension
« des nerfs, cette fièvre suprême et magnifique,
« sans lesquelles la nation ne pourra jamais déployer
« toutes ses énergies. »

« Nulle part mieux qu'en Alsace on ne s'est rendu
compte de l'effroyable catastrophe qui eût menacé
l'humanité si l'Allemagne avait été victorieuse, et
il n'est pas un Alsacien-Lorrain qui ne soit conscient
de l'immense sacrifice accepté par la France pour sauver

la civilisation. Et ne croyez pas que ce sentiment fût
particulier à l'élite du pays. Les humbles le partageaient presque à leur insu. Je voudrais vous en fournir le témoignage par deux anecdotes dont la guerre
fut l'occasion.

« Au sommet du Vieil-Armand, une sentinelle française veillait dans un poste d'écoute En face, à quelques
mètres, elle pouvait apercevoir la fente par où l'épiait
la sentinelle allemande.

« Soudain, aux pieds du soldat français tombe une
boulette de papier. Il la ramasse, et, quand il est
relevé, il la remet à ses chefs. On y peut lire les mots
suivants en langue allemande : « Prenez garde, à cinq
« heures, violent bombardement » C'est signé : « Un
« Alsacien qui aime la France et qui ne veut pas dé-
« serter par égard pour les siens. » Le colonel est per-
plexe : piège ou avertissement? Il se décide à tenir
ses hommes prêts dans les abris et à ne laisser dehors
que quelques guetteurs. A cinq heures, le bombardement éclate, formidable, et pendant deux heures
bouleverse toutes les tranchées. Quand la canonnade
a cessé, le colonel réunit ses hommes et leur dit : « Mes
« amis, aujourd'hui un Alsacien inconnu a sauvé la
« vie à plusieurs centaines de vos camarades ; incli-
« nons-nous avec respect devant ce patriote. »

« A Sarreguemines, une Lorraine de grand cœur
avait installé une ambulance, dont s'était emparée
une équipe de santé allemande. Un jour on amène
parmi les blessés un jeune Lorrain, sous l'uniforme
prussien. Il va être opéré. Mais voici que sous l'action

du chloroforme il se met à chanter à tue-tête la *Marseillaise.* Le major allemand, rouge de colère, pose ses
instruments et s'écrie : « Il est inadmissible qu'un sol-
« dat allemand chante l'hymne national de nos enne-
« mis. » Puis, perdant toute mesure, il soufflette violemment le blessé étendu. Celui-ci s'arrête de chanter,
puis, brusquement, pousse un grand cri : « A moi,
« les zouaves ! »

« Quelle étrange chose ! Voilà deux jeunes soldats,
un Alsacien et un Lorrain, des enfants du peuple, et
qui ne savent pas grand'chose de la France. Ils subissent un uniforme qu'ils détestent, afin de ne pas
exposer leurs parents à d'affreuses représailles. Mais,
si l'Allemagne a pu leur imposer le casque et le long
martyre de cette guerre, elle n'a pu étouffer en eux
l'instinct, et cet instinct, quand il se révèle, est
français.

« C'est par douzaines que je pourrais vous conter
des anecdotes semblables, et l'on ne connaîtra jamais
tous les sacrifices anonymes, tous les héroïsmes
obscurs que les annexés, durant cette guerre, ont
apportés à la France. Ah ! je puis vous le dire : l'Alsace-
Lorraine s'est terriblement vengée de la longue oppression qu'elle a subie.

« L'Allemagne, se croyant sûre de la victoire, a
voulu profiter de la guerre pour briser définitivement
la résistance du *Reichsland.* Que n'a-t-elle inventé pour
châtier nos malheureuses populations ! Avec quel raffi-
nement elle les a tourmentées ! Les Alsaciens et les
Lorrains n'oublieront pas les traitements qui leur

furent infligés, et ils gardent un ressentiment qui ne s'éteindra jamais.

« Dans leur détresse, leurs regards se tournaient vers ces sommets vosgiens où nos soldats préparaient la victoire. La France — ils n'en doutèrent jamais — viendrait les délivrer. Et quand, enfin, après la déroute allemande, nos bataillons descendirent dans la plaine, ils furent accueillis avec une ivresse de joie, telle que jamais peut-être l'histoire n'en a vu de semblable. L'Alsace et la Lorraine se sont jetées dans les bras de la Patrie retrouvée, et la gratitude scella l'amour qui les unissait à la France.

« Dans le malaise qui pèse sur le monde, on est tenté quelquefois d'oublier quel effort la France sut accomplir et quelle peine elle éprouve aujourd'hui à reconstruire sa maison. Ne surprend-on pas ici même des impatiences dont profitent aussitôt nos ennemis pour semer contre nous la défiance ! Mais je l'atteste : les Alsaciens et les Lorrains, fiers d'être Français, ne veulent pas qu'on se méprenne sur le sens de leurs critiques et de leurs doléances. Les immenses difficultés de l'heure présente suffiraient à expliquer leur état d'esprit, qui est celui du monde entier. Mais, à ces causes générales, — pourquoi ne le dirais-je pas? — il s'en ajoute une autre qui nous est particulière. C'est notre vieil esprit d'indépendance ; quarante-huit années d'oppression n'ont fait qu'en exaspérer les susceptiblités ! Les peuples sont ce que l'histoire les a faits. Deux civilisations opposées et contradictoires se sont disputé le sol et l'âme de l'Alsace et de la Lor-

raine. Dans de pareils conflits, un autre peuple se fût
peut-être usé et anémié. L'Alsace et la Lorraine en
sont sorties avec une personnalité plus puissante. En
Alsace, d'ailleurs, l'existence proprement républicaine
des villes libres avait, pendant des siècles, rendu plus
ardente encore la passion de l'indépendance. Disons-le
hautement : si les Alsaciens et les Lorrains purent résister à la force allemande, ce fut grâce à la force de
leur tempérament. Ces réserves d'énergie, nous les
emploierons désormais au service de notre chère patrie.
Si nous avons mauvaise tête, nous avons le cœur chaud
et notre cœur bat pour la France !

« Au nom de mes camarades, jeunes et vieux, je
le déclare : Nous aimons la France ardemment, et
notre plus cher désir, après avoir été si longtemps et si
cruellement séparés d'elle, est de l'aider à réparer ses
ruines, de contribuer à sa grandeur de toutes nos
forces. Notre suprême honneur est d'être la garde, la
garde française sur le Rhin ! »

TABLE DES MATIÈRES

335

Cet ouvrage a été achevé d'imprimer par

Plon-Nourrit et Cie,

à Paris, le 15 novembre 1922.

A LA MÊME LIBRAIRIE

Le Génie du Rhin, par Maurice BARRÈS, de l'Académie française. Un volume in-16......... 7 fr.

Les Martyrs d'Alsace et de Lorraine, d'après les débats des Conseils de guerre allemands, par André FRIBOURG. Un volume in-16.......... 4 fr. 50

Le Rhin et la France. *Histoire politique et économique,* par Joseph AULNEAU. Un volume in-16.......... 8 fr.

Le Rhin et le problème d'Occident, par le comte RENAUD DE BRIEY. Un volume in-16.......... 7 fr. 50

Lettres d'un officier de chasseurs alpins (2 août 1914-28 décembre 1915), par le capitaine Ferdinand BELMONT. Préface d'Henry BORDEAUX. Un volume in-16.......... 7 fr.

En campagne. *Impressions d'un officier de légère,* par M. DUPONT. Un volume in-16.......... 7 fr.

L'Attente, par Marcel DUPONT. Un volume in-16.......... 6 fr.

Les Trous d'obus de Verdun, par Georges GAUDY. Un volume in-16.......... 7 fr.

L'Agonie du Mont-Renaud, par Georges GAUDY. Un volume in-16.......... 7 fr.

Impressions de guerre de prêtres-soldats, publiées par Léonce DE GRANDMAISON. Deux volumes in-16.......... 12 fr.

Ma Pièce. *Souvenirs d'un canonnier,* par Paul LINTIER. Un volume.......... 6 fr.

Le Tube 1233. *Souvenirs d'un chef de pièce,* par Paul LINTIER. Un volume.......... 6 fr.

Comment finit la guerre, par le général MANGIN. Un volume in-16.......... 10 fr.

Dans les champs de Meuse, par le capitaine DE MAZENOD. Un volume in-16.......... 7 fr.

Les Vagabonds de la gloire, par René MILAN. I. *Campagne d'un croiseur.* II. *Trois étapes.* III. *Matelots aériens.* Trois volumes in-16. Prix de chaque volume.......... 6 fr.

Et nous... les marins, par Daniel PARÈGE. Un volume in-16. Prix.......... 6 fr.

D'Alsace à la Cerna, par Jean SAISON. Un vol. in-16.. 6 fr.

L'Escadrille des Éperviers, par Charles DELACOMMUNE. Un volume in-16.......... 6 fr.

Vie héroïque de Guynemer, par Henry BORDEAUX, de l'Académie française. Un volume in-16.......... 7 fr. 50

PARIS. TYP. PLON-NOURRIT ET Cie, 8, RUE GARANCIÈRE. — 27685.